Siegel/Lowe **Der Patient, der seinen Therapeuten heilte**

Stanley Siegel · Ed Lowe

Der Patient, der seinen Therapeuten heilte

Einblicke in die Psychotherapie

Aus dem Amerikanischen von
Götz Ferdinand Kreibl

IRISIANA

IRISIANA
Eine Buchreihe herausgegeben von
Margit und Rüdiger Dahlke

Die Originalausgabe erschien unter dem Titel
The Patient who Cured his Therapist
by Dutton, 1992
© Stanley Siegel and Ed Lowe

Die Deutsche Bibliothek – CIP-Einheitsaufnahme
Siegel, Stanley:
Der Patient, der seinen Therapeuten heilte: Einblicke in die
Psychotherapie / Stanley Siegel; Ed Lowe. – München:
Hugendubel, 1995
(Irisiana)
Einheitssacht.: The patient who cured his therapist <dt.>
ISBN 3-88034-831-6
NE: Lowe, Ed:

© der deutschsprachigen Ausgabe
Heinrich Hugendubel Verlag, München 1995
Alle Rechte vorbehalten

Umschlaggestaltung: Zembsch' Werkstatt, München
Produktion: Tillmann Roeder, München
Satz: Uhl + Massopust, Aalen
Druck und Bindung: Clausen & Bosse, Leck
Printed in Germany

ISBN 3-88034-831-6

Inhalt

Meiner Tochter Alyssa,
von der ich immer wieder lerne,
was Kreativität ist

Stanley Siegel

und für Dolores.

Ed Lowe jun.

Danksagung

Die Autoren möchten David Hamilton für seine Beiträge zu diesem Buch, besonders zu den Geschichten »Das Sündensyndrom« und »Die Unbefleckte Nicht-Empfängnis«, herzlichen Dank sagen. Auch Nancy Rose von Levine, Thall und Plotkin, die gleichzeitig als Agentin, Anwältin und Beraterin fungierte, sind sie zu Dank verpflichtet, ebenso Alexia Dorszynski für ihre verlegerischen Aktivitäten, Ed Delaney, der immer zur richtigen Zeit an der richtigen Stelle war, Peggy Papp und Olga Silverstein für ihren Einsatz und ihre Erfahrung als Lehrerinnen und Kolleginnen sowie Phyllis Singer und Joey Smith, die uns unaufhörlich anspornten und Mut machten. Ein Dankeschön gebührt schließlich Katherine Kilgore, Rick Mitz und Pat und Ben Heller für Ratschläge und positive Kritik, Gary McLoughlin für sein Faxgerät und Bill Ross, dessen Computererfahrung mehr als einmal eine Katastrophe verhinderte, wenn Termine drängten und die Hardware streikte.

Einführung

Trotz der frühen Stunde zeigte das Außenthermometer bereits astronomische Temperaturen. Feuchte Schwüle lag über der Stadt. Ein hübscher junger Mann in modischem, italienisch geschnittenen Anzug mit blütenweißem Hemd, Krawatte, glänzend gewichsten Schuhen – und einer dicken bunten Pudelmütze auf dem Kopf trat in der Filiale der New Yorker Stadtbibliothek in der East 79th Street auf mich zu und fragte ohne weitere Einleitung, ob ich mich in der Psychologie auskenne. Seine Mütze hatte er tief über die Ohren hinabgezogen. Alle anderen Lesetische waren, soweit ich sah, leer. Ich steckte gerade in meinem dritten Jahr als praktizierender Therapeut. Bücher und Manuskripte über Psychologie lagen überall um mich herum verstreut. Ich war sehr beschäftigt und wollte nicht gestört werden. Daher setzte ich eine möglichst unbeteiligte Miene auf und blickte den Mann, der im Sommer eine Pudelmütze trug, fragend an.

»Psychologie?« gab ich zurück. »Nein, in Psychologie kenne ich mich nicht aus.« »Gut, aber ich möchte Ihnen doch eine Frage stellen«, stieß der Mann fast bellend hervor. »Glauben Sie, die CIA und das FBI können meine Gespräche über meine Mütze abhören? Ist so etwas denkbar?«

Ich wunderte mich, warum er sich gerade an mich wandte, und antwortete, die Frage sei zwar interessant, aber ich wüßte es nicht. Ich hob den Kopf in Richtung Auskunft und sagte: »Die Bibliothekarin dort kann Ihnen vielleicht helfen. Sie weiß gut Bescheid.«

Der Mann dankte höflich und näherte sich dem Tisch der Bibliothekarin.

»Glauben Sie, die CIA und das FBI können meine Gespräche über meine Mütze abhören?« fragte er und deutete an seinen Kopf.

Sie mußte uns schon gehört haben, denn sie hatte sich einen voluminösen Band vom Regal geholt und stellte ihn auf den Tisch, gerade als er auf sie zutrat. »Ich weiß es nicht auswendig«, sagte sie, »aber vielleicht hilft uns dieses schlaue Buch weiter. Es ist ein Verzeichnis aller Ämter und Behörden. Wir wollen sehen ...«

Sie machte sich nicht über ihn lustig, und die selbstverständliche Ruhe, mit der sie in dem Nachschlagewerk blätterte, ließ erkennen, daß sie auch nicht bloß scherzte. Ich hatte den Eindruck, sie war einfach entschlossen, sein Anliegen ebenso ernst zu nehmen wie er selbst und ihn auf dieser Basis zu behandeln. Ich schämte mich, aber nur ein bißchen, und bewunderte ihren Instinkt. Denn ich selbst hatte in meiner eigenen Arbeit halb absichtlich, halb instinktiv, eine ähnliche Einstellung entwickelt.

Die Bibliothekarin kam offenbar nur langsam voran. Aber während sie in dem Buch suchte, kam ein anderer Mann an ihren Tisch, entschuldigte sich für die Unterbrechung und sagte zu dem Mann in der Pudelmütze: »Tut mir leid, aber ich habe Ihre Frage gehört. Ich hoffe, Sie nehmen es mir nicht übel, wenn ich mich einmische, aber ich weiß zufällig, daß Ihr Verdacht berechtigt ist. Sie *können* es, und sie tun es auch. Sie haben meine Gespräche jahrelang abgehört, über meine Transistorradios, meinen Fernseher und sogar, so seltsam es klingen mag, über eine meiner Gürtelschnallen.«

»Ich wußte es«, sagte der mit der Pudelmütze.

Die Bibliothekarin hielt einen Zettel in die Höhe und sagte: »Da habe ich ein paar Telefonnummern für Sie aufgeschrieben, von CIA und FBI. Sie können anrufen und sich selbst erkundigen.« Der Mann mit der Pudelmütze nahm den Zettel, und die beiden gingen in ein anderes Zimmer, wobei sie sich über den Ärger, dauernd abgehört zu werden, unterhielten.

Fast hätte ich Beifall geklatscht. Die Bibliothekarin hatte einen Exzentriker mit derselben Achtung wie jeden anderen Besucher behandelt, und so fand ein Mann, der Illusionen hatte, ohne unter ihnen zu leiden, einen anderen Menschen, dem es genauso erging. Vermutlich hatte sie eine wertvolle Freundschaft gestiftet. Wechselseitige Bedürfnisse wurden erfüllt, Ängste beschwichtigt.

Außerdem war es sehr wohl möglich, daß die beiden neuen Bekannten die offensichtlichen Illusionen des anderen keineswegs als bizarr, problematisch und symptomatisch für eine geistige oder seelische Störung, ja überhaupt als Illusionen empfanden. Im Gegenteil, jeder war froh, einen neuen Freund gefunden zu haben. Der eine bestätigte den anderen. Zusammen konnten sie sich in einer Welt bewegen, die ihnen, obgleich von der meinigen sehr verschieden, Befriedigung verschaffte und von der aus sie die meinige vielleicht als abweichend, fremd, unrealistisch, illusionär und neurotisch beurteilten. Sie bauten eine neue Beziehung mit unbegrenzten Möglichkeiten auf. Alles, was ich über sie wußte, war, daß sie einander ergänzten und unterstützten, auf eine Art, wie es kaum jemand sonst gekonnt hätte. Wenn aus dieser zufälligen Begegnung eine Beziehung entstand, dann wurde es sicher ein ganz besonderer Freundschaftsbund.

Es wurde mir wieder einmal klar, daß meine Arbeit als Psychotherapeut weniger darauf hinauslief, die Menschen, als ihre Beziehungen zu verstehen: zu verstehen, was sie zueinander hinzog, welchen Bedürfnissen, welchem gegenseitigen Geben und Nehmen ihre Beziehungen dienten, wie sich die Menschen veränderten, um sich einander anzupassen, und wo die Ursachen für ihre sich ergänzenden Stärken und Schwächen lagen. Auf jeden Fall hat unser Verhalten, gut oder böse, zum großen Teil seinen Ursprung im Charakter unserer Eltern, die unsere ersten Bezugspersonen sind. Vieles, was wir uns von neuen Beziehungen erwarten – von Freunden, Liebespartnern, eigenen Kindern –, ist identisch mit jenen positiven und negativen Erfahrungen, aus denen wir in unseren ersten Beziehungen Selbstbestätigung und Anerkennung bezogen haben. »Bizarr«, »neurotisch«, »verrückt« und »unsozial« sind im Grunde nur relative Begriffe, die oft nicht das Geringste mit der Funktion des Verhaltens zu tun haben, das der Außenstehende kritisiert. Die Bedeutung dieser Begriffe hängt allein von der subjektiven Wahrnehmung des Betrachters ab und seinen Lust- oder Unlustgefühlen dabei.

Während meines Studiums bemerkte ich schon bald, daß sich meine Vorstellung von Therapie, die ich mir in Vorlesungen und aus Büchern bildete, mehr und mehr mit einer damals neuen Denkschule deckte. Erregt vertiefte ich mich in die Ideen der Pioniere dieser Theorien – Murray Bowen, Carl Whittaker, Jay Haley, Nathan Ackerman –, die ihrerseits gegen die traditionelle Psychotherapie rebellierten. Ihre Gedanken ließen sich unter dem gemeinsamen Dach der »Familientherapie« zusammenfassen, damals ein Allerweltsbegriff für eine ganze Reihe neu entstehender Theorien und Methoden. Gemeinsam war ihnen allen der Ausgangspunkt, daß eine psychische Störung nicht nur rein dysfunktional sein muß, sondern auch positive Funktionen haben kann. Sie hat den Zweck, die Stabilität einer Beziehung, normalerweise in einer Familie, aufrechtzuerhalten. Diese Psychologen sahen also in einem psychischen Problem auch etwas Positives, behandelten es als Faktor in einem Beziehungsgefüge und rückten so von rein individualpsychologischen Modellen ab. Während sich mein eigener Standpunkt festigte, nahm ich Kontakt mit anderen Studenten und Professoren auf, die ähnlich dachten und von denen ich mich deshalb angezogen fühlte. Ich beschäftigte mich mit den Ideen Salvador Minuchins und übernahm sie schließlich auch. Er war der Begründer eines Modells der Familie als System, das er als »Strukturelle Familientherapie« bezeichnete und selbst in der Praxis anwandte.

Kurz nach meinem Besuch von Seminaren Minuchins an der Child Guidance Clinic in Philadelphia begegnete ich Peggy Papp, Seniormitglied des Ackermaninstituts für Familientherapie in New York, und studierte bei ihr. Ein Jahr später lud mich Peggy ein, gemeinsam mit ihr und Olga Silverstein an einem innovativen Forschungsprojekt am Ackermaninstitut mitzuwirken. Es war beabsichtigt, kurzfristige Behandlungsmethoden zu entwickeln, vor allem für Leute mit extremen Auffälligkeiten. Ein Team von Psychologen sollte so zusammenarbeiten, daß der eine eine Familie therapierte, während die anderen die Vorgänge hinter einem Beobachtungsspiegel verfolgten. Die Räume waren telefonisch miteinander verbunden. Die observierenden Psychologen konnten dem mit der Familientherapie befaßten Mitarbeiter Kommentare, Fragen und Beobachtungen telefonisch durchgeben.

Nach einiger Zeit sollten Therapeut und Team den Ablauf der jeweiligen Sitzung unterbrechen, um über die bis dahin gesammelten Erfahrungen zu sprechen, Gedanken auszutauschen und über einen eventuellen Eingriff zu beraten, den der Therapeut der betreffenden Familie dann vorschlagen würde.

Eine der Strategien bestand darin, daß der Therapeut der Familie erklärte, er sei mit seinen Teammitgliedern nicht einer Meinung. Er arbeitete darauf hin, daß die Familie ihr Verhalten änderte, während die anderen Teammitglieder auf die damit verbundenen Risiken und Folgen hinwiesen. Auf diese Weise wurden die Schwierigkeiten, die einer Verhaltensänderung der Familie im Wege standen, in eine Art Drama umgesetzt. Peggy Papp nannte die sich so allmählich entwikkelnde Technik »Griechischer Chor«, weil in den griechischen Tragödien der Chor die Funktion hatte, die schlimmen Folgen der Taten des Helden im voraus zu schildern.

11

Im zweiten Jahr unserer Zusammenarbeit stellten Peggy, Olga und ich unsere Technik auf eine neue Grundlage. Jetzt befanden wir uns alle zusammen mit der therapierten Familie im Behandlungsraum, und jeder von uns vertrat eine andere, vorher besprochene Position in bezug auf die Möglichkeiten, die Problemsituation zu ändern. Diese ungewöhnlich wirksame Methode reservierten wir aber nur für Familien mit extremen, akuten Symptomen, bei denen alle anderen Therapien bisher versagt hatten. Wir ließen uns von allen Familienangehörigen die Erlaubnis geben, die Sitzungen auf Videorekorder aufzunehmen und den Verlauf nachher zu analysieren – nicht nur, um die Therapie zu unterstützen, sondern auch für spätere Lehr- und Forschungszwecke. Mehrere Beispiele aus diesem Projekt benutzten wir, um über unsere »therapeutische Troika« auf einer internationalen Konferenz in New York zu berichten. Dabei konnten wir unsere Methoden mit dem berühmten Familienforschungszentrum in Mailand vergleichen, das sich wegen seiner unorthodoxen, paradoxen Verfahren einen Namen gemacht hat.

Während meines Aufenthalts am Ackermaninstitut baute ich meine ersten Ansätze aus. Sie erhielten eine eigenständige Prägung. Ich wurde selbst zu einem Seniormitglied der Fakultät ernannt und Direktor des Ausbildungsprogramms.

Meine Rolle als Therapeut, wie ich sie jetzt sah, unterschied sich erheblich von der des traditionellen Psychotherapeuten. Meine Aufgabe war nicht, ein Individuum zu analysieren und irgendwie zu reparieren, was meiner Meinung nach bei ihm oder ihr schiefgelaufen war. Aus der Perspektive der familialen Systemtherapie gab es keine isolierten Probleme. Kein Verhalten existierte außerhalb eines Zusammenhangs.

Meine Rolle bestand vielmehr darin, die zwischenmenschlichen Beziehungen zu verstehen, herauszufinden, wie sie die jeweiligen Handlungen beeinflußten, den gegenseitigen Bedürfnissen dienten und Stärken und Schwächen ergänzten, um dann diesen Menschen sozusagen zurückzuspiegeln, was sie mir gezeigt hatten. Auch Leute, die sich mit – ihrer Ansicht nach – rein persönlichen psychischen Schwierigkeiten an mich wandten, hatten in der Vergangenheit Beziehungen gehabt, die ihr Verhalten fundamental prägten und ihre Reaktionen in Gegenwart und Zukunft bestimmten. Vielleicht fühlten sie sich verpflichtet, irgendein Familienerbe zu bewahren, und klammerten sich an eine stabilisierende Tradition. Sie versuchten gewissermaßen einen Augenblick der Vergangenheit einzufrieren oder eine Illusion aufrechtzuerhalten, die zeitlos gültig sein sollte. Sie wollten die Preisgabe einer bestimmten Familienloyalität für immer vermeiden. Aber wenn sie über die Ursachen ihres jetzigen Realitätsbezugs, die in der Vergangenheit gelegt worden waren, erst einmal Bescheid wußten, konnten sie neue Bezüge entwickeln und die aktuelle Situation ändern. Wenn Menschen unter problematischen Beziehungen litten, konnte ich versuchen, in Erfahrung zu bringen, wie sie sich dann doch Befriedigung verschafft hatten und welche emotionalen Opfer sie brachten, um Stabilität herzustellen. Wußte ich das einmal, war es auch möglich, Wege zur Änderung auszukundschaften und die damit verbundenen Risiken abzuwägen.

Zum Beispiel treffen sich ein Mann und eine Frau, lernen einander kennen und verlieben sich. Sie fühlen sich durch ihre positiven Eigenschaften angezogen, möchten einander ihre Wünsche erfüllen, ihre Stärken bestätigen und bewundern, einander helfen, einander ergänzen. Zu diesem Zweck, also zum gegenseitigen Nutzen, ändern sie ihr Leben total. Sie schließen ein Bündnis von – hoffentlich – unbegrenzter Dauer und bauen eine auf Vertrauen, Achtung, Treue und Rücksichtnahme basierende Beziehung auf. Diese Veränderung hat anfangs Konsequenzen, die ihnen relativ leicht fallen, später aber langfristige, schwerer zu bewältigende Folgen. Sie entwickeln Verhaltensmuster, die die neue Beziehung schützen und zugleich die individuelle Persönlichkeitsstruktur nicht antasten sollen. Auf bestimmte Art regulieren sie Distanz und Nähe, woraus neue Folgen entstehen, die sich eines Tages eher als Probleme denn als Lösungen entpuppen können – z.B. wenn sie ein Kind bekommen. Denn was die Pflege und Erziehung eines Kindes anbelangt, bringen beide Eltern Voraussetzungen und Vorstellungen aus ihren eigenen Familien mit, die vielleicht ganz unterschiedlichen Gruppen, ethnischen, ökonomischen, kulturellen, religiösen und sozialen Traditionen angehören. Beide sind nicht immer einer Meinung, jeder will das Beste für sein Kind, jeder aus Loyalität zu einer anderen Vergangenheit. Das Kind wächst heran, bemerkt den Konflikt und ändert sein Verhalten und sein Leben, bewußt oder nicht, um den Konflikt zu entschärfen oder irgendwelche negativen Konsequenzen zu vermeiden. Vielleicht wird ein Mädchen krank und zieht die Aufmerksamkeit der Umwelt auf sich, nur um diese dem Konflikt zu entziehen. Oder es beträgt sich schlecht in der Schule, was mit einem Leistungsabfall einhergeht, um dadurch eine Art Vorhang zu errichten, der die streitenden Parteien ablenkt und somit stabilisierend wirkt. Besorgt wegen ihres Versagens oder ihrer Krankheit konsultiert die Familie nun einen Therapeuten. Falls dieser die Ursachen des Konflikts erkennt und das Beziehungsgeflecht in dieser Familie durchschaut, wird er bemerken, daß die »Probleme« in Wirklichkeit Lösungen und die »Fehler« Leistungen sind.

Es fiel mir auf, daß Menschen, die zum Therapeuten kamen, ihr Verhalten schon geändert und sich den abrupten Wendungen und plötzlichen Haken, die das Leben schlagen kann und die eine Beziehung unter Umständen destabilisieren, angepaßt hatten. Nach einer Reihe solcher Änderungsversuche zur Vermeidung von Instabilität stellt sich manchmal heraus, daß nur neue Instabilität entstanden ist. Schließlich vergessen die Menschen – wenn die Anpassungsversuche unerwartet noch schlimmere Folgen nach sich ziehen –, daß ihre ursprünglichen Motive durchaus von gutem Willen und Rücksicht bestimmt waren. Der Therapeut aber, der in der Lage ist, die Spur zu den ursprünglichen Motiven zurückzuverfolgen, ist womöglich auch imstande, Vorschläge für andere Verfahren und Änderungsversuche zu machen, die die Probleme lösen und Stabilität garantieren könnten, ohne der Vergangenheit, aus der die Beweggründe entsprangen, ihre Berechtigung abzusprechen. Immer, wenn ich die Ursachen des Fehlverhaltens einer Person erkannt hatte, legte ich Wert darauf, mir kreative Alternativen zur Änderung des Verhaltens einfallen zu lassen.

Meine psychotherapeutische Methode ging daher stets davon aus, daß wir Menschen im Grunde alle schon in Ordnung sind, oder jedenfalls danach streben, uns immer wieder in Ordnung zu bringen. Wir sind nicht so sehr damit beschäftigt, unsere übermächtigen, aggressiven Triebe in den Griff zu bekommen, als vielmehr die Wunden zu heilen, die uns vom Leben geschlagen werden. Dabei hoffen wir unaufhörlich, unser höchstes Ich-Ideal doch noch zu verwirklichen. Und unsere negativen, ja verrückten Handlungsweisen haben oftmals sehr edle Beweggründe. Meiner Ansicht nach ist die Neigung, heroische Selbstaufopferung zu bewundern, dem Menschen angeboren.

Ich habe entdeckt, daß es in der Natur des Menschen liegt, nach persönlicher Erfüllung, ja persönlichem Glück zu streben. Schon lange hatte ich verstandes- und gefühlsmäßig vermutet, daß die Menschen lieber rücksichtsvoll als egoistisch sind (obwohl das eine Motiv das andere nur minimal überwiegt), sich mehr von persönlicher Integrität als durchtriebener Cleverness angezogen fühlen, sich lieber selbst aufopfern als Schaden anrichten, mehr dauerhaftes Glück wollen als momentane Befriedigung. Ich glaube, wir lieben unsere Helden mehr als unsere Verbrecher, weil uns auf unserem so verschlungenen Lebensweg ein dem Menschen angeborener Hang beseelt, heldenhafter zu leben und den Mitmenschen besser zu behandeln als bisher – und so fort von Generation zu Generation. Um dann schließlich unsere Vorfahren zu übertreffen, ohne jedoch die Lektionen zu vergessen, die sie lernen und mit denen sie fertigwerden mußten. Die hier beschriebene neue Art der Psychotherapie soll diese Vermutung bestätigen und sie für die Praxis fruchtbar werden lassen.

Allgemein gesprochen, versuche ich zuerst immer zu ergründen, welche Funktion ein Problem für eine Beziehung hat. Dann zeige ich es den Betroffenen in einem neuen Licht, so daß ihnen diese Funktion klar wird. Hierauf mache ich mir Gedanken über die eventuellen Folgen einer Änderung und formuliere sie. Dabei arbeite ich oft mit Überraschungseffekten, direkten Eingriffen und sogar »Hausaufgaben«. Wenn nämlich ein Dilemma dramatisiert wird, wird unmittelbar anschaulich, wie die Zukunft ohne dieses Problem aussehen könnte. Da meine Methode, bei allem Respekt vor den anderen, aktiv und direktiv ist, ist meine Therapie häufig wesentlich kürzer als andere Therapien.

Im Lauf der Zeit ergaben sich für mich drei Kategorien – drei Arten von Problemlösungen, die die Menschen versuchen und die sie daran hindern, sich am Leben zu freuen. Entsprechend hat dieses Buch drei Teile, jeweils mit Geschichten, die meine Methode, meine Entdeckungen und, so hoffe ich, meine positive Einstellung und Liebe zu den Menschen illustrieren.

Der Teil mit dem Titel »Gelungene Verbindungen« enthält vier Geschichten über Menschen, die, wie die beiden belauschten Männer in der Bibliothek, einander finden und bei ihrem Gegenüber ideale, wunderbare Eigenschaften entdecken, die die vollkommene Ergänzung zum eigenen Selbst darstellen. Das Paar in »Endstation Aids« ist homosexuell. In »Die unbefleckte Nicht-Empfängnis« hat sich ein bestens aufeinander eingespieltes Ehepaar entschlossen, ein menschliches Grundbedürfnis zu opfern und einem göttlichen wie menschlichen Recht zu entsagen, nur um die Integrität ihrer fast schon unglaublichen Beziehung aufrechtzuerhalten. In »Travestie« stellt sich heraus, daß das groteske Verhalten eines Verlobten nur dazu dient, seine Verlobte in zarter Rücksichtnahme vor einem ganz gewöhnlichen Seelenschmerz zu bewahren. Und in »Hickhack« hat der typische Ehekrieg die Aufgabe, die Kontinuität der Lebensgeschichte der Partner zu sichern.

Auch Versagen, ein anderer durchaus relativer Begriff, dient häufig der Stabilität einer Beziehung. Ich kenne unwiderlegbare Beispiele dafür, daß sich Kinder trotz überlegener Intelligenz und großer Begabung in der Schule schlecht betragen oder versagen, weil sie sich unbewußt für das Wohl ihrer Familie opfern. Es ist mir ein Junge begegnet, der die Wirkung eines Heilmittels blockierte, das sonst seinen Zustand unweigerlich gebessert und sein Leiden beendet hätte. Sein Körper wehrte sich gegen diese Medizin, und er blieb krank. Wie ging das zu? Und warum?

Durch einen Zufall, der eigentlich gar keiner war, entdeckten wir, daß dieser Junge das ganze Interesse der Eltern auf seine Krankheit lenkte und dadurch von der immer schlechter funktionierenden Ehe ablenkte. Innerhalb dieses Familienorganismus hatte der Junge im Gefühl, seine Krankheit könne den Bruch in der Familie kitten, die Rolle des Sündenbocks übernommen. Erst als man in der Familie die Opferfunktion seiner Krankheit erkannte und sich bemühte, die Ehe in Ordnung zu bringen oder wenigstens die Probleme zu lösen, reagierte der Junge auf die Medizin und wurde gesund. Daher ist der zweite Teil dieses Buches »Erfolgreiches Versagen« überschrieben. Es zeigt Menschen, die absichtlich versagen, weil sie dadurch für ihr Glück unentbehrliche Ziele erreichen.

Wer das Verhalten eines Menschen als mit großer Wahrscheinlichkeit positiv funktional ansieht, hat automatisch mehr Achtung vor ihm. Seit langem habe ich mir diese Einstellung angewöhnt. Manchmal ergeben sich überraschende Konsequenzen daraus. In der Titelgeschichte dieses Buches »Der Patient, der seinen Therapeuten

16

heilte«, griff ich in einen Fall ein, bei dem eine Berufskollegin über das wortkarge Verhalten ihres Patienten völlig verzweifelt war. Bald aber kam es so weit, daß ich den Patienten sogar bewunderte und mich über die Verzweiflung der Therapeutin nur wundern konnte. Ich orientierte mich um, lernte ihn schätzen und sie bedauern. Ich war also weniger daran interessiert, zu heilen, als erst einmal zu lernen, um dann das Gelernte weiterzugeben. Ich ging davon aus, daß der so gesprächsscheue Patient wahrscheinlich in seinem eigenen Interesse handelte und daß hier gar kein Fehlverhalten vorlag – warum er sich so verhielt, das wollte ich herausbringen und verstehen –, das korrigiert werden mußte.

In»Die Frau, die verrückt spielte« betätigt sich eine Frau, die als »gesellschaftlich fehlangepaßt« galt, regelmäßig und obwohl sie Gefängnis riskierte, als Ladendiebin. Ich konnte nicht umhin, ihr Verhalten schließlich als»verantwortlichen Ladendiebstahl« zu bezeichnen. In den Augen der therapeutischen Berufskollegen war sie tatsächlich ein Versager. Wohlmeinende Berater hatten ihr jahrelang zugesetzt, sie solle doch endlich mit dem Stehlen aufhören, da, wie sie erklärten, so ein Verhalten verrückt und unverantwortlich sei.

Ich sah die Situation anders. Vor dem Hintergrund ihrer Familiengeschichte war sie eher allzu verantwortungsbewußt und – im Gegensatz dazu – nicht verrückt genug. In ihrer Lebensgeschichte glaubte ich eine Antwort auf ihr Dilemma zu erkennen, eine Lösung im Einklang mit ihrer Vergangenheit. Ob sie dann ihr Leben ändern wollte oder nicht, war ihre Sache.

In»Opfer des Holocaust« arbeiten drei erwachsene Kinder unbewußt als Versager zusammen, einer stets noch auffälliger als der andere, um die Ehe ihrer Eltern zu retten und gleichzeitig den von ihren Großeltern übernommenen Werten treu zu bleiben. Sobald es ihnen gelingt, ihr Scheitern als funktional, loyal, ja sogar rücksichtsvoll und liebevoll anzusehen, sind sie vom Druck befreit und können entscheiden, wie weit sie ihr»Versagen« in Zukunft noch treiben wollen. Denn jetzt können sie sich auch erlauben, erfolgreich zu sein. Aber während meine Kollegen und ich in diesem Fall wieder nachdrücklich auf die Folgen einer Änderung hinwiesen, war uns doch klar, daß durch diese Änderung zwar die Angehörigen der jüngeren Generation, die durch ihr Versagen für die Kontinuität und Stabilität der Familie gelitten hatten, frei werden würden. Die psychischen

Kosten einer solchen Änderung aber würde die ältere Generation tragen müssen. Würde sie sie bezahlen? Würden ihre Kinder sie zahlen lassen? Unsere Aufgabe war nur, hier die Optionen aufzuzeigen. Entscheiden mußte die Familie selbst.

In »Die Mauer aus Pappe« schließlich erzähle ich, wie meine Cotherapeutin und ich in unendlich zähen Sitzungen ein Ehepaar behandelten, dessen Loyalität zur Tradition so stark, so sehr Ehrensache und so tief verwurzelt war, daß die Beziehung zu einem ununterbrochenen Fehlschlag wurde. Dieser war selbst zum Inhalt der Beziehung geworden. Ohne den eingebauten Fehlschlag ging es schon nicht mehr. Wir brauchten Monate, bis wir das erkannten, aber dann nur Augenblicke, um uns darauf einzustellen.

Offen gesagt, ich bin nicht daran interessiert, Seelen zu retten. Ich bin nur daran interessiert, wie ein Mensch seine Persönlichkeitsstruktur, seine Lebensgeschichte und seine Loyalitäten sieht, und wie er, falls nötig, die Lehren beherzigt, die sich daraus ergeben, oder, falls nicht nötig, diese Loyalitäten akzeptiert und richtig einordnen lernt.

Für mich ist Therapie eine Kunst, auch eine extrem subjektive Kunst, eine Zusammenarbeit und Verständigung zwischen Therapeut und Patient. Zwei Menschen treffen einander, der eine mit schrecklichen Erfahrungen und Problemen, der andere mit, unterstellen wir es einmal, großem Wissen über die Probleme anderer, nicht zu reden vom Wissen über statistische Daten und klinische Gegebenheiten.

In gewisser Weise sind diese Vorgänge manchmal ebenso einfach wie das alte Sprichwort, daß man erst eine Meile in den Schuhen eines andern gehen sollte, ehe man ihn beurteilt oder ihm sagt, er müsse sich ändern. Wenn ein Therapeut in der Lage ist, das Leben eines Menschen kennenzulernen, zu verstehen und gleichsam in ihn hineinzuschlüpfen, wenn er sich also wirklich in ihn einfühlt – in den Schuhen des anderen geht –, kann er ihm weit besser helfen, seine Geschichte neu zu schreiben. Ich betrachte die wissenschaftliche Psychologie als eine Art Kunst, und eine Therapie fordert mich ebenso wie den Künstler das Malen eines Bildes, oder, noch besser, wie den Sänger ein Gesang im Chor. Denn die Wendungen und Manöver der Therapie sind genauso ein Ausdruck meines persönlichen Stils wie die Probleme des Patienten höchstwahrscheinlich den seinen widerspiegeln. Wenn ich das Problem des Patienten nicht als pathologisch, nicht einmal als Tatsache, sondern einfach als seine Geschichte auffasse, kann ich reagieren und die Trauer oder Enttäuschung nachvollziehen. Und ich kann ihm dann auch, in Zusammenarbeit mit ihm, behilflich sein, die Geschichte neu zu fassen, ihre Richtung zu ändern oder eine ganz neue Erzählung zu entwerfen.

In diesem Sinne illustrieren die Stories des dritten Teils »Jenseits der Illusionen«, wie weit der Therapeut versuchen sollte, in die Welt des anderen Menschen einzudringen. Illusionen, die häufig ganz sinnlos zu sein scheinen, erfordern manchmal, daß der Therapeut sie teilt, ja übernimmt, bevor sich ihm ihre Bedeutung erschließt. Sie wirken mitunter auf den ersten Blick absurd, aber die Analyse zeigt stets unwiderleglich, daß sie auf Beziehungen in der Vergangenheit zurückgehen. In der einen »Spaghettigeschichte« suche und suche und suche ich nach dieser Spur in die Vergangenheit zurück und weiß nicht, wie ich vorgehen und welchen Weg ich einschlagen soll. Den Zweck der Illusion erfahre ich nie, aber ich erkenne, daß sie einen Zweck hat, weil sich die Patientin mit Händen und Füßen an sie klammert. In der anderen »Spaghettigeschichte« erfahre ich den Zweck ebenfalls nicht, entdecke aber, indem ich die Illusionen ernst nehme, eine Möglichkeit für die Betreffende, mit ihnen umzugehen, fertigzuwerden und zu leben. Klar ist, welchem Ziel die Illusion in »Sündensyndrom« dient. Sie erfüllt die Bedürfnisse einer Beziehung, schützt die Treue zu einem bestimmten Ehrenkodex und bestätigt ironisch die Loyalität zur Familie. Doch kommt es zu einer Lösung, die möglicherweise ungeheuer kostspielig ist.

In »Vater weiß es doch am besten« wird die Illusion der Schuld eines Familienangehörigen von der ganzen Familie aufrechterhalten, weil diese eine andere Angehörige schützen will, die zur Übernahme der Verantwortung noch nicht reif ist.

Es ist meine Hoffnung, daß die Geschichten dieses Buches zu einem völlig neuen Blick des Lesers auf zwischenmenschliche Beziehungen beitragen können und eine neue Perspektive auf problematisches Verhalten und sogenannte Versager in Paaren, Familien, Großfamilien und sogar Gesellschaften eröffnen. Denn wie oft sind solche Probleme nichts anderes als Ausdruck eines edlen, rücksichtsvollen und positiven Selbstopfers der Betreffenden!

In den Geschichten mit nur einer Sitzung –»Die unbefleckte Nicht-Empfängnis«,»Eine Frau spielt verrückt« und»Der Patient, der seinen Therapeuten heilte« – reichen die therapeutischen Schritte: Respekt vor dem anderen, Einfühlung, Inspiration, Intervention und, manchmal, magische Beeinflussung, vollkommen aus, um eine neue Lebensgeschichte zu konzipieren. In Geschichten über längere Therapien mit mehreren Sitzungen, wie»Hickhack«,»Travestie« und besonders»Opfer des Holocaust« dauert es länger, bis der Sachverhalt klar ist. Doch ist er nicht weniger überraschend. Diese Erzählungen haben fast Novellencharakter.

Das Buch»Der Patient, der seinen Therapeuten heilte« soll über die Entdeckungen berichten, die ich mit viel Freude und Aufregung in den letzten zwanzig Jahren bei der Analyse zwischenmenschlicher Beziehungen gemacht habe. Die Beispiele sollen dem Leser Alternativen in ähnlich gelagerten Fällen bieten, ihn aber auch mit amüsanten, spannenden und erhellenden wahren Geschichten unterhalten, die ich aus dem Gedächtnis, aus Notizen und aus Videoaufzeichnungen mit Patienten niedergeschrieben habe.

Alle drei Kategorien:»Gelungene Verbindungen«,»Erfolgreiches Versagen« und»Jenseits der Illusionen« zeigen Aspekte meiner therapeutischen Einstellung. Jede Geschichte macht deutlich, daß meine Einstellung von Grund auf positiv ist, was, wie ich hoffe, beim Erinnern und Weitererzählen ansteckend wirkt.

New York, Juni 1991   *Stanley Siegel*

Alle Geschichten in diesem Buch sind wahr und haben sich, wenn sie als solche kenntlich gemacht sind, wirklich so zugetragen. Um aber das Berufsgeheimnis zu wahren, mußten die Autoren die Namen aller an den Sitzungen teilnehmenden Patienten und Mitwirkenden ändern. Aus dem gleichen Grund wurden die Berufe der Patienten und bestimmte Orte und Umstände geändert, was natürlich einige fiktive Passagen erforderlich machte.

Gelungene Verbindungen

Wahre Liebe könnte genau das sein, was wir uns in unseren süß überzuckerten, mit Geigentönen untermalten und Disneyland-inspirierten Phantasien vorstellen. Und die zynischer gesinnten Angehörigen der psychotherapeutischen Gilde sollten, wenigstens einmal, auf den Klang jener Saite hören, die diese Phantasien in uns anschlagen. Menschen fühlen sich eben nicht ausschließlich aus selbstsüchtigen Gründen zueinander hingezogen – etwa weil sie persönliche Wünsche befriedigen, unersättlichen Liebeshunger stillen oder auch ihren genetischen Code altruistisch fortpflanzen wollen. Natürlich gehen auch all diese Ziele in die Liebesgleichung mit ein. Aber als Menschen besitzen wir doch alle auch ein fundamentales Bedürfnis, andere zu respektieren, zu achten und ihnen etwas zu geben, Schwächen des anderen durch eigene Stärken auszugleichen, Wissen zu übertragen, treu zu sein, Harmonie und Gleichgewicht zu erzeugen und uns daran zu freuen. Wie die Geschichten dieses Teils beweisen, stellt sich ein Verhalten, das scheinbar selbstsüchtig ist, oft als sehr selbstlos heraus, wenn man es nur im Licht positiverer Einstellungen betrachtet. Und was sich, oberflächlich gesehen, als Problem darstellt, ist in Wirklichkeit oft ein menschlich schönes Band der Rücksicht und gar kein Problem, sondern im Gegenteil eine Lösung.

Manchmal ist diese Lösung den Beteiligten heilig, wie in der *Unbefleckten Nicht-Empfängnis*, wo ein Paar seine Sexualität der Spiritualität opfert, oder in *Endstation Aids*, wo ein glückliches Paar sich gegenseitig die tiefsten Bedürfnisse erfüllt, die einen aus der Gegenwart, die anderen aus der Vergangenheit stammen. Gelegentlich wirken die Lösungen einigermaßen grotesk, wie in *Travestie*. Und ab und zu sind sie dermaßen charakteristisch, daß es richtig weh tut, z. B. in *Hickhack*, wo ein Dauerkrieg in einer Familie die Identität der Angehörigen mit ihrer Vergangenheit sichert.

Das ewige Wunder ist, daß wir immer noch einander finden und unbewußt oder bewußt die charakteristischen Eigenschaften, Talente und Wünsche im anderen entdecken können, von denen wir dann zehren und denen wir umgekehrt, in dem anscheinend unstillbaren Verlangen, die Welt positiv zu beeinflussen, unseren Teil hinzufügen.

Die unbefleckte Nicht-Empfängnis

Nach unseren konventionellen Vorstellungen braucht eine Therapie Zeit. Entweder erkennt der Therapeut den wahren Sachverhalt hinter den Symptomen des »Patienten« nur sehr allmählich, oder der »Patient« ist langsam und verlagert sein Interesse nur widerstrebend von den alten, ihm vertrauten Problemen auf ein neues Gleis, das in eine ungewisse Zukunft führt.

Doch behaupte ich, eine Therapie kann wie ein unerwarteter Donnerschlag wirken, genauso wie ein Todesfall oder eine Geburt in der Familie, wodurch das Leben mit einem Schlag für alle Zeiten anders wird. Ich kann nicht sagen, wie oft sich Gelegenheiten für solche therapeutischen »Detonationen« bieten, aber bezeugen kann ich, daß sie sich bieten. Ich habe sie jedenfalls immer ergriffen und ausgenützt, z.B. im Fall von Steven und Nancy Bembridge, wo ich auch die ungeschriebene Regel therapeutischer Neutralität verletzte und mich – sogar körperlich – direkt in ihre Angelegenheiten einmischte.

Long Island, 1976

Ich warf einen kurzen Blick auf das Formular mit den das Ehepaar Bembridge betreffenden Daten. Es ging daraus hervor, daß sie mir von einer Adoptionsstelle überwiesen worden waren. Die Stelle hatte ihren Antrag abschlägig beschieden. Warum, wußte ich nicht. Als ich die Tür meines Behandlungsraums öffnete, um sie zu begrüßen, war ich total verblüfft. Vor dem beruhigenden, freundlichen Hintergrund des ziemlich großen, vor allem in Beige gehaltenen Wartezimmers bot sich mir ein seltsames Bild. Die beiden saßen eng zusammengedrückt auf der langen Holzbank. Enger ging's nicht mehr, als ob sie mit Alleskleber an den Hüften, Schenkeln und am Oberarm zusammengeklebt wären. Mrs. Bembridge trug eine schwarze Bluse mit weißem Rock, ihr Gatte weißes Hemd und schwarze Hose. Wie auf dem Schachbrett. Ich fragte mich, ob ihnen das bewußt war. Gemeinsam standen sie auf, er war etwas größer als sie. Sie waren anscheinend etwas verlegen, aber wem geht das nicht so bei der ersten Begegnung. Wir schüttelten uns die Hände.

Ich stellte mich vor und komplimentierte sie ins Behandlungszimmer. Zusammen drückten sie sich durch die Tür, zusammen steuerten sie die Couch meinem Sessel gegenüber an, zusammen versanken sie in dem sehr weichen Sofa. Die Kissen zu beiden Seiten bauschten sich und preßten sie womöglich noch enger aneinander. Ich gab mir alle Mühe, sie nicht anzustarren. Irgendwie war ich zwischen Schrekken und Bewunderung hin- und hergerissen, aber im Moment überwog wohl der Schrecken. Wenn mir erlaubt ist, ein wenig, aber nur ein wenig, zu übertreiben, dann präsentierten sie sich wie siamesische Pinguine, zwergenhaft klein vor einer riesigen weißen Eiswand. Ich starrte sie an wie Figuren auf einem Gemälde. Das Bild löste Assoziationen zu meiner eigenen Vergangenheit aus. Einen Großteil meiner Jugend und während meiner ersten Semester hatte ich mit dem Gedanken gespielt, Maler zu werden. Im Rückblick auf meine Skulpturen und Bilder aus dieser Zeit mußte ich feststellen, daß meine Arbeiten sich fast ausschließlich mit dem »Raum« zwischen den Personen, ihrer jeweiligen Nähe oder Ferne also, beschäftigten. Künstler nennen den Raum zwischen Menschen oder Dingen »negativen Raum«. Aber es war immer so, daß mir dieser »negative Raum« ebenso positiv wie die sonstigen Bildelemente erschienen war.

Vielleicht, weil ich von Geburt an nur auf einem Auge sehe, blicke ich anders in die Welt als andere Menschen. Für mich war der negative Raum immer ebenso wirklich wie der sogenannte positive Raum. Er zeigt ja, was uns voneinander trennt, aber auch, was uns zueinander hinzieht. Diese bewußte Einstellung zu Kunstwerken, dieser besondere Blick auf sie war mir schon zur Gewohnheit geworden, zu einem wichtigen Bestandteil des inneren Mechanismus, mit dem ich zwischenmenschliche Beziehungen beurteilte – aber niemals ging es so konkret zu wie in diesem Fall, wo ich die beiden Bembridges betrachtete.

Einigermaßen verwirrt begann ich ziemlich amateurhaft: »Nun, was führt Sie zu mir?«

Nancy Bembridge antwortete kurz und knapp:»Wir wurden von der Adoptionsstelle hierhergeschickt. Wir wollten ein Baby adoptieren und fragten sie deshalb, aber sie sagten gleich nein.« Etwas gekränkt fügte sie hinzu:»Also wirklich, seit wann wird man so von einer Behörde abgefertigt? Sie sagten nur, wir sollten uns besser an jemand anderes wenden.«

Das brachte mich nicht weiter. Deshalb fragte ich:»Warum hat man es abgelehnt, Ihnen ein Baby zu geben? Das wollten Sie doch sagen?«

»Also, ganz bestimmt nicht, weil wir kein schönes Zuhause haben«, sagte sie im Brustton der Überzeugung. »Wir haben ein schönes Zuhause, nicht wahr? Mit einem großen Garten, drei Schlafzimmern, einem Gäste- und einem Kinderzimmer. Wir haben auch ein gutes Einkommen, mehr als genug. Ich arbeite, Steven arbeitet. Und wir haben einen soliden Hintergrund, alle beide. Wir sind beide in der Kirche aufgewachsen, also der Hintergrund kann es nicht sein. Und beide sind wir gesund, niemals krank. Auch einen Hund haben wir ...«

So redete sie munter weiter, aber mehr zu Steven gewendet als zu mir, was ich als günstig empfand, weil ich, jedenfalls an der Oberfläche, schon davon überzeugt war, daß sie ehrlich war. Aber ihr langes Reden gestattete mir, das Bild, das die beiden boten, noch genauer in Augenschein zu nehmen. Doch als sie einmal Atem schöpfte, um ihren Redevorrat wieder aufzufrischen, unterbrach ich sie:

»Es gäbe wirklich eine Menge guter Gründe, Ihnen ein Baby zu geben. Wie begründeten sie, warum sie Ihnen doch keins geben wollten?«

»Na gut«, begann sie vorsichtig und sah ihrem Mann dabei mit einer seltsamen Mischung aus Hingabe und Resignation in die Augen, »wir sind seit sechs Jahren verheiratet, und haben eben keinen Geschlechtsverkehr. Und das, glaube ich, gefällt ihnen nicht.«

Sie senkte den Blick. Ein herzzerreißender Ausdruck der Scham glitt über ihr Gesicht. Und seine Miene war wie ein Echo auf die ihre. Sekundenlang hatte ich Mühe, an mich zu halten.

Ich war immer noch fasziniert davon, wie ihre Körper sozusagen zusammengebacken waren. Aber jetzt wurde der Schock, den ihr Geständnis bei mir auslöste, durch die ebenso plötzliche Erkenntnis etwas gemildert, daß ihr Erscheinungsbild eine Botschaft beinhaltete. Natürlich hatten sie keinen Geschlechtsverkehr! Sie hingen ja wie die Kletten aneinander, Hüfte an Hüfte. Unter diesen Umständen wäre ein Fortpflanzungsakt unmöglich, es sei denn, es wüchsen ihnen unvermittelt Fortpflanzungsorgane wie Arme aus der Brust. Ihren Genitalien blieb gar nicht genug Spielraum, um auch nur einen höflichen Erfahrungsaustausch zu beginnen. Die beiden waren fugenlos aneinandergeschweißt. Wo ich normalerweise einen Zwischenraum zwischen zwei Menschen sehe, konnte ich hier nur eine Fusion wahrnehmen. Und diese Fusion mußte für sie die Lösung irgendeines Problems sein, das wurde mir zunehmend klar. Ich kannte das Problem noch nicht. Aber wenn ihnen diese »Lösung« bewußt würde, würde ein ganz neues Programm von Gedanken und Vorstellungen auf sie zukommen – über Verwischung und Ziehung von Grenzen, über positive und negative Wirkungen verschiedener Trennungsphasen. Welches Problem also versuchten sie durch ihre sexuelle Abstinenz zu lösen? Und was wäre, wenn sich jemand oder etwas zwischen sie drängte? Wären sie dann gezwungen, preiszugeben, was sie so verzweifelt schützen wollten?

Ich wußte, daß ich mir irgendwie Klarheit über den Zweck ihrer Fusion verschaffen mußte, und entschloß mich zu einem großen Wagnis: zur direkten Provokation.

»Adoptieren Sie mich«, sagte ich einfach, wie wenn ich plötzlich die Lösung aller Probleme der Welt entdeckt hätte, einschließlich der ihren und der meinen. Ich stand auf.

Sie hatten dafür gesorgt, daß kein Platz für ein Kind zwischen ihnen war. Es war überhaupt für nichts Platz zwischen ihnen, nicht einmal für die Luft, auch nicht für den kleinen Abstand, der zum Beginn des Geschlechtsverkehrs notwendig ist: für gar nichts. Ich wollte sehen, was passierte, wenn doch irgendwas oder -wer sich zwischen sie drängte. Wie änderte sich dann die Lage? Es war in jeder Hinsicht ein radikaler Eingriff, vor allem wegen seiner Plötzlichkeit, teils aber auch, weil ich mich derart persönlich und körperlich einmischte. Doch schien mir die Aktion der Situation, die wie geladen war, durchaus angemessen.

Ich bewegte mich auf die Couch zu. »Sie möchten ein liebes kleines Kindchen?« fragte ich. »Dann bin ich jetzt Ihr liebes kleines Baby.« Während ich näherkam, blickte mich Steven mit weit aufgerissenen Augen an, wie ein Eichhörnchen eine Katze.

Beide erstarrten. Ein gewisses Flackern in den bestürzten Mienen, ein besonderer Akzent in der Körpersprache überzeugte mich aber, daß ich auf dem richtigen Weg war. Ich hatte das Gefühl, zwar nicht sehen zu können, aber innerlich zu wissen, wohin ich ging.

»Ich hatte eine so schreckliche Kindheit«, stieß ich hervor und schob mich näher heran. Ich faßte den nicht existierenden Raum zwischen ihnen fest ins Auge, entschlossen, die Fusion zu sprengen. »Keine einzige schöne Erinnerung. Mama und Papa war ich nur im Wege. Niemals bekam ich einen Kuß. Niemals schmusten sie mit mir. Die ganze Zeit nur Geschimpfe. Ich konnte niemals wirklich ein Baby sein. Aber jetzt will ich ein Baby sein, das von jemandem gewollt wird!«

Ich wühlte mich buchstäblich zwischen sie hinein, Schulter voran, in den Nicht-Raum. Vielleicht sollte ich hier einflechten, daß ich relativ zart gebaut bin. So fiel es mir nicht allzu schwer, mich zwischen sie hineinzugraben, obwohl es grotesk ausgesehen haben muß.

»Sie möchten ein Baby?« rief ich, während ich sie auseinanderdrängte. »Jetzt bin ich Ihr Baby!«

»Mami!« Ich drückte mich an Nancys Schulter. »Papi!« Ich wandte mich ihm zu und lallte kläglich mit einer Miene, die der eines kleinen Kindes so ähnlich wie nur möglich sein sollte.

»Mami?« flehte ich und schaute wieder Nancy an. »Gib mir einen Kuß, Mami. Zeig mir, wie gern du dein Baby hast.«

Nancy begann zu weinen. Steven war gespannt wie die Saiten einer Harfe.

Wieder wechselte ich die Stellung und lehnte mich an seine Schulter:

»Streichle mich, Papi, bitte. Bitte…«

Steven reagierte heftig. Er beugte sich vor, die Knöchel der geballten Faust an die Stirn gepreßt. »Was fällt Ihnen eigentlich ein!« rief er zornig. »Wir sind hier, weil wir Hilfe brauchen! Unerhört! Sie wälzen hier… Ihre Probleme… Sie wälzen Ihre Probleme auf uns ab! Das ist unerhört. Unglaublich. Einfach lächerlich. Sie… Sie…, ach, verdammt!«

Er sprang auf und stapfte zur Tür. Nancy erhob sich und folgte ihm wie an einer Leine. Steven brüllte schon fast, als er den Türknopf packte. Er krallte die Hand um ihn, drehte ihn drohend und heulte von neuem: »Wir sind gekommen, weil wir Hilfe brauchen!«

Es hat Augenblicke in meinem Leben gegeben, wo ich mir wünschte, ich sähe nicht so zart und ungefährlich aus, Augenblicke, wo ich dachte, es wäre schön, wenn ich mich von meinem Sessel zur vollen Größe von zwei Metern aufrichten und auf meinen Gegner herabsehen könnte. Dies hier war kein solcher Augenblick. So abscheulich mein Verhalten im nachhinein auch wirken mag: Ich knickte in den Knien ein und machte mich so klein wie möglich. Den Kopf legte ich, fast kokett, schräg zur Seite und flötete in den sanftesten, flehendsten Tönen:

»Ihr wollt mich verlassen? Ihr habt mich noch nicht einmal adoptiert, und schon verlaßt ihr mich wieder!«

Der ganze Raum drehte sich um meine Worte.

Die Bembridges erstarrten zu Statuen. Die Worte »Ihr wollt mich verlassen« hingen in der Luft wie Rauch im Glas. Schreckliche, feierliche Stille. Nach herzbeklemmenden Sekunden verzog Steven das Gesicht. Ein Zucken und Beben ging durch seinen Körper, und er fing an zu schluchzen. Irgendwie war »Ihr wollt mich verlassen« der Schlüssel gewesen.

Nancy schaute mich an. Ich erhob mich respektvoll. Sie begleitete ihren Ehemann zurück zur Couch. Sie nahmen wieder ihre Sardinenstellung ein. Steven rang um Fassung. Einige lange Augenblicke schwiegen wir. Die Zeit der Magie war vorbei. Jetzt galt es, harte Arbeit zu leisten. Ich wartete, daß einer von ihnen zu sprechen begann.

Steven machte den Anfang:

»Als Baby wurde ich auf der Treppe einer Kirche, St. Leonhard, ausgesetzt. In einem Korb. Natürlich weiß ich nicht viel darüber. Ich erinnere mich kaum an das, was ich später erfuhr, nur daß es wirklich ein Korb war. Ein Weidenkorb. Kein Pappkarton.«

Er zögerte. »Spielt ja keine Rolle. Einzelheiten sind unwichtig.« Er zögerte wieder. »Es war eine Decke dabei, bei dem Korb. Eine blaue Decke. Die Nonnen im Waisenhaus erzählten mir immer, es war eine blaue Decke, und ich fest darin eingewickelt. Es war Herbst, als ich ausgesetzt wurde, aber ein warmer Tag, wie sie sagten. Die Nonnen kümmerten sich um mich, bis ich ins Gymnasium kam.«

Steven saß aufrecht auf dem Sofa, die Hände auf den Knien, den Blick gesenkt. Nur manchmal schaute er auf, Nancy in die Augen. Ich biß mir in den Finger und dachte an die Einzelheiten, die nicht zählten: ein Korb, kein Pappkarton. Eine blaue Decke, blau für das Söhnchen. Fest herumgewickelt an einem warmen Herbsttag. Jedes Detail ließ den Schluß zu, daß seine Mutter ihn liebte, obwohl sie ihn verlassen hatte.

»Ich war glücklich«, fuhr er fort. »Man brachte mir bei, was ein guter Junge ist, und ich fing gut an. Glücklich. Ich meine es wirklich so. Ich hatte einen Platz für mich, eine Arbeit, eine Schule, jemanden, der für mich sorgte, der dafür sorgte, daß ich meine Arbeit machte – meine Hausaufgaben, die Arbeit im Garten usw. Sie kümmerten sich um einen und stellten sicher, daß man ordentlich aufwuchs, tüchtig aß und seine Pflicht tat.

Es heißt immer: ›Die armen Waisen!‹ Aber ich hatte eine gute Ausbildung, jemanden, der sich um mich kümmerte, ein Bett, drei Mahlzeiten am Tag, die Chance, erwachsen zu werden, ohne kämpfen zu müssen. Und ich hatte einen guten Start ins Leben.« Trotz der Dankbarkeit, die in Stevens Worten mitschwang, war eine geheime Trauer unüberhörbar.

»Wie war es«, unterbrach ich ihn, »als Sie und Nancy sich trafen?«

»Wir begegneten uns auf einer Party«, antwortete er und hob den Kopf, während ein leises Lächeln um seinen Mund spielte. Er breitete die Arme aus wie ein Bischof, der sich der Sympathie seiner Schäfchen sicher ist.

»Ich sah es kommen«, sagte er. »Sie war all das, was ich mir unter einer Frau vorgestellt hatte. Sie zu treffen, kennenzulernen, Freundschaft mit ihr zu schließen, mich zu verlieben – das war alles eins. Als ob ich mit einem Schlag gefunden hätte, was mir fehlte. In ihr fand ich alles, was ich verloren hatte. Ich bekam alles zurück.«

Mit seligem Lächeln schaute er sie an. Sie erwiderte den Blick, hingerissen, bewundernd. »Ich hatte vorher keine Frau geliebt«, sagte er, seine Augen immer noch in die ihren getaucht. »Sie war... vollkommen. Ich brauchte nicht einmal zu denken, und schon war sie da. Hatte ich Lust auf einen Spaziergang, sagte sie bestimmt: ›Hör mal, gehn wir doch ein bißchen raus.‹ Wollte ich ihr meinen Kopf an die Schulter legen, stand sie neben mir. Wenn sie ans Einkaufen dachte, war ich gerade dazu in Stimmung. Fragte sie: ›Liebst du mich?‹ ging mir im selben Augenblick durch den Kopf: ›Wie sehr ich sie liebe!‹ Verspürte ich Appetit auf ein Sandwich, rief sie: ›Möchtest du ein Sandwich?‹ Noch mehr: Wir mochten die selben Fernsehsendungen, Sie kennen sie doch: ›Hawaii Five-O‹, ›The Flying Nun‹, ›Dragnet‹. Zur selben Zeit gingen wir schlafen – 10.30 –, zur selben Zeit standen wir auf – 8.00 Uhr. Sie mochte Blau und haßte Orange. Bologna- und amerikanischen Käse auf ›Wunderbrot‹, mit ›Miracle

Whip‹. Kaum zu glauben. Mit Tomatensuppe! Zum Mittagessen! Na, wie viele Menschen mögen das?« Wir lachten herzlich.

»Sie schien alles von mir zu wissen, noch ehe ich es ihr erzählte. Sie war immer... immer genauso, wie man es sich wünschte. Einfach... vollkommen.« Ich wartete zehn Sekunden, dann fragte ich Nancy: »Und wie stehts mit Ihnen, Nancy? Was passierte, als Sie Steven begegneten?«

»O, das war einmal ein Tanz!« sagte sie mit einem tiefen Seufzer. »Im Gymnasium. Der Frühjahrsball.« Sie schaute Steven voll ins Gesicht.

»Der perfekte Tänzer.«

»Was erzählten Sie ihm über sich selbst?«

»Na, daß ich mich sozusagen selbst großziehen mußte. Das war das wichtigste. Deswegen war ich bereit, wissen Sie, Verantwortung zu übernehmen. Mama und Papa arbeiteten den ganzen Tag, und das bedeutete, daß sich jemand um den Haushalt kümmern mußte. Und das war eben ich. Ich bin die Älteste, also gewöhnte ich mich daran, für alles zu sorgen. Wissen Sie: drei kleine Kinder, meine Geschwister. Bevor ich sonst etwas lernte, lernte ich, alles so einzurichten, daß sie problemlos zur Schule gehen und wieder nach Hause kommen konnten.«

Jeden Abend, erzählte sie weiter, kam ihre Mutter vor dem Vater von der Arbeit nach Hause, zumeist ganz erschöpft, weshalb sie sich auf Nancy verließ, die den anderen Kindern bei den Hausaufgaben, beim Waschen, Essen und Füttern half und ihnen Mut zusprach, nicht zu reden vom Bügeln, Staubwischen und Saubermachen.

»Manchmal«, sagte Nancy, »hatte ich das Gefühl, der Haushalt würde zusammenbrechen, wenn ich nicht da wäre. Wir, die Kinder, kochten das Essen und räumten auf, während Mama im vorderen Zimmer saß und dann zu Bett ging. Natürlich besuchte die ganze Familie sonntags die Messe, aber erst, wenn ich die Kleinen angezogen hatte. Und dann schnell nach Hause, wir mußten das Mittagessen vorbereiten. Ich kochte, meine Schwester half beim Tischdecken. Papa und Mama schliefen am Nachmittag. Kirche und Essen waren die einzigen Augenblicke in der Woche, wo sie mit der Familie zusammen waren.

Und schließlich waren die Kinder erwachsen«, sagte sie. »Als ich dann Steven begegnete, war er so – herrlich angenehm. Es war so leicht, alles für ihn zu arrangieren. Er war immer so dankbar. Man konnte den Abwasch erledigen, und er bedankte sich. Oder, wissen Sie, Essen kochen oder sonstwas. Er war immer so lieb zu mir. Was ich auch für ihn tat, und wenn ich nur die Handtücher richtig zusammenlegte. Es war immer so schön mit ihm zusammen. Wissen Sie, die Arbeit ist nicht viel anders als bei den Kindern. Die Wäsche, die Mahlzeiten, das Haus, das Staubwischen und alles, ganz dasselbe. Aber er ist so dankbar. Es ist so angenehm mit ihm. Er macht sich was aus mir. Ich sorge für ihn, und er macht sich was aus mir. Noch nach acht Jahren sagt er nach jeder Mahlzeit ›Dankeschön‹. Ehrlich, er sagt ›Dankeschön‹ nach jeder Mahlzeit!«

Sie schwieg, lächelte ihn an und schlug errötend die Augen nieder.

Ich saß da und staunte, was sich hier abspielte. Nicht zum ersten Mal waren mir Menschen begegnet, deren gar nicht gewöhnliche Bedürfnisse so exakt ineinandergriffen. Aber immer von neuem wundere ich mich darüber, daß es Menschen gibt, die sich zueinander hingezogen fühlen und schließlich finden. Was hier scheinbar ein Problem war – was die meisten als Problem bezeichnen würden und die Adoptionsstelle auch als Problem wertete –, war in Wirklichkeit die Lösung, und eine heroische dazu. Ich war verwirrt, wollte ihnen das sagen und erklären. Doch war mir auch bewußt, daß ich ihnen, wenn ich es sagte und erklärte, damit zugleich das Mittel an die Hand gab, die perfekte Lösung außer Kraft zu setzen. War ihnen ihre Situation einmal bewußt geworden, hatten sie die Wahl und konnten alles ungeschehen machen.

Ich wartete eine Weile und sagte dann mit ehrlicher Bewunderung: »Es fällt mir sehr schwer, in Worte zu kleiden, welchen Respekt ich vor ihnen und der außerordentlichen Beziehung, die Sie da aufgebaut haben, empfinde. Ihre Ehe scheint einer höheren Ordnung anzugehören als die Norm. Ich weiß, man hat Ihnen ein schlechtes Gewissen eingeredet, weil Sie so viele Jahre verheiratet waren, ohne die Ehe zu vollziehen. Aber ich glaube, man hat Sie nicht richtig verstanden. Die Bedürfnisse eines jeden von Ihnen sind außergewöhnlich, denn Ihre Lebensgeschichte ist außergewöhnlich. Auch Ihre Methode, sie zu befriedigen, ist außergewöhnlich. Die meisten Menschen hätten nicht die Stärke gehabt, trotz des Druckes der Konventionen eine solche Rücksicht aufeinander und einander so in Schutz zu nehmen wie Sie.«

Jeder hatte seine Sexualität zum Opfer gebracht, um den Bedürfnissen des andern zu dienen. Wie konnte ich ihnen das erklären? Ich schaute Steven an. »Sie haben selbst gesagt, daß Sie in Nancy alles wiedergewonnen haben, was Sie verloren, alles gefunden, was Sie sich ersehnt hatten. Es ist offensichtlich – gewiß auch für Sie –, daß sie mehr als eine Frau für Sie ist, mehr als eine Gattin. Sie ist zugleich eine Mutter, ja eine Madonna. Sie haben die Frau gefunden, der es, hätte sie auch sonst in der Welt nichts und niemanden, gelungen wäre, eine blaue Decke und einen Korb für Sie zu finden und Sie fest eingewickelt, am besten Tag und an der besten Stelle auf die Stufen zu legen. Ich weiß nicht, wie Sie sie gefunden haben. Ich glaube, es grenzt an ein Wunder. Aber es ist so. Ich wette, manchmal können Sie es selbst nicht glauben. Stimmt's?«

Steven zuckte die Schultern und lächelte zustimmend. Jetzt schaute ich Nancy an.

»Und Sie fanden in Steven ein eigenes Kind, einen Sohn, für den Sie genauso sorgen konnten, wie Sie es in Ihrer Familie gelernt hatten. So hatten Sie das Gefühl, Sie würden anerkannt, gebraucht und fänden Erfüllung. Noch mehr, er gibt Ihnen rückhaltslos und freudig seine Liebe zum Lohn für Ihre Mühe. Er ist Ihr perfektes Kind. Sie haben etwas, was Eltern ersehnen, schmerzlich ersehnen, ohne es doch jemals zu bekommen: Dank für ihre Hingabe. Schauen Sie doch einmal, was Sie hier aufgebaut haben! Eine wunderschöne, vollkommen selbstlose Verbindung. Ihre Liebe füreinander geht weit über das hinaus, was wir normalerweise unter Ehe verstehen.

Ich begreife, warum Sie in dieser Ehe keinen Verkehr hatten. Es wäre eine Verletzung Ihres heiligen Bündnisses gewesen. Es hätte alles zerstört. Wenn Sie, Steven, Sex mit Nancy hätten, hätten Sie das Gefühl, sie zu erniedrigen. Sie wäre nur noch eine gewöhnliche Frau, weniger als Ihre Madonna, und das wäre gefährlich. Sie könnten erneut alles verlieren, was Sie wiedergewonnen hatten. Ähnlich, Nancy, steht's mit Ihnen. Hätten Sie Verkehr mit Steven, wäre er nur ein gewöhnlicher Mann und Sie verlören den perfekten Sohn, den Sie gefunden haben, das Kind, das Sie so braucht und Sie liebt, weil Sie es betreuen. Unter den gegebenen Umständen wäre Geschlechtsverkehr mit ihm praktisch Inzest. Und das wollen Sie natürlich nicht.

Würde ein Kind Ihr Bündnis ernstlich in Frage stellen? Unwiderruflich? Mit Sicherheit. Vielleicht ist dies noch ein weiterer Grund, weshalb Sie nicht riskiert haben, ein Kind zu bekommen. Sehen Sie es einmal so: Sie haben im Interesse Ihrer Beziehung und in gegenseitiger Rücksichtnahme gehandelt. Wenn es aber nicht mehr in Ihrem Interesse liegt, so zu handeln, ändern Sie vielleicht Ihr Bündnis, gleich, welche Risiken das mit sich bringt.«

Es folgte ein Schweigen wie in einer Kirche. Das Paradoxe der Situation war offensichtlich, ebenso die problematischen Folgen einer eventuellen Änderung. Der Preis einer Änderung würde schwer auf ihnen lasten.

Wir gaben uns die Hände in einer Art ruhiger Euphorie und wußten, daß wir auf kaum merkliche Weise einander liebgewonnen hatten, uns nie vergessen würden und durch unsere Begegnung andere Menschen geworden waren. Ich sagte zum Abschluß:»Hören Sie, Sie sind großartige, selbstlose Menschen. Sie wissen es, ich weiß es. Es ist mir eine Ehre, Sie kennengelernt zu haben. Rufen Sie mich an, wann Sie mögen, wenn Ihnen danach ist. Alles Gute für die Zukunft!«

Sie gingen, ebenso fest aneinandergedrückt wie sie gekommen waren. Zwei Jahre danach fand ich eine Geburtsanzeige im Briefkasten. Gerald Steven Bembridge. Meine Reaktion auf die Karte, die ich immer noch besitze, war grotesk. Ich bewahre die Karte als Symbol auf, als Erinnerung an die Trivialität, daß die Dinge nicht immer so sind, wie sie scheinen. Mein erster freudiger Schreck – die natürliche Reaktion auf eine Geburtsnachricht – wurde durch die Vorstellung, wie viel Raum Nancy und Steven Bembridge zwischen sich gehabt hatten, erheblich gedämpft. Nämlich keinen. Wie würde ein Kind in ihr Leben passen?

Bei allem, was sie mir über ihre Herkunft und ihr Leben zu zweit erzählt hatten, gab es mir doch sehr zu denken, daß sie ihr Bündnis so drastisch geändert hatten, und ich fragte mich, was wohl die Folgen sein würden. Möglicherweise hatten sie sich einen Wandel dadurch erleichtert, daß sie sich selbst akzeptiert hatten und jetzt nicht mehr schuldig oder minderwertig fühlten. Aber vielleicht wichen sie auch nur einem Druck von außen, wenigstens so weit, wie es ihnen akzeptabel schien. Für sie war ein Baby, das war mir klar, nicht nur ein Segen, und ich wußte nicht, ob sie die Lage meistern würden.

Niemals mehr hörte ich etwas von ihnen.

Nachschrift

Der Weg zur Partnerschaft beginnt im allgemeinen mit einer Zeit der Werbung. Die Partner demonstrieren Talente und Stärken, um einander anzuziehen. Im Lauf der Zeit festigt sich die Beziehung. Sie zeigen auch ihre Ängste und Schwächen und appellieren an das Mitleid und den Wunsch des anderen, für jemanden da zu sein. Immer laufen sie dabei das Risiko, zurückgewiesen und verlassen zu werden.

Auch im Fall der Bembridges war dies das zentrale Thema, nur noch stärker akzentuiert durch gegensätzliche, aber komplementäre Schicksale, jedenfalls recht ungewöhnliche Schicksale. Sie fürchteten das Verlassenwerden dermaßen, daß sie bereit und fähig waren, den stärksten und zwingendsten Ausdruck ihrer Gefühle, den Geschlechtsverkehr, zu opfern, nur um zu verhindern, daß ihre Befürchtungen Wirklichkeit wurden. Das alles wußte ich noch nicht, begann aber mit der einfachen Voraussetzung, daß man niemals urteilen darf, ohne über die Zusammenhänge Bescheid zu wissen. Ein so ungewöhnliches, selbstaufopferndes Verhalten wie das ihre mußte ungewöhnlichen, zwingenden Umständen entspringen.

Meine beiden Interventionen – daß ich mich zuerst zwischen sie warf und dann Steven vorwarf, er wolle mich verlassen – kamen scheinbar völlig unmotiviert, waren es aber nicht. Das soll nicht heißen, daß meine Aktionen berechnet waren oder das Muster dafür in irgendeinem Handbuch gefunden werden könnte. Meine Handlungen in derart intensiven Situationen entspringen oft ebensosehr der Intuition wie der klinischen Erfahrung, und ich riskiere auch etwas dabei. Bei den Bembridges hörte ich nicht nur die Worte, sondern verschlang zugleich auch ganze Bände nonverbaler Kommunikation: das Bild ihrer klettenartigen Anhänglichkeit, ihre identische, nur jeweils umgekehrte Kleidung, ihre in den Lebensgeschichten zum Ausdruck kommende wechselseitige Bezogenheit. Aus alledem ging hervor, daß sie sich schrecklich vor einer Trennung fürchteten und das Alleinsein nicht ertragen konnten. Und diese Eindrücke lösten Gedanken in mir aus.

Wie würde ich mich in derselben Lage fühlen, und welche Erfahrungen meines persönlichen und beruflichen Lebens waren den ihrigen am ähnlichsten?

Das führte mich zu zwei Schlußfolgerungen: Erstens, ein Paar, das so aneinander hing, mußte entsetzlich fürchten, auseinandergerissen zu werden und wieder allein zu sein. Zweitens, Worte allein würden hier nicht ausreichen, die Festung zu schleifen, die sie um sich errichtet hatten.

Zwar fürchtete ich mich vor einem radikalen Eingriff wie bei einem gefährlichen chirurgischen Experiment, doch war mir auch klar, daß hier eine Extremsituation extreme Mittel erforderte. Sicher, meine Handlungsweise war sehr unkonventionell. Ich konnte nur hoffen, daß die Reaktion der beiden die Konturen ihres Dilemmas schärfer hervortreten lassen würde. Ich verließ mich auf meine eigenen Erinnerungen an die Furcht, verlassen zu werden – wir alle haben mehr oder weniger panische Augenblicke dieser Furcht erlebt –, und wie unbedeutend meine Erlebnisse im Vergleich zu denen der Bembridges auch gewesen sein mochten, ihre Qualität war jedenfalls, wie sich herausstellte, dieselbe. Als nun das Spiel einmal eröffnet war, wurde das Dilemma deutlich. Wollten sie wirklich eine dritte Partei in ihrem so genau ausbalancierten Arrangement? Konnten sie ihre Sehnsucht nach einer Familie mit ihrer Furcht vor Sprengung des Zusammenhalts und Verlassenheit in Einklang bringen? Nur sie konnten die Antwort geben, nur sie konnten entscheiden. In jedem Fall würde es schwerwiegende Folgen geben. Sie konnten sich diesen Folgen stellen oder einen Rückzieher machen. Kinder sind niemals nur ein Segen. Sie bringen Freude und Sorge. Hier aber war nicht nur von Freude und Sorge die Rede, sondern schon die bloße Anwesenheit eines Kindes stellte die Beziehung in Frage. Für die Bembridges enthüllte diese eine dramatische Sitzung das Problem in aller Eindringlichkeit. Wir trennten uns, nachdem wir das Dilemma erkannt und eingesehen hatten, daß die Entscheidung jetzt bei ihnen lag.

Im Lauf der Jahre bin ich zu dem Schluß gekommen, daß die Dauer einer Therapie davon abhängt, wie lange man braucht, um ein Problem zu identifizieren oder neu zu stellen. Die Schnelligkeit, mit der ich vorgehe, hängt von einer Reihe Variablen ab: wie rasch ich die Zusammenhänge durchschaue, wie dicht der Vorhang ist, mit dem die Familie ihr Problem oder Symptom verhüllt, um die Stabilität aufrechtzuerhalten, und wie lange wir gemeinsam brauchen, die Situation neu zu definieren, so daß die Familie ihr Problem lösen und auf das ursprüngliche Symptom verzichten kann – vorausgesetzt, sie ist bereit, die entsprechenden Konsequenzen anzunehmen. Denn es ist durchaus möglich, daß sie lieber das Symptom beibehält, als sich den unbekannten Folgen zu stellen.

Wie bei einem Hausarzt kommt es vor, daß ich mich mit einer Familie über einen längeren Zeitraum periodisch immer wieder beschäftige. Wenn eine Familie erneut in die Sackgasse gerät, konsultiert sie den Therapeuten vielleicht wieder, um herauszufinden, welches Dilemma zu dieser Sackgasse geführt hat. Ich ziehe dieses Therapiemodell anderen, langfristigen Verfahren vor, die kontinuierliche, regelmäßige Begegnungen erfordern.

Natürlich kommt es vor, daß eine Familie für längere Zeit in schwere, leidvolle Konflikte gerät und ihre Entwicklung ernstlich blockiert ist. Dann sind kontinuierliche Hilfe und Anleitung, je nachdem sich neue Entwicklungen ergeben, angebracht. In solchen Fällen halte ich engen Kontakt mit den Klienten und vermittle ihnen auch Anhaltspunkte, an denen sie sich nach Beendigung der Therapie orientieren können. Aber meist sind Familien, die über die Fähigkeit verfügen – anfangs in Zusammenarbeit mit dem Therapeuten –, Problemlösungsstrategien zu entwickeln, auch in der Lage, nach Beendigung der Therapie in ihrem eigenen Interesse selbständig weiterzumachen.

Endstation Aids

Ich lehrte Familientherapie an der Universität Berkeley in Kalifornien und war mit einem Aidsprojekt an einer Klinik in San Francisco beschäftigt. Meine Aufgabe war es dabei, in Zusammenarbeit mit den Krankenschwestern Verbindung zum Verwaltungspersonal, den Ärzten, ihren Patienten, den Hinterbliebenen der Patienten und ihren Familien zu halten. Themen der Untersuchung waren die Trauerarbeit, die Vorbereitung auf den Tod und vor allem die Nöte der Patienten, die vor dem Tod in psychische Schwierigkeiten gerieten, worunter ihre Beziehungen litten. Das Unvermeidliche wurde dadurch für alle Betroffenen nur noch problematischer.

All diese Fälle waren tragisch, jeder hinterließ Narben bei mir. Alle Beteiligten blieben mir, jeder auf seine Weise, unvergeßlich. Müßte ich aber eine Geschichte auswählen, um z.B. den Heldenmut einer belagerten Bevölkerung zu demonstrieren und ein Bild von ihrer

Hoffnung und ihrem Optimismus trotz schwärzester Aussichten zu geben, würde ich ohne Zögern den Fall des Mannes, den ich hier Martin Miller nennen will, herausgreifen.

San Francisco, Winter 1987

Eine Schwester bat mich, mich des Falles anzunehmen. Sie hatte Martin drei Jahre zu Hause in seinem Kampf gegen den sicheren Tod betreut. Das dortige Gesundheitsamt war der Meinung, man solle Aidspatienten so lange wie möglich zu Hause behandeln, und ich glaube, das ist richtig und menschlich gedacht. Martin litt damals an fortgeschrittenem Karposi-Sarkom, einer besonders bei Aidskranken vorkommenden Hautkrebsart, sowie an Pneumonitis, einer häufig mit Aids verknüpften Lungenentzündung.

Das Ende nahte bereits.

Die Schwester machte mich auf Martin aufmerksam, weil er einen Selbstmordversuch unternommen hatte. Sie war, wie mir schien, mehr bestürzt über den Fehlschlag als über den Versuch selbst. Selbstmord war damals und unter diesen Umständen kein Einzelfall.

Wie viele Aidskranke, die die Grenze des Erträglichen erreicht haben, hatte auch Martin einen »Todescocktail« geschluckt, ein Gemisch aus vier Giften auf Morphinbasis, von denen jedes einzelne ihn schon bei der bloßen Berührung mit den Lippen ins Jenseits hätte befördern müssen. Seit unserer ersten Begegnung hatte ich den Verdacht, daß die Verwirrung und Erschütterung der Schwester wegen Martins Überleben auf einer genaueren Kenntnis der zu diesem »Wunder« führenden Ereignisse beruhte, als einzugestehen klug gewesen wäre.

Üblicherweise war nämlich bei diesen »Cocktail«-Fällen die Hausschwester der »Mixer«. Sie war am längsten mit dem Patienten zusammen und wirkte in nächster Nähe, weshalb sie sich auch eher als ihre Kolleginnen von Mitleid überwältigen ließ. Außerdem hatte sie die beste Gelegenheit, unbemerkt die wirksamsten »Todesstoffe« zu beschaffen. Und wenn die Schwestern solche »Todescocktails« mixten, waren sie in der Regel sehr großzügig mit den Dosierungen, wollten sie doch auf keinen Fall einen Fehler machen und das unvorstellbare Leiden, das sie ständig mitansehen mußten, noch vergrößern.

Auch hatte diese Schwester wie vieles andere Pflegepersonal, dem ich während dieses mir sehr zusetzenden Lebensabschnitts begegnete, genügend Ahnungsvermögen, um mir gegenüber ganz offen den Verdacht zu äußern, Martin sei irgendwie am Leben geblieben – sei es auch unwillkürlich oder unbewußt –, weil er irgend etwas noch nicht erledigt habe. Was das war, wußte er vielleicht gar nicht genau. Sie traute mir zu, ihm bei der Bewußtwerdung dieser nicht erfüllten Pflicht behilflich zu sein, damit er einen Schlußpunkt setzen und dann in Frieden sterben könnte.

Ich übernahm ihre Ansicht zumindest für den Moment und besuchte Martin Miller und seinen Freund Tyrone Weeks in ihrem zur aktuellen Lage einen auffälligen Kontrast bildenden freundlichen, mit schönen Farben gestrichenen Haus im viktorianischen Stil. Es lag auf einem Hügel im Castro-Distrikt San Franciscos, einem fast ausschließlich von Homosexuellen bewohnten Viertel. Sie bewohnten ein Appartment im rückwärtigen Haus, zu dem ein privater Eingang und ein von Calla-Lilien gesäumter Betonweg hinaufführten – langstielige, weiße Blumen mit herrlichen Formen, ebenso einladend wie üppig. Das Wohnzimmer ging unten auf einen winzigen Garten hinaus, und Martin konnte von seinem Krankenbett aus, dem das Zimmer beherrschenden Möbel, auch den Zufahrtsweg einsehen. Ihre PCs standen wie Wächter zu beiden Seiten des Fensters an der Gartenseite. Martin schrieb Romane und Skripte. Tyrone tippte für kleine Werbeagenturen.

Martin war ein Wrack. Seine inneren Organe waren von Narben übersät, auf seiner Haut wimmelte es von roten wunden Stellen. Zerbrechlich, verfallen und mager, bot er ein Bild des Grauens. Nichts an ihm erinnerte mehr an einen Gesunden, und ich konnte mir nicht vorstellen, wie er vor der Krankheit ausgesehen hatte.

Doch immer, wenn Tyrones Augen, auch nur für Bruchstücke von Sekunden, die seinen trafen, hellte sich Martins Gesicht auf. Zuneigung, Bewunderung, Achtung, Dank, Ehrfurcht und die deutlichsten Anzeichen echter Liebe, die ich jemals gesehen habe, zeigten sich darin. Die beiden berührten sich oft, klopften sich auf die Schulter, tätschelten sich mit der Hand. Tyrone legte Martin die dünnen Haarsträhnen hinter die Ohren zurück oder strich sie ihm aus der Stirn, Martin streckte den Arm aus und legte die knochige Hand auf Tyrones Unterarm, Schenkel oder Schulter. Tyrone war Martin in derart, ja man muß schon sagen, heiliger Treue ergeben, daß ich es als ein hohes Privileg erachtete, zu einem so entscheidenden Zeitpunkt an ihrem Leben teilnehmen zu dürfen.

Da Martin sehr schwach war, antwortete meist Tyrone auf meine Fragen. Zuerst versuchte ich mir wie üblich ein Bild von ihrer Beziehungsgeschichte zu machen und war höchst überrascht über die ersten Antworten: daß sich nämlich Tyrone und Martin erst vor zwei Jahren kennengelernt und angefreundet hatten. Das war eine erstaunliche Information. Ich wußte, daß die Schwester Martin seit drei Jahren aufsuchte. Das bedeutete also, daß die beiden Männer erst lange nach Martins Erkrankung Freunde geworden waren.

Natürlich fragte ich mich sofort, warum Tyrone sich mit diesem Todgeweihten eingelassen hatte, noch dazu bei ständigem tödlichen Risiko. Um dieses Rätsel zu lösen, mußte ich zuerst so viel wie möglich über Tyrone in Erfahrung bringen. Er sprach sehr offen, und während er redete, war Martins hingerissene Bewunderung nicht zu übersehen.

Tyrone war ein Einzelkind, geboren und aufgewachsen in Utah. Als er Anfang zwanzig seiner Familie eröffnete, er sei homosexuell, verstieß sie ihn unbarmherzig: keine Diskussion, kein Zögern, kein Mitleid, kein Versuch zu verstehen. In ihren Augen war er das minderwertigste Geschöpf auf Gottes Erdboden, und das sagten sie ihm auch offen ins Gesicht. Sie ließen ihn einfach fallen und sprachen nie mehr mit ihm, nicht einmal über ihn.

Tyrone brach nun seinerseits mit der Familie. Er verließ die Heimatstadt und zog nach San Francisco. Dort schuf er sich inmitten einer Umgebung anderer Homosexueller, von denen viele aus genau denselben Gründen wie er nach San Francisco gekommen waren, einen neuen Freundeskreis, eine Ersatzfamilie, und weigerte sich, seiner Familie in Utah auch nur die harmloseste Nachricht zukommen zu lassen: weder Weihnachtsgrüße noch Geburtstagskarten.

Einige Jahre vor der Begegnung Martins und Tyrones erkrankte Tyrones Mutter schwer, so schwer, daß ihr Gewissensbisse wegen ihres Verhaltens dem Sohn gegenüber kamen. Sie rief Tyrone an und machte den schwachen Versuch – (so sah er es; wahrscheinlich war es ein heroisches Unternehmen!)-, Kontakt zu ihm aufzunehmen und ihre Differenzen beizulegen. »Ich reagierte nicht besonders gut«, sagte Tyrone, während ihn Martin mitleidig anblickte. »Vielleicht hatte sie keinen guten Augenblick erwischt, aber damals brachte ich es einfach nicht über mich, ihr zu verzeihen. Ich stieß sie grausam zurück, brutal und abrupt. Ich glaube, ich war sogar unhöflich. Gereizt. Ich hängte einfach auf.

Mein Gott«, seufzte Tyrone, »drei Monate später erhielt ich einen Brief von einem meiner Cousins, der mich in Grund und Boden verdammte, daß ich einen Monat vorher nicht auf ihrem Begräbnis erschienen war. Aber erst in seinem Brief erfuhr ich davon. Bis dahin hatte ich nichts davon gehört. Sie war gestorben und begraben worden, einen Monat, bevor ich davon erfuhr!«

Tyrones Augen funkelten, während er sprach, und Martins Blick haftete wie festgeschmiedet an ihm. Plötzlich entspannte sich Martins Gesicht zu einem seltsam wissenden Ausdruck, halb der eines Liebenden, halb der einer Mutter. Als Tyrone so erregt über den Tod seiner Mutter berichtete, mußte ich meinerseits kämpfen, um nicht mit ihm in Tränen auszubrechen. Da schaute er mir direkt ins Gesicht und sagte: »Dann traf ich Martin.« Er schwieg und sah Martin an, der freundlich zurücklächelte. Tyrone fuhr fort, seit ihrer Begegnung sei die einzige Quelle seines Glücks seine Beziehung zu Martin. Genau.

Ich schaute ebenfalls zu Martin hinüber, und für den Bruchteil einer Sekunde hatte ich das Gefühl, er läse meine Gedanken: daß ihre Beziehung Tyrone ermöglichte, sich einem geliebten Menschen so hinzugeben, wie er sich seiner Mutter hätte hingeben müssen. Diese schmerzliche, tragische Beziehung war für den mit Schuldgefühlen beladenen Tyrone eine ebensolche Gnade wie für den vom Schicksal geschlagenen Martin.

Ich hing noch diesen Gedanken nach, als Tyrone fortfuhr, begeistert von ihrer Beziehung zu sprechen. Plötzlich brach er unvermittelt ab, und tiefes Schweigen erfüllte den Raum.

Ich schaute auf und sah die beiden, wie sie einander in die Augen blickten. Ich versuchte, ihnen zu erklären, wie bewegt ich sei. Ihre Beziehung sei vollkommen in ihrer Selbstlosigkeit und den Diensten, die jeder dem anderen leiste. Tyrone gab Martin in einer schweren Zeit Trost, Mitleid und Zuneigung, was Martin Tyrone mit einem ebensogroßen Geschenk vergalt. Er gab ihm die Möglichkeit, seine Vergangenheit in Ordnung zu bringen und für einen leidenden Freund so zu sorgen, wie er für seine Mutter hätte sorgen müssen.

Als ich, was vielleicht schon zuviel des Guten war, über Tyrones Hingabe und Opferbereitschaft sprach, und daß er jetzt handelte, wie er damals hätte handeln müssen, bemerkte ich, daß er weinte und bestätigend nickte, während Martin wissend und sogar glücklich lächelte, als ob er auf meine Worte nur gewartet hätte.

Und wie wenn das noch nicht genug wäre, schaute Martin Tyrone voll an und sprach aus, was ich nur gedacht hatte: »Auf diesen Augenblick habe ich gewartet.« Tyrone nickte. Auch er wußte es jetzt. »Ich habe darauf gewartet, daß du verstehen würdest«, nahm Martin wieder das Wort. »Verstehen würdest, daß du mir nicht nur deine Liebe gabst, sondern auch das Sühnegeld bezahlt hast. Ich habe auf dich gewartet. Jetzt kann ich gehen.«

Sie umarmten sich mit Tränen in den Augen. Ich umarmte die beiden, ebenfalls weinend. Ich kann mich an keinen tieferen oder rührenderen Augenblick in meinem Leben erinnern. Ironische Bemerkungen über unsere Rührseligkeit standen wie eine vierte Person im Raum.

Martin war jetzt frei zu sterben. Er hatte die Vollstreckung seines Todesurteils irgendwie hinausgezögert und den »Todescocktail« zurückgehalten, bis er wußte, daß der Mensch, der ihm am nächsten stand, frei war. War das die Möglichkeit? Wir Mitarbeiter kamen jeden Montagmorgen zusammen, und der erste Tagesordnungspunkt war immer die Liste der Aidskranken, die übers Wochenende gestorben waren. Unmittelbar vor Weihnachten und Neujahr war die Liste kürzer, am längsten war sie gleich nach den Feiertagen. Ich zweifelte nicht daran, daß sich die Leute am Leben hielten, um noch ein letztes Mal das Fest der Freigibigkeit, Hoffnung und Liebe zu feiern. Ich zweifle auch nicht daran, daß sich Martin aus denselben Motiven am Leben hielt.

Er starb am nächsten Abend. Einige Tage später rief mich Tyrone an. Martin habe mir etwas zurückgelassen, und er werde es mir in die Wohnung bringen. Ich konnte mir nicht vorstellen, was es war, aber als Tyrone kam, übergab er mir das Paket mit einem feinen Verschwörerlächeln. Es war Martins PC.

Das erinnerte mich an meine Auffassung von Therapie als Kunst. Der Künstler sieht und schildert, was wir, denen diese Fähigkeit abgeht, über uns selbst und unsere Welt wissen – um uns in unseren

Zweifeln Sicherheit und Stärke zu geben. Es war mir an diesem Tag in San Francisco eine Ehre, zu formulieren, was Martin Miller über sein Leben wußte, wobei ihm noch der nötige Abstand fehlte, es ins Auge zu fassen und in eine vorzeigbare Form zu bringen. Später einmal improvisierte ich mit einem anderen Paar ein Rollenspiel, um eine neue Perspektive zu eröffnen und die Vollkommenheit einer Partnerschaft vorzuführen. Dieses Mal schrieb ich nur schlichte Worte nieder, bereitete Martins und Tyrones Beziehung auf und gab sie ihnen in einfacher Prosa zurück, der literarischen Gattung also, die für sie Lebensinhalt und Broterwerb zugleich gewesen war.

Nachschrift

Trotz Tyrone Weeks' geographischen und emotionalen Exils aus seiner Familie, die seine Homosexualität verurteilte und ihn verstieß, fühlte er sich, wie es uns allen in seinem Fall gegangen wäre, gedrängt, seine zerstörte Beziehung zu ihr, besonders zu seiner Mutter, wiederherzustellen. Ich glaube, dieser Drang war so stark, daß er sogar seine innere Stabilität, ja sein Leben in Gefahr brachte, nur um das ersehnte Gleichgewicht wiederzufinden. Die Beziehung zu seiner Mutter konnte er zu ihren Lebzeiten nicht mehr kitten, doch blieb sein Bedürfnis nach ihrem Tod dermaßen stark, daß es die Wahl seines Partners bestimmte. Im Wunsch, diese Schuld zu bezahlen, freundete er sich mit jemandem an, von dem er wußte, er würde ihn begraben müssen. Tatsächlich könnte man sagen, er freundete sich mit Martin auch deshalb an, *weil* er ihn würde begraben müssen.

Die Macht verstorbener Familienangehöriger auf die Hinterbliebenen darf keinesfalls unterschätzt werden. Wir übernehmen oft ein Erbe, das unser Leben beeinflußt, in Extremfällen sogar bestimmt. Häufig läßt sich dann, sei es auch in weniger auffälliger Form, beobachten, wie Traditionen und der Wunsch, unsere Vergangenheit in Ordnung zu bringen, sich bei unserer Partnerwahl auswirken.

Man könnte einwenden, in der Beziehung zwischen Tyrone und Martin und bei jedem einzeln habe gar keine Therapiebedürftigkeit vorgelegen. Keiner von beiden wies Symptome einer psychischen Krankheit auf. Martins Entschluß, Selbstmord zu begehen, war durchaus verständlich, und in seinem Milieu auch akzeptabel. Ich begreife auch gut, daß seine Physiologie sich gegen seinen bewußten

Versuch, zu sterben, auflehnte. Denn in dieser Partnerschaft gab es ein loses Ende, das festgeknüpft werden mußte, bevor sie sich trennten. So hatte es ja auch die Krankenschwester schon angedeutet. Aus reiner Großzügigkeit, Betroffenheit, Sorge oder einfach aus Altruismus wollte Martin Tyrone wissen lassen, dieser habe jetzt bezahlt und seine Vergangenheit in Ordnung gebracht. Seine Hingabe an Martin sei das Sühnegeld gewesen. Er brauche sich wegen seiner zerstörten Beziehung zur toten Mutter keine Vorwürfe mehr zu machen. Und Tyrone sehnte sich danach, genau das zu hören, und zwar von einem Menschen, den er liebte und dem er Sterbehilfe leisten konnte.

Ironischerweise war keiner der beiden berufsmäßigen Schreiber in der Lage, diese Botschaft in Worte zu kleiden. So mußte ich es denn tun. Es war mir eine Ehre.

Posthum charakterisierte Martin meinen bescheidenen Beitrag zu ihrer Beziehung durch das Geschenk, das er mir machte: einen Word Processor.

Travestie

New York, Januar 1986

Andy Himmel und Phyllis Abrams hatten sechs Jahre zusammengelebt. Obwohl sie mehr denn je ans Heiraten dachten, machten sie sich gleichzeitig doch auch Sorgen um die Zukunft ihrer Beziehung. Anfangs erklärten sie ihrer Therapeutin Pat, sie fürchteten, sie würden einander langweilen. Jeder sagte, der andere errege ihn nicht mehr, ja rege ihn nicht einmal an. Jeder kannte die Lebensgeschichte des Partners in- und auswendig. Gewohnheiten Andys, die Phyllis einst liebenswert erschienen waren, gingen ihr jetzt auf die Nerven. Die Einzelheiten des gemeinsamen Alltags waren zur Routine geworden, und keiner brachte frischen Wind in die Beziehung. Jedenfalls stellten sie es so dar. Darum waren sie besorgt – verständlicherweise –, die amtliche Bestätigung ihrer Beziehung würde das Ende nur beschleunigen.

In der ersten Hälfte der ersten Sitzung sprachen sie nur darüber, wie sie sich miteinander langweilten. Ihre Schilderung war tatsächlich im höchsten Grade langweilig. Andy war Industriedesigner, der zu Hause arbeitete, Phyllis Vizepräsidentin im Organisationsbereich einer Computersoftware-Firma. Sie ging ins Büro.

Wie aus meinen Notizen hervorgeht, war ich bei den ersten zwei oder drei Sitzungen nicht zugegen, weil mir ihre Probleme die Standardklagen eines Paares in ihrem Alter und ihren Lebensumständen zu sein schienen. Ich hatte den Fall einer Therapeutin übergeben, die ihr Berufspraktikum am Familieninstitut absolvierte. Sie sollte alleinverantwortlich arbeiten und mich nach mehreren Sitzungen oder auch nach jeder Sitzung, darüber informieren, ob sie mit der Sache noch zurechtkam. Solange alles normal lief, und das war hier offenbar der Fall, würde ich nicht eingreifen.

Doch was zunächst so einfach und gewöhnlich aussah, entpuppte sich dann doch als sehr kompliziert und ungewöhnlich. An einem Punkt ihres ersten Gesprächs gestand Andy Pat, er habe, bevor er und Phyllis zusammengezogen waren, Drogen genommen – ja sei sogar süchtig gewesen, wie er auf näheres Befragen Pats zugab. Er erzählte schließlich, er sei so abhängig gewesen, daß er stationär in einer bekannten Entziehungsanstalt behandelt werden mußte.

Etwas überrascht von diesem Geständnis, teils auch deshalb, weil sie sich wunderte, warum er es überhaupt soweit hatte kommen lassen, fragte Pat Phyllis, ob sie diesen Abschnitt von Andys Vergangenheit gekannt habe. Phyllis bejahte. Sie wußte sogar noch mehr und setzte, als sie Pats Überraschung sah, wie beim Poker noch einen drauf. Andy war nicht nur in einer Anstalt gewesen, sondern man hatte ihn sogar bitten müssen, wieder zu *gehen*.

»Warum?« hakte Pat nach, da sie wußte, daß man nur schwer in so ein Drogenzentrum hineinkam und noch schwerer wieder heraus. Die Leute versuchten eher, aus diesen Heimen auszubrechen. Normalerweise mußte man sie nicht erst bitten. »Warum bat man Sie zu gehen?« wiederholte sie.

Das Paar wich der Frage aus, fast komplizenhaft. Sie drucksten herum, tauschten wissende Blicke aus und ließen das Thema dann ganz fallen. Andy sagte nur noch: »Na ja, ich habe so meine Besonderheiten ...« und schwieg dann. Phyllis nickte, zuckte mit den Schultern und blickte zu Boden. Andy begann nun wieder zu sprechen und erzählte von seiner weiter zurückliegenden Vergangenheit als »jugendlicher Delinquent«-Rebell, freier Geist, schöpferischer Mensch in einer verständnislosen Welt –, um dann wieder für eine

Weile zum Thema und seiner Beziehung zu Phyllis zurückzukehren.

Pat respektierte, daß er keine Auskunft darüber geben wollte, weshalb ihn die Heimleitung rausgeschmissen hatte, ging auf das neue Thema ein und fragte, ob einer von beiden einen Zeitpunkt, Ort oder Vorfall nennen könne, wo die Schwierigkeiten begonnen hätten.

Andy wollte schon antworten, als ihm Phyllis zuvorkam. Kurze Zeit habe sie geglaubt, er sei ihr untreu. »Ich schöpfte Verdacht, doch nachher stellte er sich als unbegründet heraus. Andy war mir nicht untreu. Also vergaß ich es. Mehr oder weniger.«

»Was brachte Sie auf diesen Gedanken?« fragte Pat.

Phyllis schaute blitzschnell zu Andy hinüber, dann sagte sie: »Die Kleider. Die Kleider in seinem Badezimmer.«

»Die Kleider?« fragte Pat verblüfft.

»Ja. Frauenkleider.«

»Deshalb kam sie auf die Idee, ich sei ihr untreu. Ich bin den ganzen Tag zu Hause. Frauenkleider liegen im Badezimmer. Also muß es eine andere Frau geben. Aber es war nicht so.«

»Was hatten die Kleider dort zu suchen?« fragte Pat.

»Es waren meine«, gab Andy zurück. »Es sind immer noch meine. Ich, eh, ich trage sie manchmal. Ich ziehe sie an.«

»Und das war der Grund, weshalb sie ihn in der Anstalt aufforderten, zu gehen«, fügte Phyllis hinzu.

»Ich hatte keine eigenen …«

»Er stahl die Kleider der Mädchen und zog sie an.«

Pats Protokoll zeigt, daß sie am Ende der Sitzung ziemlich ratlos war und das Gefühl hatte, sie bräuchte Unterstützung vom Team. Die Geschichte hatte mehr Haken, als sie sich zu behandeln zutraute, und die seltsame Enthüllung des Paares hatte ihr sehr zugesetzt, sie fast umgeworfen. Nach meinen Notizen aber bat ich sie, noch eine weitere Sitzung alleine durchzustehen, nicht so sehr, weil wir nicht mit ihr einverstanden waren, sondern weil wir zeitlich alle sehr unter Druck standen. Viele Fälle waren zu besprechen, und der Terminkalender war randvoll.

Nachdem sich Pat eine Woche Gedanken gemacht hatte, bat sie Andy in der zweiten Sitzung, mehr von sich zu erzählen. Langeweile, über die die beiden anfangs geklagt hatten, war gar nicht das Problem. Pat war auf der richtigen Fährte und identifizierte Andys Kleidertausch als die eigentliche Schwierigkeit. Und er bestätigte ihr

Urteil noch durch die Information, daß er sich die letzten sieben Jahre in psychoanalytischer Behandlung befunden habe. Nach dem Grund dafür befragt, gab er zu, er habe oft das Bedürfnis, die Kleider des anderen Geschlechts zu tragen. Er und sein Analytiker hatten nach Mitteln und Wegen gesucht, diese Gewohnheit abzustellen, aber vergeblich. Noch schlimmer: Der Drang zum Anziehen von Frauenkleidern schien in letzter Zeit eher zuzunehmen, und Andy machte sich jetzt schon selbst Sorgen. Normalerweise zog er die Kleider nur wochentags an, wenn Phyllis nicht zu Hause war. Aber jetzt machte er es auch am Wochenende.

»Vorher machten Sie es eher heimlich, und jetzt machen Sie es direkt vor ihren Augen?« fragte Pat. Andy nickte.

»Es ist ein bißchen beunruhigend«, warf Phyllis ein, »ein bißchen beängstigend.«

»Hat es eine Wirkung auf Ihre sexuelle Einstellung zu ihm?« fragte Pat weiter.

Phyllis dachte ein wenig nach und gab eine Antwort, die Pat überraschte. »Nicht wirklich. Wir haben ein ungewöhnlich aufregendes Sexualleben, jedenfalls meiner Ansicht nach. Beide sind wir Laienschauspieler. Andy hat darin noch größere Erfahrungen als ich. Er ist ein absoluter Meister im Ausagieren von Phantasien. Er erfindet Situationen und spielt sie dann. Wenn ich nur ein bißchen mitspiele, fühle ich mich wie eine Filmdiva. Manchmal kostümiert er sich und verführt mich sozusagen. Das ist unglaublich aufregend, aber ganz ungefährlich. Es ist so, wie wenn man hundert verschiedene Liebhaber hätte, aber nur eine Liebe.«

Die Sitzung war zu Ende. Pat hatte Andy als den Kranken identifiziert und befand sich jetzt in derselben Rolle wie sein ehemaliger Psychoanalytiker. In unserem später am selben Tag erfolgten Arbeitstreffen bat Pat ihr Supervisor-Team, die nächste Sitzung hinter der Scheibe mitzuverfolgen, da sie sich über ihr weiteres Vorgehen nicht im klaren sei. Nach einer Prüfung der Videoaufzeichnungen hatte ich den Eindruck, daß sich Phyllis mit ihren letzten Bemerkungen sehr deutlich als Mitschuldige zu erkennen gegeben hatte. Wenn ihr Phantasie und Theaterspielen als Bestandteil ihres Lebens mit Andy so wichtig geworden waren, war unwahrscheinlich, daß sie seine Frauenkleider wirklich so schrecklich fand, wie sie vorgab. Ich begann zu argwöhnen, sein immer intensiveres Bedürfnis, Frauenkleider zu tragen, könnte irgendeine Funktion für ihre Beziehung haben. Pat schien das auch so, und so nahmen wir uns vor, die nächste Sitzung zu beobachten.

Ich glaube, ich bekam von den ersten zehn Minuten dieser Sitzung kein Wort mit, so sehr war ich von den Gesichtern Andy Himmels und Phyllis Abrams' gefesselt, die ich ja zuvor nicht gesehen hatte. Sie sahen einander dermaßen ähnlich, daß ich mich nur wundern konnte und nichts weiter mitkriegte. Er war entschieden der hübschere von den beiden, mit etwas feineren Gesichtszügen und ein wenig zarter gebaut. Er sah sogar weiblicher aus als sie (obwohl von effeminiert nicht die Rede sein konnte). Seine Nase und Wangenknochen traten scharf hervor. Beide trugen die strähnigen, dünnen, sandblonden Haare kurz geschnitten und in Ponyfrisur. Beide hatten Brillen auf, die seine mit Drahtgestell, die ihre aus Plastik, aber ebenso schlicht. Es waren Puttengesichter mit haselnußbraunen Augen und kindlichen Rosenknospenlippen. Zwar wirkte sie im Sitzen kleiner als er, doch waren sie etwa gleich groß.

Die Ähnlichkeit war mir denn doch zu unheimlich, als daß ich mich länger hätte beherrschen können, und ich betrat den Raum. Mir war gegenwärtig, was ich über die beiden gehört hatte. Ich bemerkte aber auch, daß dieses Bewußtsein und ihre so auffällige physische Ähnlichkeit eine Art winziger Explosion in mir auslösten, einen spürbaren Wink, obwohl sich noch kein deutlicher Anhaltspunkt zeigte. Ich wußte nur, daß ich mehr über diese Frau wissen wollte, die da mit diesem Mann zusammenlebte, der Frauenkleider anzog und schon fast ganz wie sie aussah. Pat hatte ihn als Patienten identifiziert, aber mein Interesse galt weit mehr ihr. Ich bat sie, uns etwas über ihre familiären Hintergründe zu erzählen.

»Ja, ich habe eine Schwester«, sagte sie, als ob sie auf meine Frage nur gewartet hätte. Und spontan fügte sie hinzu: »Meine Schwester und ich sind Zwillinge.«

Pat und ich schauten einander an. Die Therapie machte eine abrupte Schwenkung um 180 Grad.

Phyllis beschrieb nun weiter ihre Beziehung zu dieser Schwester und vor allem auch zum Vater, der darauf bestand, daß sie sich gleich anzogen, obwohl Phyllis sich immer als das Dickerchen, die weniger

Begabte, weniger Attraktive der beiden fühlte. Sharon, die Schwester, verstand es besser als Phyllis, den Vater um den Finger zu wickeln, kokett wie sie war. Wollte sie etwas von ihm, konnte sie wie eine Katze schnurren und schmeicheln.

Phyllis schwankte zwischen Bewunderung und Neid, wobei aber, wie sie sich erinnerte, die Bewunderung die Eifersucht überwog. Sie hatte sogar auf einiges verzichtet, um ihrer Schwester zu ermöglichen, die Familie zu verlassen und eine private Universität zu gehen – was sie sich beide sehnlichst wünschten. Ihr Vater hatte ihnen vorgerechnet, daß sie beide eine Hochschule besuchen konnten, vorausgesetzt, eine davon war staatlich. Für beide gleichzeitig auf einer privaten Universität konnte er das Zimmer, den Unterhalt und die Studiengebühren nicht bezahlen. Da aber Phyllis wußte, wie gerne Sharon aufs Skidmore College in Saratoga, New York, gehen wollte, und daß es doch für sie beide gleichzeitig unmöglich war, gab sie vor, sie habe gar keine Lust, so schnell nach dem Abitur von zu Hause wegzuziehen. Stattdessen bot sie einen Kompromiß an, den sich ihr Vater leisten konnte. Während Sharon nach Skidmore entschwebte, wollte Phyllis zwei Jahre lang eine nahe gelegene Universität besuchen und dann bis zum Abschluß an eine entferntere staatliche Hochschule gehen.

»Wo ist Sharon jetzt?« fragte ich. »Wie geht es ihr?«

»Es geht ihr gut«, antwortete Phyllis. »Sie wird bald heiraten. Zu bald, was mich betrifft.«

»Sie glauben, es ist noch zu früh für sie zum Heiraten?«

»Nein, nein. Mein Gott, es ist wirklich nicht zu früh für sie! Sie ist 34. Nein, nein, es ist nicht zu früh für sie. Aber für mich! Für mich heiratet sie zu früh. Es regt mich furchtbar auf. Ich habe auch ein wenig Angst, auf eine traditionelle Hochzeit mit allen Schikanen zu gehen – als Brautjungfer in meinem Alter! Es sieht so nach Klassenparty aus, nach Gymnasium. Dieser ganze Aufwand mit dem Brautschleier und der Hochzeitsparty und dem Stehcocktail und dem albernen Blumenstrauß und so weiter. Puh!

Und dann ist sie meine Schwester. Ich denke, Sie verstehen das. Sie heiratet und zieht in irgendeine Vorstadt in New Jersey. Meine Schwester, mit der ich aufwuchs, das Schlafzimmer teilte und die meine beste Freundin war, mit der ich jeden Gedanken austauschte … und so. Sie heiratet diesen wunderbaren Mann, der sie trotzdem irgendwohin nach Jersey verschleppt. Das ist also alles im Augenblick ein bißchen viel für mich. Ich fühle mich nicht wohl dabei. Das ist doch ganz normal, oder?«

Ohne zu zögern, griff ich jetzt ein. Ich sagte, ich hielte es nicht nur für ganz normal, sondern das ließe auch ihre Beziehung zu Andy in einem logischen Licht erscheinen. Ich erklärte ihr, wie oft ich Paare mit besonderen Bedürfnissen träfe, die sich gefunden hätten und ihre Bedürfnisse ganz hervorragend befriedigten. »Andy sieht Ihnen so ähnlich«, machte ich einen Vorstoß. »Ich kann mir vorstellen, daß er in anderen Kleidern genau wie Ihre Schwester aussieht. Im Augenblick ermöglicht Ihnen das, diese wunderbare Beziehung mit Ihrer Schwester aufrechtzuerhalten, obwohl sie nicht mehr bei Ihnen ist.«

So klar die Situation jetzt für Pat und mich auch war, Andy und Phyllis schienen durch meine Bemerkung verblüfft. Einer der Vorzüge meiner therapeutischen Methode ist, daß man den Leuten sagt, sie seien in Ordnung, gerade wenn sie davon überzeugt sind, sie seien es nicht. Und das wirkt noch besser, wenn die Information wie ein Schock kommt und Anerkennung und Akzeptanz unmittelbar darauf folgen.

»Es überrascht mich auch gar nicht«, fuhr ich deshalb fort, »daß sich Andy im Moment noch mehr verkleidet denn je und es direkt vor Ihren Augen tut. Sie haben bestimmt vor kurzem irgendwie erwähnt, daß Sie immer mehr Angst vor der Trennung von Ihrer Schwester haben, je näher die Hochzeit rückt. Andy spürt Ihre mehr oder weniger deutlich ausgesprochene Bitte und ersetzt Ihnen die Schwester durch sein Verhalten. Während das Tragen von Frauenkleidern in vielen Fällen als egoistisch angesehen werden kann, entspringt es hier offenbar der Hingabe und Treue und dient der Befriedigung eines Schutzbedürfnisses.«

Wir beendeten die Sitzung. Beide waren ganz benommen von der Möglichkeit, daß jeder für den anderen den Traumpartner darstellen könnte.

Beim nächsten Treffen sprach Andy über seine Psychoanalyse und seine Versuche, den Kleidertausch aufzugeben. Ich fragte, wie er dabei vorging, welches Ritual er hatte. Er beschrieb es so: Manchmal wachte er morgens auf und spürte schon, daß er sich heute anders kleiden mußte. Es war unwiderstehlich. Wenn er sich nicht schon in Phyllis' Gegenwart anzog, wartete er ungeduldig, bis sie zur Arbeit ging. Sobald die Wohnung leer war, badete er, statt zu duschen, mit parfümierter Seife und rieb sich nachher mit Körperlotion ein. Mitunter zog er sich genießerisch ein Kleidungsstück nach dem andern an, als eine Art umgekehrter Strip, und schaute sich dabei im mannshohen Spiegel zu, wie ein Schauspieler, der sich in eine andere Person verwandelt. Zu anderen Zeiten trocknete er sich noch im Bademantel die Haare und trug Make up auf, zog dann zuerst die Unterwäsche an und danach schnell und entschlossen den Rest, alles vor dem Spiegel, wie wenn er wirklich eine Frau und nicht nur ein Transvestit wäre. Hierauf ging er spazieren, warf einen Blick in die Schaufenster und genoß die Verkleidung. Es gab auch Gelegenheiten, wo er sich haßte, weil er wieder Frauenkleidung trug, und sich schuldig fühlte. Dann pflegte er einen Pornofilm anzuschauen oder sogar eine Peepshow, und war sich der überraschten Blicke der biederen Bürger bewußt, die sich wunderten, daß eine so hübsche Frau in diese verbotenen dunklen Orte vordrang. Manche Inhaber dieser Etablissements waren ziemlich abscheulich zu ihm. Er hoffte dann, er würde sich allmählich selbst mit ihren Augen sehen und leichter mit seinem Tick aufhören können.

Als ich das hörte – es war schon das zweite Mal, daß er über seine Versuche, aufzuhören, sprach –, kritisierte ich seine frühere Therapie. Ich sagte, meiner Meinung nach sei es ein Fehler gewesen, etwas ändern zu wollen, was doch ein so wichtiger Bestandteil seines Wesens sei, Ausdruck seiner Kreativität und Individualität im allgemeinen und seiner Theaterleidenschaft im besonderen. Welchen Schaden richtete er schon an, wenn er alle Register seiner Phantasie zog? Sein Talent war doch seiner Beziehung zu Phyllis sehr förderlich und dienlich gewesen. Sie machte ihn zu dem außerordentlich einfallsreichen Liebhaber, als den sie ihn beschrieben hatte, und war ein wunderbares Werkzeug, das ihr half, ihre Integrität als Zwillingsschwester aufrechtzuerhalten. Er konnte sich als ihre Zwillingsschwester verkleiden!»Wer sonst auf der Welt könnte so etwas für sie tun?« fragte ich ihn.»Was für ein Geschenk!

Vielleicht sind Sie nur durch das Gefühl beunruhigt, ihren Hang zu Kleidern des anderen Geschlechtes wenig oder gar nicht beherrschen zu können«, gab ich zu bedenken.»Was wäre, wenn Sie Ihre Neigung, Ihr kreatives Vermögen, positiv bewerteten? Vielleicht bekämen Sie sie dann in den Griff. Ich möchte Ihnen eine Vorschrift geben. Statt diese Impulse der Laune des Zufalls zu überlassen, sollten Sie ein regelmäßiges Ritual daraus machen. Institutionalisieren Sie sie. Bestimmen Sie ausdrücklich den Tag, an dem Sie sich verkleiden, und genießen Sie dann die einzelnen Phasen. Haben Sie Spaß daran. Nehmen Sie Ihr Bad, tragen Ihr Make up auf, ziehen Ihre Unterwäsche an, beobachten, wie Sie sich in eine attraktive Frau verwandeln und spenden sich Beifall für Ihre Leistung!«

»Jawohl«, rief Andy begeistert aus. Er hatte verstanden. »Aber an Wochenenden mache ich es nicht.«

»Sehen Sie? Sie nehmen schon selbst die Zügel in die Hand!« sagte ich, da die Zeit der Sitzung abgelaufen war.

Als wir sie das nächstemal sahen, war noch nicht genügend Zeit vergangen, und Andy hatte die Wirkungen der Vorschrift noch nicht testen können. Am Wochenende hatte er sich jedenfalls nicht verkleidet, wie er erzählte. Weder er noch Phyllis schienen so nervös und erschrocken zu sein wie vorher, aber es war noch zu früh, Schlüsse zu ziehen. Deshalb beschlossen wir, einige Wochen verstreichen zu lassen, bevor wir uns wieder trafen. Bei unserer nächsten Begegnung zwei Wochen später war Phyllis sichtlich deprimiert. Ihr Gesicht war schmal und blaß. Für eine berufstätige Frau in leitender Stellung in New York war sie nicht sehr sorgfältig gekleidet, und wir fragten sofort, ob sie sich wohl fühle. Sie gab zur Antwort, sie sei deprimiert, wisse aber nicht, warum. Wir wandten uns an Andy, ob er eine Erklärung parat habe. Er hatte eine, die auch Sinn machte. Er sagte, vielleicht sei sie deshalb deprimiert, weil er sich nicht mehr vor ihren Augen anders angezogen habe. »Ich habe es besser in den Griff bekommen«, sagte er. »Anscheinend geht es mir jetzt sogar ein wenig gegen den Strich, und diese Änderung macht ihr offenbar zu schaffen – weil sich sonst nichts geändert hat.«

»Das überrascht mich nicht«, sagte ich. »Schauen wir uns die Sache einmal genauer an. Wenn Sie seltener Frauenkleider anziehen, vermißt Phyllis ihre Schwester mehr und ist deprimierter über die bevorstehende Trennung. Sie haben sie wahrscheinlich bisher vor der unvermeidlichen Depression beschützt, die sie aus Anlaß der Trennung befallen mußte. Also ist ihre Depression verständlich und durchaus positiv zu werten. Sie muß sich wegen ihrer Schwester schlecht fühlen, das ist natürlich und folgerichtig. Sie haben sie, so gut Sie konnten, davor beschützt, vielleicht mehr, als gut für sie war.«

»Ich sollte Ihnen besser sagen«, nahm Andy wieder das Wort,»daß wir uns entschlossen haben, jetzt doch zu heiraten. Wir sind sozusagen verlobt. Es war mein Vorschlag.«

»Das ist wunderbar«, sagte ich. »Und sehen Sie einmal, wie Sie dadurch Ihre Beziehung verändert haben. Sie verlor ihre Schwester. Sie beschützten sie vor Depressionen über diesen Verlust, indem Sie ihr die Schwester ersetzten. Aber jetzt haben Sie damit aufgehört und eine andere Form der Liebe und des Schutzes gefunden, eine konventionellere Form.«

Auf den nächsten beiden Sitzungen war Phyllis weiter deprimiert, und Andy hatte sich nicht verkleidet. Er tat es in fünf Wochen nur ein einziges Mal. Phyllis gab immer wieder zu Protokoll, sie mache sich Sorgen wegen ihrer Depressionen, und stets entgegnete ich, sie brauche keine Angst zu haben. Erstens *solle* sie ruhig deprimiert sein, jeder in ihrer Lage habe ein Recht auf Depressionen. Und zweitens bestehe keine Gefahr, daß die Depressionen unerträglich würden. Denn in diesem Fall würde sich Andy verkleiden und sie von den Depressionen befreien.

Irgendwann bei der siebten oder achten Sitzung berichtete Phyllis, sie könne nicht mehr schlafen. Sie leide an Insomnia. Doch fügte sie hinzu, sie habe schon als Kind an Schlaflosigkeit gelitten und sei mehr oder weniger daran gewöhnt. Weiter sagte sie, als Kind habe sie auch schon Depressionen gehabt, vor allem weil ihre Schwester immer so erfolgreich war. Ich sagte, weder Depression noch Schlaflosigkeit überraschten mich. Und ich glaube, das überraschte sie von neuem. Ich erklärte ihr weiter, sie mache im Augenblick nur das durch, was sie auch als Kind durchgemacht habe. Sie habe diese unvermeidliche Trennung so lange hinausgeschoben, daß sie jetzt zu den Krankheiten ihrer Kindheit zurückkehren und den Schmerz nachholen müsse. »Sie verlieren jetzt endgültig Ihre Schwester«, sagte ich,»und zeigen daher dieselben Reaktionen und Empfindungen wie damals, als Sie zum erstenmal mit dieser bedrohlichen Trennung konfrontiert wurden.

Und das alles hängt für mich nur mit Ihrer Bindung an die Schwester zusammen«, fuhr ich fort. »Es handelt sich nur um die Rekonstruktion von Emotionen, die Rekonstruktion Ihres früheren Verhaltens in einer vergangenen Beziehung. Sie waren als Kind der deprimierte Zwilling. Sie litten an Schlaflosigkeit und konzentrierten die Liebe und Aufmerksamkeit Ihrer Eltern auf sich, so daß Sharon unabhängig werden konnte. Sie gaben ihr die Freiheit, auszuziehen und sich selbst zu finden. All dies war Teil eines Systems, bei dem Sie sich aufopferten, um Sharon ihre Abnabelung zu ermöglichen. Sharon wurde schließlich auch selbständig, Sie selbst jedoch vielleicht nicht. Für mich ist es so, daß es Ihnen nicht gelungen ist, sich von Ihrer Schwester zu lösen. Dazu aber zwingt sie Sie jetzt durch ihre Heirat, und sie erringt sich dadurch ihre volle Selbständigkeit.

Ich glaube auch, daß dies genau der richtige Augenblick in Ihrem Leben ist, dieses unerledigte Stück Vergangenheit aufzuarbeiten. Ihre Schwester heiratet. Ihr Verlobter, Andy, verändert sich und hat Sie eingeladen, mit ihm gemeinsam Ihre Beziehung zu verändern. Sie sind anscheinend zu diesem Schritt bereit. Ich möchte Ihnen vorschlagen, von jetzt an zu versuchen, das beste aus Ihrer Schlaflosigkeit zu machen. Wenn Sie wieder an diesem aus der Vergangenheit stammenden Problem leiden und wach daliegen, nutzen Sie jede Minute, darüber nachzudenken, wie Sie selbständiger werden könnten. Das bedeutet auch, selbst zu bestimmen, wie eng Sie mit Ihrem künftigen Mann zusammenleben wollen. Und das Mittel dazu ist, ihn direkt zu bitten, Ihnen nahe oder fern zu sein, je nachdem. Bis jetzt haben Sie ihm Ihre Bedürfnisse auf irgendeinem geheimnisvollen Kanal mitgeteilt, und er fing Ihre Botschaften auf. Aber ich hätte gerne, daß Sie ihm bewußt und ausdrücklich sagen, was Sie wünschen und brauchen.«

Die folgenden zwei Sitzungen waren Routine-Nacharbeit. Die beiden machten nur langsame Fortschritte, aber immerhin Fortschritte. Phyllis berichtete, sie habe die Vorschriften befolgt. Sie hatte z.B. Andy gebeten, sie öfter zu streicheln, und beschäftigte sich öfter mit Dingen, die sie gerne allein tat. Sie erwähnte auch mehr oder weniger ausdrücklich, daß sie besser geschlafen habe.

Mitten in der zehnten Sitzung, die ihre letzte sein sollte, kam Phyllis, offensichtlich sehr entspannt, wie von ungefähr auf ihre Heiratspläne zu sprechen und bemerkte zufällig, es bereite ihr Kopfschmerzen, daß ihr Vater so hartnäckig sei. Er bestehe darauf, daß sie und Andy ihre Hochzeit genau so arrangierten wie Sharon die ihre – als Feier mit den traditionell vorgegebenen Ritualen, befrackten Begleitern, uniformierten Brautjungfern und all dem Schnickschnack, den sie mit Heiraten im Abiturientenalter assoziierte. Sowohl Phyllis als auch Andy sahen jetzt gesund und glücklich aus. Sie schlief regelmäßig, und beide meinten, sie hätten ihr Leben und ihre Beziehung jetzt besser im Griff. Plötzlich kam mir eine Idee, von der ich dachte, sie könnte ein guter Abschluß der Therapie sein und würde das nächste Kapitel im Lebensbuch der beiden aufschlagen. Ich schlug Phyllis vor, ihren Vater aufzusuchen und ihm genau zu beschreiben, wie sie sich selbst ihre Hochzeit vorstellte.

»Aber«, ergänzte ich, »sagen Sie es ihm so, wie Sharon es Ihrer Meinung nach sagen würde. Gehen Sie vor wie sie, überreden Sie ihn und gewinnen ihn für sich. Seien Sie kokett wie Sharon, ebenso schmeichlerisch wie Sharon. Ziehen Sie ihn auf Ihre Seite, ganz wie Ihre Schwester es machen würde.«

Sie schaute mich an, ein fast weises Lächeln auf den Lippen, wartete aber offenbar noch auf etwas, das Tüpfelchen auf das I. Und mir fiel tatsächlich noch etwas ein.

»So«, fügte ich hinzu, »werden Sie Ihr eigener Zwilling werden.«

Da strahlte sie übers ganze Gesicht.

Nachschrift

In der Regel unterschätzen wir den enormen Einfluß, den Geschwister aufeinander ausüben. Die traditionelle Psychologie legt den Nachdruck fast ausschließlich auf die Eltern-Kind-Beziehung. Doch wir wachsen mit Brüdern und Schwestern auf, und sie wirken fast ebenso tief auf uns ein wie die Eltern. In den Geschwisterbeziehungen lernen wir etwas über Wettbewerb, Freundschaft, Teilen, Beschützen und Vertrauen.

Der Fall »Travestie« illustriert, daß die Beziehung zu Schwester oder Bruder stärker sein kann als die zu den Eltern. Hier wird der Konflikt einer Frau, die sich von ihrer Zwillingsschwester lösen muß, zum Angelpunkt ihrer Beziehung zu einem Mann – in Wirklichkeit zu einem weiblichen Partner. Bildlich gesprochen, versucht das Paar unbewußt, den Konflikt der Frau zu lösen, indem es sozusagen die frühere Geschwisterbeziehung reproduziert, deren Beendigung die Frau so fürchtet. Für die beiden wird Andys Hang zu Frauenkleidern zum Problem, weil es ihnen nicht gelingt, ihn aus einem ganz anderen Blickwinkel zu betrachten. Er ist nämlich das Mittel zur Lösung eines

Problems bzw. bewahrt Phyllis davor, sich ihrem Problem stellen zu müssen. Während die Neigung, Kleider des anderen Geschlechts zu tragen, in Wirklichkeit ein Ausdruck von Andys Kreativität ist (in seiner Psychoanalyse jedoch als sexuelle Abweichung behandelt wurde, die aus einem unbewältigten Ödipuskonflikt stammte), zeigt der extreme und übertriebene Stellenwert, den sie zu diesem Zeitpunkt in seiner Beziehung zu Phyllis besitzt, daß sie ein Problemlösungsversuch ist: Sie schützt Phyllis und gibt ihr Zeit, mit ihrem Problem fertigzuwerden.

Warum erkannte ich das so schnell, während die erste Therapeutin, Pat, nicht darauf kam? Erstens betrat ich die Bühne schon mit allen Informationen, die Pat erst mühsam aus dem Paar herauslocken mußte. Ich wußte, daß ich es mit zwei Partnern zu tun hatte, die über den zunehmenden Zwang zum Anlegen von Frauenkleidern, den der Mann in Gegenwart der von ihm offensichtlich geliebten Frau empfand, aufrichtig besorgt waren. Mit diesem Wissen im Hintergrund mußte mir ihre Ähnlichkeit auf den ersten Blick auffallen, genauso, wie ich heute sicher bin, daß Phyllis wie vom Schlag getroffen war, als sie Andy zum ersten Mal sah. Der Hauptgrund, weshalb sie sich von ihm angezogen fühlte, könnte durchaus diese Ähnlichkeit mit ihrer Schwester gewesen sein.

Zweitens glaube ich, daß sie, bewußt oder unbewußt, meine Entdeckung bemerkte und im Grunde erleichtert darüber war. Daher platzte sie sofort mit der Information heraus, sie habe eine Zwillingsschwester – eine scheinbar zusammenhanglose Äußerung, die aber sehr wohl zur Sache gehörte. Sie sah, daß ich erkannt hatte, wie sehr ihr Andy glich, woraufhin sie sich mächtig beeilte, diese Ähnlichkeit zu erklären. Insofern war mir nach den ersten Minuten unserer Begegnung schon klar, eine wie große Rolle hier der Umstand spielte, daß sie ein Zwilling war. Und dazu paßte vorzüglich meine Vermutung, daß Andy, wenn er sich wie eine Frau kleidete, wahrscheinlich wie ihre Schwester aussah. Es dauerte gar nicht lange, und Phyllis ließ erkennen, ohne sich des Sachverhalts schon bewußt zu sein, welche Funktion Andys abweichendes Verhalten für sie erfüllte: Es linderte den Schmerz der bevorstehenden Trennung von der Schwester. Im allgemeinen nehmen Menschen, die einander lieben, auch Schmerzen auf sich, um dem Partner den Weg zu ebnen oder sein Leiden zu mildern.

Andy und Phyllis bekundeten große Bereitschaft, das störende Symptom aus ihrem Leben zu entfernen. Aber ich befürchtete, die Trennung der Schwestern würde doch längere Zeit brauchen, und eine zu schnelle Verhaltensänderung Andys könnte die Sache noch verschlimmern. Da seine stets zunehmende Neigung, sich Frauenkleider anzuziehen, einem ihnen unbewußten Motiv entsprang, hatten sie sie nicht unter Kontrolle – zumindest nicht so weit, wie es möglich war. Mein Plan war also, ihnen zu helfen, das Phänomen zu ritualisieren, es sich bewußt zu machen und dann wenigstens dieses Ritual zu beherrschen, so daß sie lernten, mit ihrem Verhalten umzugehen und es eventuell doch aufzugeben.

Eine meiner wichtigsten taktischen Maßnahmen in diesem wie in vielen anderen Fällen war, Andys Verhalten erst einmal anzuerkennen. Die Gesellschaft beurteilte es weitgehend negativ. Bei seinem früheren Therapeuten galt er als krank, was meine Achtung vor Andy nur steigerte. Denn in meinen Augen war die Tatsache, daß Andy trotz dieser widrigen Umstände mutig zu seiner Veranlagung stand, ein großes und selbstloses Opfer. Sobald wir aber sein Verhalten einmal als edle und schöpferische, einen anderen Menschen schützende Handlung und nicht automatisch als Symptom sexueller Perversion werteten, hatte er Luft, sich damit auseinanderzusetzen. Und als er die Herrschaft darüber gewonnen hatte, konnte er wählen, wann und wie er es als Mittel einsetzte: Er konnte Phyllis helfen, wenn er sah, daß sie ihre sehr natürliche Angst nicht mehr meistern konnte, oder ihr nicht helfen, wenn er den Eindruck hatte, sie würde selbst klarkommen. So lösen viele Patienten, die überraschend einen Weg entdeckt haben, mit ihren Problemen fertigzuwerden, diese effizienter, sobald sie den neuen Kurs positiv bewerten können und Ermutigung von außen erhalten.

Ich ermutigte auch Phyllis, sich die gegensätzlichen und komplementären Eigenschaften ihrer Schwester selbst »einzuverleiben«. Dadurch bestärkte ich den Prozeß der Geschwisteridentifikation, was Phyllis erlaubte, sich die Fähigkeiten ihrer Schwester anzueignen, um die sie sie beneidete. Und so konnte sie ihren Zwillingsstatus auch in Abwesenheit der Schwester leben.

Hickhack

New York, 1985

Fast zehn Jahre hatte die Ehe der Manleys gedauert, und als sich jetzt beider fünfzigster Geburtstag näherte, zogen sie Bilanz: ein vierjähriges Söhnchen und eine anscheinend unhaltbar gewordene, von gegenseitiger Destruktivität zerrüttete Beziehung. Arthur Manley war arbeitslos, Agnes arbeitete wieder. Arthur betreute das Kind und verlangte von Agnes, dies als positiven Beitrag zur Gemeinschaft anzuerkennen. Sie erkannte aber nur seine Schwäche an und machte ihm unaufhörlich Vorwürfe wegen seiner Unfähigkeit, einen Job zu finden.

Sie waren ein Paar im Broadway-Stil, Figuren wie aus einem James Cagney-Film der 30er Jahre, durch Zeitsprung ins Fernsehzeitalter versetzt. Sie komponierte drittklassige Schlagermusik für eine kleine Werbeagentur und verdiente sich so ihr Geld. Er war ein anerkannter Bühnenautor, einer der ersten Absolventen des »Actor's Studio«, Verehrer Geoffrey Chaucers und Liebhaber klassischer Musik.

Das alles erfuhr ich während der ersten zehn Minuten unserer einleitenden Sitzung, meist von Agnes, die ihre Sätze mit den dramatischen, weit ausholenden Gesten einer Tänzerin unterstrich. »Der Mann will nicht arbeiten!« sagte sie, und breitete theatralisch verzweifelt die Hände aus. »Das ist das Problem! Er wird Ihnen sagen, ich sei ein Aas, kritisiere ihn dauernd, gebe ihm kein Geld, gehe ihm dauernd auf die Nerven wegen seiner gescheiterten Vorstellungsgespräche und aufwendigen Telefonate mit ausgedienten Freunden und fragwürdigen neuen Bekannten. Er wird Ihnen erzählen, daß ich mich, wenn ich ihm die Fruchtlosigkeit seiner Bemühungen aufzeige oder beweise, daß seine Telefoneskapaden nichts als Selbstbefriedigung sind, nur über ihn lustig mache, ihn rücksichtslos demütige und ständig an ihm herummäkle. Und ist es so? Ja, ich glaube, es ist so. Aber warum? Weil ich einfach verrückt werde, wenn ich sehe, wie er sich gehenläßt und sich selbst und mich dann noch belügt. Er behauptet, einen Job zu suchen. Geht man aber der Sache auf den Grund, will er es gar nicht wirklich. Keine Spur. Er programmiert seinen Mißerfolg schon vor, glaube ich, weil er sich daran gewöhnt hat und es bequem findet, herumzuhängen und von der Arbeit anderer zu leben. Also wirklich, davor graut es mir. Das halte ich nicht aus, das will ich einfach nicht. Das muß sich unbedingt ändern!«

Sie hatte ihre Schau abgezogen, und ich wandte mich nun Arthur zu. Groß, mit breiten Schultern und völlig kahl, sprach er mit tiefer, sonorer Stimme und gab seinen Worten durch langsame, breit ausladende Bewegungen Nachdruck. Die Fingerspitzen drückte er gegen den Daumen, als hielte er in jeder Hand einen Marschallstab.»Es ist wahr«, sagte er mit einer an James Earl Jones erinnernden Stimme, »im Moment spiele ich keine Rolle außer zu Hause, und Agnes hat keine Geduld mit mir, so wie sie in den letzten Monaten auch mit meinen anderen Eigenschaften keine Geduld gezeigt hat. Das finde ich besonders undankbar von ihr, weil ich während der neuneinhalb Jahre unserer Ehe in sehr schwierigen Zeiten gerade in puncto Geduld an die Grenzen des Menschenmöglichen gegangen bin.«

»Natürlich«, fiel ihm Agnes heftig ins Wort.»Ich bin eine Rehabilitationsalkoholikerin und notorische Verschwenderin, eine, die Kreditkarten überzieht, obwohl ich mehrere Jahre lang keiner Schwäche mehr nachgegeben habe. Keiner.«

»Es gab eine Zeit«, sagte Arthur, »und manchmal hat es den Anschein, als ob sie für Agnes weit, sehr weit zurückläge, wo sie keine gut bezahlte Arbeit hatte und dabei unser Einkommen mit vollen Händen ausgab, als ob sie etwas, ja doppelt, dazu beisteuerte. Es war eine schwere Zeit, das können Sie mir glauben, aber wir kamen durch, sie mit Hilfe der Anonymen Alkoholiker und ich mit Hilfe der Schwester-Organisation ›Al-Anon‹. Es gab Enttäuschungen noch und noch, Ärger und Frust…«

»Was er sagen möchte«, unterbrach ihn Agnes ungeduldig, »ist folgendes: Als meine zwanghafte Trunk- und Verschwendungssucht unsere Ehe so belastete, war er der immer geduldige, tolerante Lebensgefährte, der stillschweigend litt und mich tapfer vor dem Abgrund rettete. Aber jetzt, wo seine zwanghafte Faulheit existenzbedrohend für uns beide wird, bringe ich, das unerträgliche Biest, nicht die gleiche Engelsgeduld auf, die Ehe zu retten.« Bei dem Wort »Ehe« hieb sie mit der rechten Hand durch die Luft und ließ sie mit dumpfem Aufprall auf ihrem Schoß landen. Es entstand eine Pause.

»Sie war wirklich wie eine Xanthippe«, bemerkte Arthur.

»Sind Sie eine Xanthippe?« fragte ich sie.

»Ich war tatsächlich wie eine Xanthippe«, nickte Agnes. »Ich habe die scheußlichen Töne, die mir da aus dem Mund kommen, gar nicht gern, aber die Ehrlichkeit gebietet mir, zuzugeben, daß mich hier schon eine Schuld trifft. Zuzeiten war ich einfach fürchterlich. Aber diese Trägheit bringt mich eben in Weißglut.«

»Immerhin, jetzt sind Sie hier, und zwar beide«, sagte ich. »Das ist doch ein Fortschritt.«

»Ja«, sagte sie. »Der Kern der Sache ist folgender: Arthur wird Ihnen sagen, daß ich seiner Meinung nach unserer Ehe diesen letzten Versuch schulde, um sozusagen auszugleichen, daß er tapfer, das muß ich zugeben, meine persönlichen Krisen aushielt, aber auch wegen unseres Sohnes Jonas, dem Arthur sehr nahe steht und für den er, das muß ich ebenfalls zugeben, ein wunderbarer Vater ist.« Sie schwieg eine Weile. »Ich war einverstanden – bin einverstanden –, obwohl ich nicht genau weiß, aus welchen Gründen. Ich hoffe, daß es wenigstens die richtigen Gründe sind, daß echte Zuneigung und Achtung und vielleicht sogar Liebe unter meinem Groll begraben noch lebendig sind, dem ich allerdings jetzt schon ziemlich lange die Zügel habe schießen lassen. Auch in meinen schlimmsten Zeiten weiß ich, daß ich unseren Sohn liebe, und ich weiß, daß Arthur unseren Sohn liebt, und ich spüre, daß irgendein unbestimmbarer, aber entscheidender Faktor uns beide verpflichtet, das Flickwerk dieser Ehe wenigstens noch eine Zeitlang fortzusetzen.«

Ich fragte Arthur, ob er etwas hinzufügen wolle, aber er schüttelte den Kopf. Agnes hatte seinen und ihren Standpunkt treffend dargestellt. Das gefiel ihm, und auch mir hatte es Mut gemacht. Ich sagte ihnen, ich würde das nächste Mal gern mit jedem einzeln sprechen.

Aus Zeitgründen war es Agnes, die zuerst in Einzeltherapie kam. Ich bat sie, mir etwas mehr speziell über Arthurs mißglückte Arbeitssuche zu sagen. Darauf ging sie liebend gerne ein. Sie schilderte, wie sich Arthur nach einer Reihe umständlich gerechtfertigter Aufschübe und möglichst ohne ihr Wissen getroffener und dann wieder abgesagter Vereinbarungen schließlich immer mit großem Zeremoniell zu irgendeinem Vorsprechtermin oder einem Vorstellungsgespräch für einen Theaterjob auf den Weg gemacht hatte. Den ganzen Tag über hielt sie ihm die Daumen, traf ihn aber abends unweigerlich an, wie er mit dem Mop in der Hand die Wohnung säuberte, und wußte dann schon, daß er die Rolle oder den Job nicht gekriegt hatte. Sie forderte ihn dann immer auf, ihm das Gespräch Stück für Stück zu schildern, und er tat es auch. Aber wenn er an den Punkt kam, wo er selbstbewußt und selbstsicher hätte auftreten müssen, unterbrach sie ungeduldig seinen stockenden Redefluß und sagte ihm auf den Kopf zu, wie er auf die Frage seines Gegenübers geantwortet hatte.

»Du sagtest ihm, gar so viel Erfahrung mit Musicals hättest du nicht. Stimmt's?«

»Genau«, antwortete er, offensichtlich beschämt und deprimiert.

»Du sagtest ihr, du trautest dir schon zu, dem für die Rollenbesetzung zuständigen Direktor zu assistieren, obwohl du so etwas noch nie gemacht hättest. Stimmt's?«

»Genau«, sagte er.

Oder: »Dann unterbrachst du ihn und sagtest: ›Ich habe zwar viele Jahre Theatererfahrung, aber ich weiß nicht, ob ich mit der scheibchenweisen Schauspielerei beim Fernsehen zurechtkomme.‹ Stimmt's? ›Aber ich denke, im Lauf der Zeit wird sich das schon geben.‹ Stimmt's?«

»Genau.«

Das alles war dermaßen vorhersehbar und vorprogrammiert, daß Agnes vom Zorn übermannt wurde. Sie beschrieb mir ihre dann unweigerlich folgenden Tiraden so lebhaft, als ob es gerade passierte:

»Warum sagst du denn diesen Leuten nicht, daß du brillant bist?« fuhr sie Arthur immer an. »Oder ein Genie, oder mit weit größerer Erfahrung als alle, die dir je über den Weg gelaufen sind? Oder daß du in ihren stupiden, öden Job soviel Talent und Erfahrung einbringst, daß dir keiner, der den Job früher gehabt hat, das Wasser reichen kann? Warum sagst du das diesen dämlichen Leuten nicht? Und sitzt statt dessen mit eingezogenem Schwanz da, bläst Trübsal, redest um den heißen Brei herum und beförderst dich selbst aus jeder verdammten Besprechung mit diesen Leuten hinaus?«

Und so weiter und so fort, erzählte sie. Sie sah dann stets, wie Arthur verlegen immer mehr in sich zusammensank, bis er sich doch aufraffte und auf ihr Geschimpfe mit einem Zornesausbruch reagierte.

»Ich … habe … auch … meinen … Stolz!« stieß er, jedes Wort betonend, zwischen den Zähnen hervor und kochte schon vor Wut.

»Stolz auf was?« schnappte sie zurück. »Auf das, was du tust? Du tust ja nichts! Erst wenn du wieder einen Job hast und etwas Ordentliches tust, hast du ein Recht auf deinen Stolz. Bis dahin kannst du dir deinen Stolz abschminken!«

Da endlich, so erzählte Agnes weiter, legte Arthur los, kam auf Touren, überwand sein Selbstmitleid, stand auf und explodierte. Sekundenlang wurde ihr bewußt, daß sie wieder einmal zu weit gegangen war. Sie war wieder eine Giftspritze gewesen.

»Ich habe meine Ehre, auf die ich stolz sein kann!« begann er. »Ich habe meinen Hintergrund, die Leistungen, die ich über drei Jahrzehnte erbracht habe. Ich habe meinen Geist, meine Übung, meinen Verstand und mein Können. Ich habe meine Maßstäbe, verdammt nochmal, die weit über den Jobs liegen, die du ganz richtig als stupide und öde bezeichnest. Und schließlich habe ich meinen Sohn, den ich liebe und für den ich sorge, den ich zum Vorschulkindergarten fahre und wieder abhole, dem ich Dinge beibringe und den ich erziehe und auf dessen empfindsames, zartes Gemüt ich so eingehe, wie es beide Eltern tun müßten, wenn sie nur beide da und bereit dazu wären!«

Arthur stürmte mit großen Schritten aus der Wohnung, hetzte durch den Park und ließ Agnes, die abwechselnd auf sich und ihn wütend war, mit heißem Kopf zurück.

»Erstaunlich, wie es Ihnen immer wieder gelingt, ihn aus seiner Depression herauszuholen«, sagte ich zu Agnes.

»Wie bitte?«

»Na ja, am Ende der Kämpfe, die Sie gerade beschrieben haben, war Arthur doch nicht mehr deprimiert.«

»Nein. Er war nur wütend.«

»Er akzeptierte sich auch wieder. Und das hatten Sie ja gehofft.«

»Ja, das stimmt, aber nur meinetwegen.«

»Natürlich Ihretwegen. Sie sind der einzige Mensch mit genügend Sensibilität, um sowohl seinen Schmerz als auch seinen Wert zu erkennen. Ich glaube, Sie spüren, daß er drauf und dran ist, sich selbst aufzugeben, oder sich bzw. die Träume, die er einmal hatte, schon aufgegeben hat. Wenn er deprimiert nach Hause kommt und Sie ihm das schon ansehen, spüren Sie auch, wie tief seine Depression sitzt und zwingen ihn, sich daraus herauszuarbeiten. Das ist eine sehr rücksichtsvolle, ja selbstlose Handlungsweise, denn um das tun zu können, müssen Sie sich wie ein Biest benehmen. Und nach meinem Eindruck ist Ihnen das schrecklich zuwider.«

»Das stimmt«, sagte sie düster, »es ist mir schrecklich zuwider.«

Sie dachte einen Augenblick nach. »Ich hatte wirklich das Gefühl, Arthur habe sich aufgegeben, aber ich glaubte, nur in dem Sinne, daß er nichts tat, um einen Job zu finden. Schockierender wäre die Möglichkeit, daß er überhaupt aufgegeben hätte.«

»Sie verhalten sich also so, daß sich seine Stimmung von Depression über sein Versagen zu Ärger über Ihre Kritik und dann zu Selbstgerechtigkeit und Stolz, mit dem er die Ablehnung eines unwürdigen Jobs rechtfertigt, wandelt, bis er aus dem Haus stürzt und dem Leben wieder gewachsen ist. Ich habe vor kurzem wieder eine Aufführung des Stücks ›Der Mann von La Mancha‹ gesehen. Auf der einen Seite sind Sie wie Sancho Pansa und helfen Arthur bei seinem Kampf gegen Windmühlen, weil Sie an ihn und seine Träume glauben. Auf der anderen Seite sagt Ihnen Ihr Herz, daß er weiß, es sind nur Windmühlen – weil er sie so halbherzig angreift. Dann hat er natürlich keinen Erfolg. Er ist ein Mann mit vielen Talenten und Interessen, der das Gefühl hat, es im Beruf nicht weit gebracht zu haben – in anderer Hinsicht schon, z.B. als Vater. Doch der Umstand, daß er seinen Traum, beim Theater Karriere zu machen, aufgegeben hat, beschäftigt und bekümmert ihn, drückt ihn fast zu Boden – bis Sie ihn wieder hochreißen. Sie zwingen ihn, an sich selbst zu glauben und stolz auf sich zu sein...«

Hier unterbrach mich Agnes, die bisher schweigend zugehört hatte, mit funkelnden Augen. »Ja, das ist wirklich interessant. Ich kann mich erinnern, daß mir, als ich in meiner Wut die Beherrschung verlor, auf ihn einhackte und ihn dabei anschaute, mit voller Klarheit der Gedanke durch den Kopf schoß: Genau das ist es ja, was er will.«

»Irgendwie läßt er es doch nie soweit kommen, daß er wegen seiner fehlgeschlagenen Jobsuche total verzweifelt ist«, sagte ich.

»Stimmt«, bestätigte sie. »Ich gebe ihm die Chance, sich überlegen zu fühlen und zu sagen: ›Ich bin Arthur Manley, und ich habe es nicht verdient, so behandelt zu werden!‹«

»Er bläht sich in seiner Verzweiflung richtig auf, und das bringt ihn in Bewegung und reißt ihn aus der Depression.«

»Mein Gott, jetzt sprechen Sie wie Al-Anon. Der große Helfer.«

»Wo haben Sie das übrigens gelernt?« fragte ich jetzt. »Wie war es in der Familie Ihrer Eltern?«

Sie erzählte stockend, wie wenn sie gerade eine Entdeckung nach der anderen machte, daß ihre Mutter zu ihrem Vater ein wahrer

Drachen gewesen sei und daß das, wenn sie jetzt darüber nachdenke, eine tiefe Wirkung auf sie selbst gehabt habe. Sie hatte sich geschworen, niemals so zu sein, sondern eine sanfte Frau zu werden. Aber jetzt fand sie sich paradoxerweise in derselben Position wie ihre Mutter und reagierte in derselben Lage als ganz dieselbe Furie wie sie. Ich fragte, was sie mit »dieselbe Lage« meinte und erhielt zur Antwort, ihr Vater sei ebenfalls oft arbeitslos gewesen.

Das war eine wertvolle Zusatzinformation. Agnes rettete nicht nur ihren Mann, sie rettete auch die Erinnerung an ihre Mutter. Sie hatte ein sich selbst gegebenes Versprechen, nicht so zu werden wie ihre Mutter, gebrochen und damit das Verhalten ihrer Mutter gutgeheißen. Indem sie auf ihre ganz ähnliche Situation genau wie ihre Mutter reagierte, verstand sie ihre Mutter und verzieh ihr. Das alles sagte ich Agnes. Ich erklärte ihr, unter den gleichen Lebensumständen verhalte sie sich wie ihre Mutter, obwohl sie eigentlich freundlicher sein wolle. Da liege es doch nahe, daß auch ihre Mutter seinerzeit eigentlich lieber freundlich gewesen wäre. Das Häßliche an ihrem Verhalten war ihr wahrscheinlich klarer bewußt, als warum sie so handeln mußte. Ich gab Agnes zu verstehen, sie versuche ihrer Mutter einfach die Treue zu halten. Sie breche sogar ihr Versprechen, nur um zu zeigen, daß ihre Mutter nicht umsonst gelebt habe. Außerdem opfere sie sich in gewissem Sinne selbst und setze ihr inneres Gleichgewicht aufs Spiel, nur um ihre Familie im Gleichgewicht zu halten, ganz so, wie es ihre Mutter auch gemacht hätte.

Immer, wenn ich bei einem Fall klären konnte, welche Situation in der Herkunftsfamilie des Patienten das aktuelle Problem verursacht hat – hier den pausenlosen Ehekrach –, suche ich nach einer Lösung. Dabei wähle ich häufig die sogenannte »Umkehrtechnik«, erstmals beschrieben von Murray Bowen von der Georgetown University, später von Peggy Papp ausgebaut. Oberflächlich betrachtet ist die Idee lächerlich einfach. Im Grunde sagt der Therapeut einem Patienten, der, sagen wir, unter Streitsucht leidet, nur, er solle doch aufhören zu streiten. Im Falle von Agnes schlug ich ihr also, da ich jetzt wußte, daß sie insgeheim ihr eigenes Leben opferte, um sowohl ihrer Mutter als auch ihrem Mann die Treue zu halten, einfach eine andere Loyalität vor, die sie schon gewohnt war. Ich beruhigte sie aber erst noch und sagte, ich würde ihr helfen, wenn sie mit dem neuen

Verhalten nicht zurechtkäme. Dann fragte ich sie, ob sie sich auf eine Art verhalten könnte, die ganz das Gegenteil zu ihrer jetzigen Gewohnheit sei.

»Können Sie nicht das sich selbst gegebene Versprechen wahrmachen, freundlich zu sein?« fragte ich sie. »Das möchten Sie doch sowieso. Glauben Sie, Sie könnten das? Mit Ihren Gewohnheiten brechen, ohne Arthur zu sagen, was Sie vorhaben, nur um zu sehen, was passiert?«

»Aha«, ihre Stimme sank zu einem Flüstern herab, während sie, in Gedanken an ihre Mutter verloren, dasaß. »Natürlich kann ich das. Freilich.«

Meine Sitzung mit Arthur verlief weniger dramatisch, aber nicht weniger aufschlußreich. Er bestätigte im wesentlichen, was Agnes über seine Vorstellungsgespräche, ihre inquisitorischen Fragen hinterher und seine Zornesausbrüche erzählt hatte. Doch ergänzte er, er sei immer der eigentlich stabilisierende Faktor in der Familie gewesen, ein Fels in der Brandung. Niemals lasse er seine temperamentvolle, ehrgeizige Frau im Stich und helfe ihr, wo es gehe. Er schilderte noch einmal in allen Einzelheiten, wie sie in den fast neun Jahren ihrer Wodkaabhängigkeit und ihres Kreditkartenmißbrauchs entweder keine Arbeit gefunden, oder es keinen Tag am neuen Arbeitsplatz ausgehalten habe. Als »Rehabilitationsalkoholikerin«, wie er es so rücksichtsvoll formulierte, kam sie mit neuen Ängsten nach Hause zurück. Sie fragte sich, ob sie mit den jüngeren, gerisseneren, auch ehrgeizigeren Frauen noch mithalten könnte und grübelte darüber nach, ob sie den oft miteinander im Widerspruch stehenden Rollen der berufstätigen Frau und Mutter gewachsen wäre.

»In ihren mit Ironie und Sarkasmen gespickten Tiraden«, sagte er weiter, »macht sie mir gerade deshalb die Hölle heiß, weil ich ihr schweres Dilemma gerade durch meine Arbeitslosigkeit löse. Sie müßte doch sonst Jonas alleine lassen, vielleicht den ganzen Tag unter Aufsicht einer Fremden, hätte dauernd Angst, ob sie die richtige Betreuerin gefunden hätte, und zusätzlich übertriebene Schuldgefühle, wie sie sich eine derart neurosenanfällige Frau auch noch aufladen kann. Ich glaube, sie verläßt sich im Grunde darauf, daß ich zu Hause bleibe, auch wenn sie mir dauernd Strafpredigten hält, daß ich nicht arbeite.«

Ich fragte ihn nun nach seiner Kindheit. Er erzählte, sie sei nahezu vollkommen gewesen. Sein Vater, an der New Yorker Effektenbörse zugelassen, verdiente genug Geld, und niemand in der Familie hatte jemals Geldsorgen. Der Erfolg seines Vaters ermöglichte seiner Mutter auch, zu Hause bei den Kindern zu bleiben, obwohl sie, beeilte sich Arthur hinzuzufügen, selbst beachtliche Fähigkeiten und Zeugnisse hatte und nicht auf die Erfolge und Erfahrung ihres Mannes angewiesen war. Nach einer Ausbildung als Lehrerin hatte sie noch eine Abenduniversität besucht und ihr juristisches Examen gemacht. Dann habe sie sich, erzählte Arthur stolz, über die konventionellen Einwände ihres Mannes hinweggesetzt, das zweite juristische Staatsexamen in New York absolviert und sei als Anwältin zugelassen worden.

»Aber praktiziert hat sie niemals«, sagte er. »Wie die Heldin eines modernen Romans war sie eine finanziell abgesicherte, nur potentiell selbständige Hausfrau und Mutter.«

»Sie opferte ihre Karriere, um zu Hause bei ihren Kindern zu bleiben«, sagte ich. »Das sieht dem, was Sie tun, sehr ähnlich.«

»Wie bitte?« fragte er erstaunt. »Danke für das Kompliment, aber ich bin im Augenblick ein Mann ohne Karriere, die er opfern könnte.«

»Ja, aber schauen Sie sich einmal die Botschaft an, die Sie von Ihrer so glücklichen und erfolgreichen Familie übernommen haben: Eine glückliche und erfolgreiche Familie sieht so aus, daß ein Elternteil zu Hause bleibt und der andere arbeiten geht und Geld verdient. Sie stecken genau im gleichen Dilemma wie Ihre Mutter, aber erst seit vier oder fünf Jahren. Der Preis jedoch, den sie für eine glückliche Familie gezahlt hat, war ihre gesamte Karriere und alle Träume, die sie vielleicht hatte.«

»Ein zu hoher Preis«, warf er ein.

»Ich sage ja nicht, daß Sie ihn zahlen sollen. Aber machen Sie sich einmal klar, wie gehorsam Sie die heroische Lektion Ihrer Mutter befolgen: die Lektion eines furchtbaren Opfers. Sie versuchen, Ihrer Vergangenheit treu zu bleiben und glauben als Vater nur durch einen erheblichen Verzicht auf berufliche Ziele erfolgreich sein zu können.«

Er zuckte unschlüssig mit den Schultern.

Nun offerierte ich ihm eine zu Agnes' Vorschrift passende Umkehrtechnik, zugeschnitten auf seine Gewohnheiten.

»Ich möchte Ihnen eine Vorschrift machen«, sagte ich. »Ich hätte gern, daß Sie es für eine Weile versuchen. Ändern Sie nichts an Ihrem Leben, aber ändern Sie die Art, wie Sie mit Agnes darüber sprechen. Wenn Ihnen danach ist, ihr von einem Job zu erzählen, den Sie vermutlich nicht bekommen werden, oder von einem Interview, in dem Sie Ihrer Meinung nach versagt haben, halten Sie sich zurück und erzählen ihr stattdessen über sich selbst. Wie Sie sich fühlen, wie Sie sich untertags über Jonas gefreut haben. Behalten Sie Ihre Berufsprobleme eine Zeitlang für sich. Sagen Sie Ihr nichts über Ihr Versagen oder was Sie dafür halten. So können Sie ihr klarmachen, daß Sie eben wirklich bei Jonas zu Hause bleiben wollen, weil Sie der Ansicht sind, einer von Ihnen beiden müsse das tun.«

Arthur blickte zur Seite und nickte nachdenklich.

In den nächsten beiden Sitzungen sprach ich mit ihnen gemeinsam. In der ersten berichtete Agnes, Arthur scheine ihr jetzt weit weniger deprimiert zu sein, sei öfter außer Haus und wage sich aus seinem Bau hervor. Er bestätigte das und meinte, es fühle sich ganz gut an, er könne nur nicht genau sagen, warum. Seine Frau sei ungewöhnlich nett und geduldig mit ihm, »süß« war das Wort, das er einige Male verwendete. Beide schienen sich trotzdem nicht so recht wohl in ihrer Haut zu fühlen. Ich sprach das an, und sie meinten, ja, sie fühlten sich nicht ganz wohl bei der Sache. Der Wandel, der sich im Moment vollzog, sei ihnen irgendwie nicht geheuer. Ich erklärte Ihnen, vielleicht lösten sich eben die Muster ihrer bisherigen Ehe auf, und sie empfänden die peinliche Ungewißheit, was nun als Neues käme. »Sie, Arthur, haben damit aufgehört, Ihre Fehler vor ihr auszubreiten, und Sie, Agnes, ihm deshalb Vorwürfe zu machen.«

»Ich habe auch über eine andere Arbeit nachgedacht«, sagte Arthur.

»Vielleicht nehme ich schon diese Woche eine Stelle als Direktor eines städtischen Theaters in Jersey an. Die Proben und Aufführungen finden«, sagte er und nickte Agnes, die offensichtlich zum ersten Mal davon hörte, freundlich zu, »in den Abendstunden oder am Wochenende statt.«

»Arthur!« rief sie freudestrahlend.

»So können Sie die Nachmittage weiter mit Jonas verbringen«, sagte ich.

»Genau. Und wieder eintauchen in den … Strom, wie ich es nennen möchte.«

Ich sagte ihnen, damit sei ihre Therapie zu Ende. Alles übrige sei ihre Sache. Doch würde ich sie gern noch einmal sehen, vielleicht in einem Monat. In dieser letzten Sitzung hatte ich dann den Eindruck, daß sie glücklicher waren als vorher, aber immer noch abwartend, immer noch etwas besorgt. Arthur berichtete stolz von seiner neuen Truppe und ihrem Spielplan. Agnes sagte, sogar Jonas scheine sich über die Änderungen in ihrem Leben zu freuen.

Der Ehekrach der Manleys hatte deutlich positive Funktionen. Er war zu einem hartnäckigen, aber unentbehrlichen Bestandteil ihrer Beziehung geworden, reproduzierte sich daher selbsttätig und wurde zur Dauereinrichtung. Partner, die sich sehr lieben, verhalten sich oft so. Wenn sie gewohnt sind, denselben Streit immer wieder durchzufechten, und keinen Ausweg finden können, drehen sie sich ständig im Kreis. In diesem Fall aber riß der Streit Arthur Manley aus Depression und Verzweiflung, ermöglichte ihm, den Werten seiner Herkunftsfamilie treu zu bleiben und der Fels in der Brandung zu sein, der zu Hause ausharrte, während die Partnerin außer Haus arbeitete. Genauso ermöglichte er Agnes, ihrer Herkunftsfamilie die Treue zu halten, trotz anderslautender Vorsätze.

Beide versuchten auf Kosten ihrer eigenen Bedürfnisse zu tun, was ihrer Meinung nach richtig war. Das Verhalten beider zeugte von Stärke, nicht von Schwäche. Sie brach ihr Versprechen, das im Grunde einen Verrat an ihrer Mutter bedeutete, und er gab seine Karriere auf, um ebenfalls keinen Verrat an seiner Mutter zu begehen. Das machte sie zu einander ebenbürtigen, außergewöhnlich gut zueinander passenden Partnern. Mein Eingriff nahm Rücksicht sowohl auf ihre Bereitschaft, einander zu helfen, als auch auf die Funktionen der aus der jeweiligen Herkunftsfamilie übernommenen Verhaltensmuster. Er gab ihnen zudem Gelegenheit, ihre eigenen Ziele zu verfolgen und trotzdem Seelengröße und Treue zu beweisen. Agnes durfte nun freundlich sein, sie hatte sich das Recht dazu erworben. Und Arthur fand einen Weg, seinen beruflichen Interessen nachzugehen, ohne seine Ideale von Edelmut und Heldentum, sein Ideal, die Karriere für die Familie zu opfern, zu verraten.

Anfang des folgenden Jahres las ich, Agnes habe einen Schlagerpreis gewonnen und Arthur habe in seiner Stadt großen Beifall bekommen. Als Autor-Intendant hatte er ein Stück geschrieben und inszeniert: »Leben mit 55«. Im Bewußtsein, daß einige unserer besten Dramen autobiografischen Hintergrund haben, mußte ich oft an diesen Titel denken und wünschte mir, ich hätte die Aufführung gesehen.

Nachschrift

Bei jeder Therapie eines Paares, besonders eines verheirateten wie den Manleys, lauert hinter dem zu behandelnden Konflikt die Frage, ob die Verbindung lebensfähig ist – ob sie es überhaupt sein sollte, und ob die beiden das wünschen. Aber ich gehe immer so vor, als ob die Frage der Trennung oder Scheidung irrelevant wäre. Ich versuche herauszufinden, wie das Problem des Paares die Beziehung kittet, und veranlasse sie gleichzeitig, weniger emotional an das Ganze heranzugehen. Wenn es den beiden gelingt, Abstand von ihrem Problem zu bekommen, erkennen sie die Gründe, weshalb sie zusammen sind, besser und können entscheiden, ob sie zusammenbleiben wollen oder nicht. Nach meiner Erfahrung sollte ein Paar niemals an Trennung denken, ehe es nicht Abstand von seinem Problem gewonnen und es definitiv gelöst hat.

Im Fall der Manleys folgte ich einer ziemlich klar vorgegebenen Route, da die Situation ein weit verbreitetes, ja klassisches Beziehungsszenario darstellte, mochte es hier auch eine romantischere Färbung angenommen haben als sonst. Daran, wie unglücklich sich beide Partner fühlten, erkannte ich, daß jeder von ihnen der Stabilität der Beziehung ein Opfer brachte, daß sie aber mit diesem Zustand nicht zufrieden waren.

Ich ging also relativ schematisch vor. Zuerst machte ich mir ein Bild von der Vergangenheit der beiden, um dann festzustellen, welche Funktion das Problem in ihrer Lebensgeschichte und Gegenwart hatte – und zu welchem Preis. Habe ich ein Dilemma aber einmal geortet, kann ich es den Leuten bewußt machen und Kompromiß- oder Anpassungsvorschläge anbieten. Dabei bleibe ich emotional ziemlich unbeteiligt. Doch intellektuell beziehe ich aus diesem Vorgehen Befriedigung und Genuß, so wie es vielleicht einen Archäologen reizt, eine neu entdeckte Ausgrabungsstätte zu durchforschen.

Allen Fällen, in denen sich Historisches und Aktuelles mischen, ist die Hartnäckigkeit der Probleme gemeinsam. Im Fall der Manleys war das noch ausgeprägter. Denn beide Partner handelten aus Loyalität zu ihren Herkunftsfamilien, versuchten aber auch, den anderen irgendwie zu retten. Und zu diesen aufwendigen Rettungsversuchen gehörte auch noch, daß beide etwas ihnen sehr Wesentliches opferten. Das Dilemma war hier, daß das Bedürfnis, der Vergangenheit die Treue zu halten, sowohl mit den Wünschen nach persönlichem Glück in Konflikt geriet als auch mit dem Wunsch, den anderen freizulassen, damit er zu seiner Vergangenheit stehen konnte: ein dreifacher Knoten. Normalerweise tritt nur ein Konflikt zwischen dem Wunsch, der eigenen Vergangenheit treu zu bleiben, und der Bereitschaft auf, dem anderen das gleiche zu gönnen. Die Manleys aber opferten auch noch ihren persönlichen Ehrgeiz für die Rettung des jeweils anderen. Die neu zu findende Lösung mußte also jedem Partner ermöglichen, Rücksicht auf die eigene Vergangenheit und die des anderen zu nehmen, aber auch den persönlichen Ehrgeiz zu befriedigen.

Im Lauf der Behandlung hatte sich die Perspektive der Manleys geändert und infolgedessen auch ihr Verhalten. Aber der neue, befriedigendere Zustand ihrer Beziehung war zum Zeitpunkt, wo wir die Therapie auslaufen ließen, noch sehr verletzlich. Doch aufgrund der Kreativität und Intensität, mit der sie das ursprüngliche Problem bewältigt hatten, war ich zuversichtlich, daß sie das neue Repertoire, das ihnen durch die Therapie zugewachsen war, weiter positiv ausbauen würden. Auch war ich mir sicher, daß sie, da wir so gut zusammengearbeitet hatten, zurückkommen würden, falls sie wieder in Schwierigkeiten gerieten.

Erfolgreiches Versagen

Was ist relativer als der »Erfolg« oder das »Versagen«? Jedes Jahr lesen wir Zeitungsberichte über »versagende« Berufssportler, die sich vom aktiven Sport zurückziehen, weil sie von ihren Vereinen nicht mehr aufgestellt werden. Und dabei hatten sie in den vergangenen Jahrzehnten einen Rekord nach dem anderen aufgestellt! Olympia-Teilnehmer »versagen«, wenn sie »nur« eine Bronze- statt der erhofften Goldmedaille gewinnen. Also wirklich, wer hält hier wen zum Narren?

Doch in so komplizierten und wunderbaren Beziehungsgeflechten, wie es Familien sind, können die Menschen, die sich an den für sie vernünftigen familialen Verhaltensmustern und -zielen orientieren, tatsächlich versagen. In solchen Fällen pflege ich zu fragen: »Na gut, aber was haben sie *wenigstens* erreicht?«

In diesem Teil tritt in der längsten und verwickeltsten Geschichte des Buches eine Familie auf, die ihre Ziele bis zu einem gewissen Grad, aber doch auf falschen Wegen erreicht, nämlich dadurch, daß die Kinder bei konventionellen Aufgaben versagen. In vielen Familien versagen ein oder mehrere Mitglieder bei der Erfüllung der Familienstandards, wobei durch dieses Versagen doch ein geheimes Ziel erreicht wird: z.B. wird dadurch die Aufmerksamkeit von einer sonst zerstörerischen Spaltung abgelenkt, oder es wird einem anderen Familienmitglied ein Erfolg zugespielt, oder Familienmitglieder können den Werten der eigenen Vergangenheit treu bleiben. Und oft entspringt, wie in der *Opfer des Holocaust* betitelten Erzählung, das Versagen seelischer Größe und Selbstaufopferung, bei voller Absicht des versagenden Familienmitglieds – trotz gegenteiligen Anscheins.

Das Paradoxe am Versagen ist, daß es erfolgreich sein kann.

Opfer des Holocaust

Sarah Steinmetz war neunzehn Jahre alt und zeigte 1982, als ihre Familie im Familieninstitut auftauchte, ein einmaliges Sammelsurium von Symptomen. Zwar hatten sich diese im Lauf der Zeit verlagert und verändert, aber seit sieben Jahren litt sie ununterbrochen an Agoraphobie und wurde allein bei dem Gedanken, das Haus verlassen zu müssen, von tiefsitzender, physiologischer Angst gepackt. Nur mit Mühe hatte sie das Abitur per Fernkurs geschafft, der von einem Ausschuß der Schulbehörde von New York City eigens für sie konzipiert worden war. Einige darauf folgende Versuche, in der Arbeitswelt oder an der Universität Fuß zu fassen, schlugen fehl. Zu Hause litt sie an schweren, keiner Behandlung zugänglichen Bauchschmerzen und weigerte sich hartnäckig, allein zu bleiben. Miriam, ihre Mutter, blieb nachts manchmal bei ihr im Zimmer. Sie hatte kürzlich bei ihrem Chef im Supermarkt erreicht, daß sie von ihrer Arbeit freigestellt wurde, um ihr krankes Kind zu Hause betreuen zu können.

Ari, Sarahs ältere Schwester, das älteste von Miriams drei Kindern, war damals schon verheiratet und hatte eine gutgehende Praxis als Familientherapeutin. Sehr gerne hätte sie auch ihrer eigenen Familie geholfen, doch war es ihr bisher nicht gelungen, auch nur einen der mit Sarah zusammenhängenden Konflikte zu lösen. Auch kein anderer von Ari empfohlener Therapeut oder irgendeine Institution waren auch nur einen Schritt vorwärtsgekommen. Nun hatte sie in ihrer Fachliteratur von einer Teammethode mit drei Therapeuten gelesen (entwickelt von drei erfahrenen Familientherapeuten – Olga Silverstein, Peggy Papp und mir) und sich in ihrer Verzweiflung ans Familieninstitut gewandt. Die Familie selbst war mit einer Behandlung einverstanden, einschließlich der erforderlichen gemeinsamen Sitzungen, der Videoaufnahmen und der vollen Teilnahme an dem vorgesehenen Programm. Die Familie wollte Ari zeigen, daß sie zu jedem erdenklichen Opfer bereit war, um Sarah von ihren Konflikten und Leiden zu befreien. Das Mädchen sollte endlich gesund werden und sich ein eigenes Leben aufbauen.

Es ist ungewöhnlich, daß eine Familie mit einem eindeutig kranken Mitglied den Familientherapeuten aufsucht. Weit häufiger versuchen solche Familien das arme Opfer einzeln in irgendeine Therapie zu »schicken«, als ob ein versagendes Familienmitglied ganz allein schuld wäre. Die Familie Steinmetz war in dieser Hinsicht anders.

Die Mitglieder der Familie hielten nicht nur durch dick und dünn zusammen, sondern waren sich ihrer Verbundenheit auch bewußt, weshalb ihnen Familientherapie in diesem Fall als die einzig logische Behandlungsmethode erschien.

Das Programm, das bei jeder Sitzung den Einsatz und die Anwesenheit dreier erfahrener Therapeuten sowie Besprechungen der Fachleute vor und nach jeder Stunde vorsah, war nur für die allerschwierigsten Fälle reserviert. Die Vorabinformation über die Familie Steinmetz zeigte, daß sie schon eine Reihe therapeutischer Versuche hinter sich hatte, jahrelang ohne Erfolg, und der Fehlschlag früherer Therapien war eine der Vorbedingungen, daß wir jemanden in unser Programm aufnahmen. Sarah Steinmetz' Verhalten schon in der ersten Sitzung machte uns allen dreien klar, daß hier eine außerordentlich schwere Aufgabe vor uns lag.

Das Behandlungsteam, bestehend aus Alice Tripp, Ruth Goldman und mir, führte zunächst immer mindestens vier Sitzungen durch, um die Familiengeschichte und Charaktere der Beteiligten kennenzulernen. In jeder Stunde saß Sarah zwischen ihrem Bruder Ira und ihrem Vater Karl, krümmte sich, schnitt Grimassen, stöhnte, ergriff in augenscheinlich unerträglichem Schmerz immer wieder die Hand ihres Vaters oder Bruders und drückte sie mit aller Macht. Ab und zu aber unterbrach sie dieses Verhalten abrupt und nuckelte wie ein Kind an einer Flasche Sodawasser. Währenddessen beschrieben die einzelnen Familienmitglieder ihre Lebensgeschichte, was sie bei den Schwierigkeiten des Mädchens empfanden und wie sie damit umgingen.

Sarah verfügte über sehr gegensätzliche Ausdrucksmöglichkeiten. Manchmal sprach sie mit der weinerlich gedehnten Stimme eines quengelnden kleinen Mädchens, manchmal nuschelte sie die Konsonanten undeutlich wie ein Betrunkener und zog die Vokale in die Länge. Offen bezeichnete sie sich als den problematischen Mittelpunkt der Familie, um den das Leben aller anderen kreiste. Aber in dieser Selbstcharakterisierung lag kein Hochmut oder Stolz. Es war einfach eine Schilderung ihrer tatsächlichen Rolle. Sie bezeichnete sich auch als unheilbar. »Es wird immer so bleiben«, erklärte sie. »Ich weiß, daß es mir niemals besser geht. Ich muß eben lernen, es zu akzeptieren.«

Wenn man die Augen schloß und sich nur auf Sarahs Stöhnen konzentrierte, klang die Stimme unheimlich aufgeregt, schwoll wellenförmig an und wieder ab, je nachdem, ob Sarah das Gefühl hatte, daß das gerade sprechende Familienmitglied sie angriff oder schonte.

Bei bestimmten Worten der anderen malte sich besonderer Schrecken auf ihrem Gesicht. Sie wand sich vor Schmerz, wenn ihre Mutter die Möglichkeit andeutete, wieder zur Arbeit zu gehen. Sie schlug ihrem Bruder strafend auf die Hand und stieß sie böse zurück, wenn er, ein hübscher junger Mann von 26, der noch zu Hause wohnte und damit beschäftigt war, »sich selbst zu finden«, andeutete, er könnte sich ihr eines Tages entziehen wollen.

Sarahs zwanghafte Konvulsionen konnten wirklich jedes Gespräch im Keim ersticken. Diesem Zweck sollten sie ja auch dienen. Trotzdem ergab sich doch, verpackt in weltgeschichtliche Ereignisse und die Schilderung einzelner Persönlichkeiten aus drei Generationen, folgende Familiengeschichte.

Miriam war acht Jahre alt, als deutsche Soldaten nach der Besetzung Österreichs 1938 ihrer Familie all ihr Hab und Gut nahmen. Sie verhafteten Miriams Vater und brachten ihn nach Dachau, wo er jahrelang gefangengehalten wurde.

Innerlich zerrissen zwischen der Angst um ihren Mann und dem Gefühl, für die Sicherheit ihrer beiden Töchter verantwortlich zu sein, entschied sich Miriams Mutter in den Wochen nach der Besetzung unter Qualen für einen Verbleib in Österreich, da sie fürchtete, sie würde ihren Mann sonst nie wiedersehen. Aber heimlich schickte sie ihre Mädchen, Miriam und Fredda, ins anscheinend sichere Schweden, wo sie bei befreundeten Familien unterkamen.

Im Alter von acht Jahren fühlte sich Miriam von ihrer Familie endgültig im Stich gelassen. Sie lebte in Schweden zwar ohne äußere Probleme bis ins Jahr 1946, war aber von allen Verwandten abgeschnitten, einschließlich ihrer Schwester, die in einer anderen schwedischen Familie und einer anderen Stadt wohnte, zu weit entfernt auch für ganz vereinzelte Besuche.

Intellektuell verstand Miriam die Entscheidung ihrer Mutter durchaus. Sie hatte ihr vielleicht das Leben gerettet. Doch emotional mußte sie sich stets sagen, ihre Mutter habe sich angesichts des Dilemmas, bei ihrem Mann oder ihren Kindern zu bleiben, eben doch in erster Linie als Frau und erst in zweiter als Mutter verhalten. Miriam kämpfte hart, ihr zu vergeben, und schaffte es nie.

1946 gelang es Miriams Eltern, aus Österreich nach Palästina auszuwandern. Mit Hilfe der schwedischen Regierung reisten auch Miriam und ihre Schwester aus und wurden mit den Eltern vereint. Aber die Familie hatte kaum Zeit gehabt, sich einzugewöhnen, als die 16jährige Miriam schon zur Armee eingezogen wurde. Die junge Nation mußte notgedrungen um ihre Unabhängigkeit kämpfen.

Beim Dienst in der Armee lernte Miriam Karl Steinmetz kennen. Unmittelbar nach der Machtübernahme Hitlers war seine Familie aus Deutschland geflohen. Die Zeit der Werbung war kurz. Miriam spürte schon damals einen fundamentalen Unterschied zwischen ihrer und Karls Familie – ob bewußt oder nicht, sei dahingestellt. Jedenfalls heirateten die beiden. Innerhalb weniger Jahre kamen zwei der schließlich drei Kinder, Ari und Ira, zur Welt.

1958 wurden Miriam und Karl mit einem Dilemma konfrontiert, nicht unähnlich dem von Miriams Mutter vor 20 Jahren. Als Eltern zweier Kinder lebten sie in gefährlicher Zeit an gefährlichem Ort. Karl mußte mit Sicherheit bald wieder zur Armee, und Miriam machte sich Sorgen, daß ihre Kinder dann vaterlos aufwachsen würden. Doch wenn sie Israel verließ, um ihre kleine Familie in Sicherheit zu bringen, müßte sie sich erneut von ihrer Elternfamilie trennen, die ihr der Krieg ohnehin schon wieder entfremdet hatte. Daher ließ sie sich, bevor sie mit ihrer Familie in die Vereinigten Staaten emigrierte, von den Eltern das Versprechen geben, spätestens in fünf Jahren nachzukommen.

Fünf Jahre gingen ins Land, währenddderen auch Karls elterliche Familie in die USA auswanderte. Miriam und Karl hatten mittlerweile ein drittes Kind bekommen, Sarah. Da erhielt Miriam die Mitteilung ihrer Eltern, die Geschäfte ihres Vaters erlaubten ihnen nicht, das Land zu verlassen. Er und Miriams Mutter würden in Israel bleiben. Das war ein Schock für Miriam. Wieder fühlte sie sich von ihrer Familie im Stich gelassen.

Daraufhin entwickelte sie eine besonders starke Bindung an Sarah, die damals noch ein Kleinkind war. Und Sarah gab ihr die Zuwendung doppelt und dreifach zurück.

In den ersten Therapiestunden entdeckten wir mehrere Hindernisse, die der Gesundung im Weg standen, diskutierten darüber und versuchten sie dadurch zu überwinden, daß wir zeitweise den Kreis der Betroffenen, über die wir schon mehr als erwartet erfahren hatten, vergrößerten. Es wurde uns z.B., während wir die Videoaufzeichnungen analysierten, bewußt, daß wir, wenn wir der Familie halfen, insgeheim Ari bescheinigten, sie habe als Therapeutin ihrer eigenen Familie versagt. Deshalb luden wir Marvin, ihren Mann, zur nächsten Sitzung mit ein, um Ari das Gefühl zu geben, sie sei jetzt Teil einer neuen Einheit, selbständiger als die sonstige Familie, deren Behandlung sie uns dann, wie wir hofften, überlassen würde. Doch stellte sich bei der nächsten Sitzung heraus, daß Ari sich gar nicht aus der Verstrickung in die Probleme ihrer Eltern lösen wollte. Sie fürchtete, sie würde dann von Marvin größeres emotionales Engagement verlangen, und Marvin würde sie irgendwann genauso enttäuschen wie ihr Vater ihrer Meinung nach ihre Mutter enttäuscht hatte.

Es hatte sich also im Lauf von zwei Generationen ein sekundäres Problem nach dem Muster Frau verlangt Zuwendung, Mann zieht sich zurück herausgebildet. Wir wußten bereits, daß Miriam von Karl, auch er Angestellter im Supermarkt, enttäuscht war. Er war ihr nicht ehrgeizig genug und brachte zu wenig Geld nach Hause. Wir wußten, daß sich Miriam, seit Karls Mutter vor zwei Jahren gestorben war und Poppa Karl und Miriam anvertraut hatte, in Karls Familie unerträglich beengt fühlte, während sie ihrer eigenen vorwarf, sie zu vernachlässigen und sich ihr immer mehr zu entfremden.

Wir luden Karls Vater, Poppa, zu einer Sitzung ein. Poppa erklärte, er sei der Älteste des Familienclans und habe hier zu bestimmen. Er warf seinem Sohn vor, er sei »zu träge, sich zu ändern, zu träge, auf eigenen Füßen zu stehen. Das ist etwas, was ich an ihm nicht ausstehen kann«, sagte Poppa über den 55jährigen Karl. »Er hat seiner Frau zu viel nachgegeben, und sie verlangt zuviel von ihm. Ja nicht nur das, sie kommandiert ihn auch zuviel herum!«

Ruth hatte in diesem Fall die Rolle des Gesprächsführers in unserem Team übernommen, weil sie sich, wie wir glaubten, ihrem Alter und ihrer ethnischen Zugehörigkeit nach am besten dafür eignete. Wir hatten angenommen, daß diese Familie, die den Holocaust überlebt hatte, vielleicht tief im Innern glaubte, ihre Geschichte mache sie zu vollkommenen Außenseitern, und niemals werde sie ein

Therapeut verstehen. Wir hofften, daß unter Ruths Vorsitz, die Jüdin und etwa 60 Jahre alt war, diese innere Blockade am ehesten neutralisiert werden könnte.

Ruth fragte Poppa, wie das Leben mit seiner Frau gewesen sei. Poppa antwortete zunächst, sie hätten fünfzig Jahre lang eine Liebesehe geführt. Ruth hakte nach: »Aber Sie fügten sich Ihrer Frau fünfzig Jahre lang mehr oder weniger, nicht wahr? Ich meine, Karl hat von Ihnen gelernt, wie man ein ergebener Ehegatte ist.«

»Ich weiß nicht«, erwiderte er mit starkem deutschen Akzent. »Er ist ihr schon so ergeben, daß sie inzwischen die Hosen anhat. Erst nach und nach habe ich begriffen, daß sich das Denken, das Wesen der Frau in der Liebe von der Liebe eines Mannes unterscheidet. Ein Mann kann eine Frau sehr lieben. Aber eine Frau hat gar nicht so viel Zeit für die Liebe. Sie hat die Kinder, ihren Haushalt und ihre Zeitarbeit, z.B. die Stickerei, an der Miriam so hängt.«

»Eine Frau liebt ihre Kinder mehr als ihren Mann. Ist es das, was Sie sagen wollen?« fragte Ruth.

»Jawohl«, gab er zur Antwort und nickte bekräftigend. »Sehen Sie, für mich kam meine Frau immer zuerst. Für sie waren es die Kinder.«

Hier zeigte sich ein tiefgreifender Unterschied zwischen Miriams und Karls Herkunftsfamilie. Irgendwie hatte Miriam schon während der Zeit der Werbung hinter Karl eine Familientradition gewittert, die verlangte, daß im schrecklichen Zweifelsfall eine Frau eher bei ihren Kindern als bei ihrem Mann blieb.

Aus all diesen Informationen nun bildeten Ruth, Alice und ich eine Hypothese. Sie erklärte den Zusammenhang zwischen Sarahs Symptomen – und Iras nicht ganz so großer Unfähigkeit, sich von der Familie zu lösen – und den jeweiligen Bindungen und Spaltungen in der Familie: Das Versagen der Kinder war funktional.

Wenn Miriams Kinder im Leben außer Haus versagten, und vor allem Sarah total unfähig war, ohne die Mutter auch nur einen Schritt zu tun, war Miriam vor einer erneuten Trennung sicher. Das Normale wäre gewesen, daß Kinder in Iras und Sarahs Alter ihr Zuhause verließen und selbständig wurden, zumindest an ihr Flüggewerden dachten. Doch wenn Miriams Kinder Anstalten machten, sich von der Familie zu lösen, wurde das so interpretiert, als ob sie ihre Mutter im Stich lassen wollten, genauso, wie deren Mutter ihre Tochter im Stich gelassen hatte, was die Kinder genau wußten.

Außerdem gehörten sie zu einer Familie, in der vom Vater her die Tradition galt, daß die Mutter-Kind-Beziehung stärker als alles andere sein müsse, während man von der Mutter her eine Trennung von Kindern und Eltern als im-Stich-lassen interpretierte. Miriam litt entsetzlich darunter, daß sie als Kind von ihrer Mutter verlassen worden war, und fühlte sich entsetzlich schuldig, weil sie als Erwachsene ihre Mutter verlassen hatte. Daher ihre Botschaft an die Kinder, insbesondere Sarah: »Verlaßt eure Mutter niemals, und erlaubt ihr niemals, euch zu verlassen!« Karl unterstützte diese Haltung noch. Und wenn die Kinder dieser Botschaft treu bleiben wollten, blieb ihnen nichts anderes übrig, als im äußeren Leben zu versagen.

Ira blieb seiner Mutter dadurch treu, daß es ihm nicht gelang, selbständig zu werden und auszuziehen. Und Ari hielt ihr die Treue, indem sie es nicht schaffte, die Familie erfolgreich zu therapieren, was für die Geschwister die Ablösung bedeutet hätte. Sarah hatte sich erst recht zu einem Muster an Treue entwickelt. Sie erfüllte fast schon allein die Bedürfnisse der Mutter, weil sie in ihrem theatralischen Heroismus dem Leben gegenüber versagte.

Olga Silverstein, Peggy Papp und ich hatten eine Strategie für solche Familien mit vielschichtiger Problematik entwickelt, um ihnen ihr Verhalten bewußt zu machen und neue Möglichkeiten aufzuzeigen. Alice, Ruth und ich wendeten nun diese Strategie an. Zuerst veranlaßten wir Ari, uns ihre Familie anzuvertrauen, ohne sich deswegen schuldig zu fühlen. Wir wollten dann zu dritt über die Folgen einer Veränderung für die Familie diskutieren, wobei diese dabeisaß und zuhörte. Die Familienmitglieder würden also mitkriegen, wie ihre eigenen Probleme besprochen und mögliche Lösungen erörtert wurden.

Zuerst wollten wir über die Konsequenzen sprechen, wenn Ari die Familie uns überließ. Jeder von uns dreien sollte von einer vorher vereinbarten Position aus argumentieren. Es war abgemacht, daß Ruth, die den Eltern nach Alter und ethnischer Zugehörigkeit am ähnlichsten war, den Pionier des Fortschritts spielen sollte. Ihr Part war es, für einen radikalen Wechsel einzutreten und die Kinder zu drängen, endlich selbständig, und dadurch, wie sie postulierte, gesund zu werden.

So schrecklich es für jemanden klingen mag, der mich kennt und weiß, daß ich stets für einen Wechsel plädiere – ich war zur Verteidigung des gegensätzlichen Standpunktes auserkoren, der konservativen Einstellung. Ich sollte immer wieder einwenden, wie gefährlich ein Wandel für die Stabilität der Familie sein würde, daß doch das aktuelle Arrangement zum Vorteil aller Beteiligten sei und das Risiko einer Veränderung zu hoch wäre (es war ja wirklich hoch, besonders für die sehr verletzliche Ehe von Miriam und Karl).

Alice übernahm die Rolle der Vermittlerin. Sie sollte jeweils ergänzen und abrunden, was wir beide über die Problematik einer Veränderung der Familiensituation gesagt hatten. In unserer Diskussion wollten wir alle Faktoren, die unserer Ansicht nach für oder gegen einen Wechsel und seine Konsequenzen sprachen, ins Spiel bringen, und zwar wie in einem Drama mit verteilten Rollen. Alice sollte darauf hinweisen, daß sowohl Ruths Drängen als auch meine Warnungen irgendwie berechtigt waren, würde aber den Advokaten des ehelichen Glücks spielen und erklären, nach ihrer Meinung seien die Probleme der Familie trotz aller Risiken lösbar. Jeder dieser Standpunkte hatte einiges für sich. Wir hätten auch die Rollen tauschen und mit derselben Überzeugung und Leidenschaft für die jeweils andere Position eintreten können. Wir stellten der Familie nur ihr eigentliches Dilemma vor Augen, klarer und deutlicher, als sie es sich selbst hätte bewußt machen können. Und es blieb ihnen überlassen, ob sie ihrer Familientradition treu bleiben und den Status quo aufrechterhalten oder Änderungen einleiten und die Folgen riskieren wollten.

Ich machte den Anfang. Ich sagte, ich hätte schwerwiegende Bedenken dagegen, daß Ari die Familie uns anvertraute. Denn wenn wir Sarah und Ira zur Selbständigkeit verhülfen, wären beide Ehen gefährdet. »Ohne die dauernden Probleme Iras und Sarahs würde das Band zwischen den weiblichen Familienmitgliedern schwächer werden, und Sie, Miriam, würden daraufhin von Karl mehr Zuwendung verlangen. Auch Ari würde mehr von Marvin erwarten. Und das kann für beide Frauen nur mit einer Enttäuschung enden. In diesem Sinne möchte ich empfehlen, daß Sie beide, Sarah und Ira, im Moment wenigstens noch nicht auf Ihre Probleme verzichten. Denn sie bilden einen Hauptfaktor für die Stabilität der Frauen in der Familie und schützen die beiden Ehemänner.«

Auf diese Weise vermittelte ich den Eindruck, Sarah und Ira hätten weit mehr Distanz zu ihrer Versagenshaltung, als sich alle Beteiligten bisher klargemacht hatten. Ich hoffte, daß die Unterstellung, ihre unbewußten Motive seien in Wirklichkeit Absicht, sie zwingen würde, sich ihrer Funktion bewußt zu werden. Das würde ihnen umgekehrt Luft gegenüber ihrer Versagenshaltung verschaffen.

»Einen Augenblick!« warf Ruth ein und nahm den Ball auf, den ich ihr zugespielt hatte. »Welche Folgen auch auftreten mögen, Sarah und Ira haben auf jeden Fall ein Recht auf Erwachsensein. Ich glaube, sie brauchen sich um ihre Eltern keine Sorgen zu machen. Junge Menschen müssen sich um sich selbst kümmern, nicht um ihre Eltern.«

Nun wandte sich Alice an die zwei Ehepaare: »Ich glaube zwar, daß es Probleme in Ihrer Ehe geben könnte, wenn Ari uns die Familie anvertraut und ein Wechsel eintritt. Aber ich bin sicher, Sie werden damit klarkommen. Miriam, es wäre sogar gut, wenn Sie mehr von Ihrem Mann verlangten. Es ist wichtig, daß Sie sich auf die Themen zwischen Ihnen und Karl, welche es auch sein mögen, konzentrieren. Das wird beiden Ehen eher guttun. Und ich denke nicht, daß die Ehemänner davor geschützt werden müssen.«

»Gut, aber für die Kinder ist das jedenfalls unwichtig«, nahm Ruth wieder das Wort. »Sie haben ihre eigenen Aufgaben. Aber wir wollen die endgültige Entscheidung doch der Familie überlassen, nicht wahr? Wir wissen alle, daß es Risiken gibt. Wir drei sind unterschiedlicher Meinung darüber, ob Sie sie eingehen sollten. Aber Sie sind die Familie. Sie entscheiden.«

Bei der nächsten Sitzung tauchte die Familie Steinmetz ohne Ari und Marvin auf. Wir sahen sie kommen und interpretierten Aris Abwesenheit so, daß sie meinen Diskussionsstandpunkt abgelehnt hatten. Hätte sich Ari weiter an der Therapie beteiligt, wäre das ein offenes Eingeständnis gewesen, daß beide Ehen sich den Folgen eines Wechsels nicht gewachsen fühlten. So aber konnten wir zu neuen Ufern aufbrechen, und die Familie gab uns effektiv grünes Licht: »Machen Sie weiter, heilen Sie Sarah.«

Sarah aber blieb natürlich hartnäckig dabei, daß sie niemals geheilt werden würde.

Während Ruth Sarah und Ira interviewte – wir anderen, die Therapeuten und die übrige Familie, saßen derweil hinter der Scheibe und beobachteten –, stieß sie auf eine dicke Mauer: ein mächtiges Bündnis zwischen den beiden. Sie arbeiteten beim Schutz ihrer Eltern engstens zusammen. Dieser Art von Schutz- und Trutzbündnis waren wir auch früher schon begegnet, vor allem bei Familien, die den Holocaust überlebt hatten. Ruth versuchte nun, die beiden Kinder auseinanderzudividieren und verwendete dabei das Unabhängigkeitsbedürfnis als Hebel. Sie argumentierte schlau, Ira könnte die Aufgabe des Schutzes doch allein Sarah überlassen und auf seine eigene Selbständigkeit hinarbeiten, da ja Sarah deutlich zu erkennen gegeben habe, für immer krank sein und ihre Mutter für deren ganzes Leben mit einem Kind versorgen zu wollen. »Warum sollten Sie beide diese Aufgabe übernehmen, wenn doch eine allein genügt?« machte Ruth einen kühnen Vorstoß und unterstellte zugleich von neuem, daß Sarah durchaus Herr ihrer Probleme sei.

Bei diesem Vorschlag drückte Sarah mit aller Macht Iras Hand und krümmte sich vor Schmerzen. Aber weder Sarah noch Ira protestierten gegen Ruths Behauptung, ihr Versagen sei nur ein Mittel zum Schutz der Eltern. So endete die Sitzung mit einer veränderten Lage. Die Problematik war für die Kinder wie für die sie beobachtenden Eltern in eine neue Perspektive gerückt. Ruths ketzerische Empfehlung an Ira sollte Sarah veranlassen, sich noch mehr Schwierigkeiten aufzuhalsen, und ihm dadurch ein wenig von seiner Verantwortung abnehmen.

Zur nächsten Sitzung mußte die Familie Sarah die Stiegen hinauftragen (obwohl sie dann ihre Konvulsionen doch wieder unterbrach, um Cola zu trinken).

Diese Sitzung sollte dem Versuch dienen, ein neues Verhaltensmuster für die gesamte Familie zu entwickeln, wobei berücksichtigt wurde, daß das Versagen der Kinder den Schutz der Eltern zum Ziel hatte. Jedes Familienmitglied hatte schon in der letzten Stunde gemerkt, daß wir so etwas planten, und war eifrig bestrebt, auszuweichen, zu vermeiden und abzuleugnen.

Wie um ihren Ärzten eine wunderbare Heilung zu demonstrieren und dadurch weitere schmerzhafte Eingriffe abzuwehren, erklärten Karl und Miriam, ihr Leben habe in der vergangenen Woche eine Wendung zum Besseren genommen. Wir hätten ihnen den Zusammenhang zwischen Sarahs Symptomen und ihnen selbst sowie ihrer Ehe bewußt gemacht, und sie versuchten jetzt, den Knoten zu lösen – und zwar schnell. Miriam hatte Karl sogar mitten in der Nacht aufgeweckt, um sich mit ihm zu lieben. Das war etwas so Ungewöhnliches, daß es nur die totale Gesundung bedeuten konnte, vielen Dank. Es bestand wirklich keine Notwendigkeit, den Kurs, den wir eingeschlagen hatten, weiter zu verfolgen. Miriam verkündete auch, sie habe sich entschlossen, wieder zur Arbeit zu gehen. Das war ein weiterer Beweis dafür, daß der Fall erledigt, die Arbeit getan und alles in Butter war.

Sarahs Zustand hingegen hatte sich seit dem Abend, an dem die letzte Therapie stattgefunden hatte, verschlimmert. Das überraschte uns nicht. Wenn Sarah ihrer Mutter half, sich ihrer Ehe zu entziehen und stattdessen den Kindern zuzuwenden, dann brauchte Miriam eben ein schutzbedürftiges Kind. Und Sarahs Genesung würde sie dieser Voraussetzung berauben.

Ruth leitete die Sitzung ein und fragte Ira, ob er ihre Vorschrift befolgt habe, nämlich Sarah in eine noch schlechtere Verfassung hineinzutreiben, in der sie noch auffälliger versagte. Ira antwortete zunächst ausweichend, berichtete aber schließlich, er sei diese Woche wirklich nicht viel zu Hause gewesen. Während dieses Gesprächs wand sich Sarah erbärmlich, drückte Ira die Hand und fing dann an zu weinen. Da wandte sich Ruth mit der Präzision eines Laserstrahls direkt an Sarah: »Sarah, als Sie beschlossen, die ganze Last allein zu tragen, beschlossen Sie da auch, wie weit Sie dabei gehen wollten? Oder gibt es gar keine Grenze für Sie?« Sarah legte ihr Köpfchen schief nach links, weinte noch immer, versuchte aber gleichzeitig, ein Grinsen zu verbergen oder zurückzuhalten. Ich nahm es als ein Lächeln der Einsicht, vielleicht sogar der Erleichterung. Wenn unsere dauernden Unterstellungen irgendeine Wirkung gehabt hatten, mußte Sarah allmählich die Herrschaft über ihre Schwäche erringen. Ihr Lächeln ließ erkennen, daß sie das entweder für möglich hielt oder schon so weit war. Ruth machte weiter und kam wieder auf die Frage zurück, ob es notwendig sei, daß gleich zwei Geschwister versagten, um der Familie zu helfen. Eine würde doch schon ausreichen.

Als aber Sarah gar nicht aufhören wollte, sich zu krümmen und zu weinen, bemerkte Ruth zu uns anderen: »Wissen Sie, es ist wirklich ein harter Brocken, den sie sich da vorgenommen hat. Da kann einen schon das Mitleid packen. Aber, Ira, ich denke, Sie könnten ihr helfen. Seien Sie doch einfach ein bißchen dankbar!«

»Also«, sagte Ira zögernd, als Sarah nach seiner Hand tastete, »das war bestimmt nicht meine Absicht. Ich wollte ihr bestimmt nicht alles allein aufhalsen ...«

»Das habe ich befürchtet«, sagte Ruth.

»Ich habe es vorausgesagt«, warf ich ein.

»Ich weiß nicht ...«, sagte Ira. »Ich habe nur das Gefühl, daß mir jetzt die Galle hochkommt. Am liebsten würde ich sagen: ›Verdammt. Laß doch wenigstens heute einmal meine Hand los!‹ Aber in meinem Kopf schwirren lauter Gedanken herum, was wäre, wenn Sarah alles allein auf sich nähme. Dann würde sie z.B. meine Hand nicht mehr dauernd halten müssen, und ich würde hier normal sitzen können.«

»Neeeein, neeeein«, heulte Sarah los und wand sich in Qualen.

»Sarah«, sagte ich sanft, aber entschieden, »ich möchte Ihnen zunächst ein Kompliment machen, daß Sie so wunderbar verstehen, was sich in dieser Familie abspielt.«

Sarah wiegte den Oberkörper hin und her, faßte sich an den Kopf und heulte: »Ich verstehe überhaupt nichts!« Aber wieder war da ein Anflug eines Lächelns.

»Gut, lassen Sie mich erklären, was ich meine. Ich glaube, Sie haben diese Woche bemerkt, daß sich Ihre Eltern wieder näherkamen, ja sich vielleicht sogar ineinander verliebt haben. Das haben Sie zutiefst begriffen, und Sie besonders erkannten auch die Gefahr, die darin liegt.« Sarah schaute mich an, offensichtlich verblüfft. »Wenn Ihre Mutter Karl weiter zu einer Liebesbeziehung mit ihr animiert, bedeutet das, daß sie sich in erster Linie als Frau und erst in zweiter als Mutter versteht. Und ich glaube, Sie haben begriffen, daß sie deswegen enorme Schuldgefühle haben würde. Sie könnte sogar Angst bekommen, daß Sie und Ira ihr das niemals verzeihen würden, genauso, wie sie ihren Eltern nicht verziehen hat.«

»Also, Sie nerven mich wirklich, Stanley«, rief Sarah unter Tränen. »Ich meine, was Sie da immer sagen! Ich bin gar nicht darauf aus, meine Familie zu retten! Das glaube ich einfach nicht!«

»Nun hören Sie mir einmal zu«, unterbrach sie Ruth. »Sie befinden sich momentan sehr in der Klemme, und ich begreife sehr gut, daß Sie auf der einen Seite Ihr jetziges Leben, das Sie aber im Grund am liebsten aufgäben, unbedingt fortführen wollen. Wenn Sie sehen, wie Ira ein paar Schritte in diese Richtung tut, wird Ihr eigenes Bedürfnis entsprechend stimuliert – ein bißchen freier zu werden, nach eigenem Geschmack zu leben, mit Ihrem Leben anzufangen, was Sie selbst wollen. Stimmt's? Etwas in Ihnen drängt Sie dazu, nicht wahr? Aber auf der anderen Seite steht, daß Sie, wenn Sie das tun, ihre Mutter im Stich lassen.« Sarah hielt sich die Ohren zu und schüttelte heftig den Kopf.

Die nächste Sitzung begann damit, daß Ruth sehr nüchtern fragte: »Irgendwas Neues seit dem letzten Mal?« Und Sarah erwiderte ebenso nüchtern: »Ich war in Boston am Wochenende.« Das sei gar nicht so einfach gewesen, fuhr sie fort, mit jener Ambivalenz, mit der ein Kind Beifall heischt, obwohl es den Erwachsenen, den es für sich einnehmen oder beeindrucken will, zu schockieren glaubt – in diesem Fall war der Erwachsene ich, der Konservative, weil ich ja »gegen« ihren Ausbruchs- und Änderungsversuch war. Die Beziehung zu mir gestaltete sich herrlich paradox, so als wäre ich ein strenger, aber gütiger Großvater. Sie wollte gegen mich rebellieren, aber doch auch auf meinen Beifall nicht verzichten.

Ich nahm ihren Blick zum Anlaß, unsere Debatte wieder aufzunehmen, und sagte, sie mache mir noch größere Sorgen als zuvor. (Mein Job war es ja, entschieden für den Status quo einzutreten.)

»Stanley!« rief Sarah weinend. »Sie sind wirklich schrecklich!«

»Gut, ich will Ihnen sagen, warum ich mir Sorgen mache«, holte ich aus. »Sie haben einen Schritt in Richtung Unabhängigkeit getan, und obwohl es anstrengend war, ist es Ihnen doch ganz gut gelungen. Aber jetzt mache ich mir Sorgen um Ihre Mutter, aus den vorhin erwähnten Gründen. Wenn Sarah sich weiterhin so verselbständigt, fürchte ich, daß das für Miriam gefährlich ist. Deshalb möchte ich Karl gegenüber eine Empfehlung aussprechen. Karl, ich glaube, Sie sollten hier die traditionelle Männerrolle in dieser Familie übernehmen und die wichtigen Bindungen, die die Frauen zu ihren Kindern haben, zu schützen versuchen. Ich denke, Sie sollten alles Ihnen Mögliche tun, um Sarah davon abzuhalten, sich weiter zu verselbständigen.« Sarah schüttelte ungläubig den Kopf und jammerte nur.

»Ich glaube, den Gefallen kann ich Ihnen nicht tun«, sagte Karl, während Sarah immer noch den Kopf schüttelte, als wollte sie meinen so verrückten Vorschlag von sich abschütteln.

Alice erklärte rollengemäß, meine Empfehlung sei nicht gerechtfertigt. Sie habe das Gefühl, meine Befürchtungen seien gegen-

82

standslos. Ruth sagte, wenn sich Sarah zur Unabhängigkeit entschließe, könne nichts und niemand sie daran hindern. Da setzte ich noch einen drauf. »Ich weiß, daß wir bisher keine gemeinsame Plattform finden konnten«, sagte ich zu Alice. »Aber als der Vorsichtigste von uns dreien fühle ich mich verpflichtet, meine Empfehlung aufrechtzuerhalten. Ich glaube, es ist wichtig. Karl, ich denke, Sie müssen das Band zwischen Miriam und Sarah wirklich unbedingt schützen, genauso wie Ihr Vater es in seiner Familie getan hat. Und wenn Sie dabei Hilfe brauchen, können Sie ja Ihren Vater um Rat fragen.«

Poppa, der in dieser Sitzung dabei war, spöttelte: »Das ist der beste Witz, den ich seit zwei Jahren gehört habe.«

Die nächste Sitzung begann damit, daß Sarah verkündete: »Gleich nach der Stunde heute reise ich nach Israel!« Übers ganze Gesicht lachend, schaute sie mich fragend an, was ich wohl dazu sagen würde. Miriam lachte und sagte: »Sie wollte es Ihnen nicht telefonisch mitteilen, weil sie Ihr Gesicht dabei sehen wollte!«

Auf unsere fragenden Mienen sprudelte Sarah hervor:

»O, ich kann Ihnen sagen, was passiert ist«, rief sie laut. »Ich kann es Ihnen sagen. Bitte, Stanley! Meine Mutter sagte: ›So ist es. Stanley hat recht. Stanley hat absolut recht.‹ Und sie fängt zu weinen an, und ich rufe ›Ma!‹, und sie sagt: ›Mit deinem Vater kann ich nicht reden und mit deinem Bruder kann ich nicht reden. Deine Schwester darf ich nicht anrufen. Du bist die einzige, mit der ich reden kann, und das soll auch so bleiben‹. Und dann weiter: ›Aber wie kann ich dir das antun? Ich zerstöre ja dein Leben und meines!‹ und ›Stanley hat recht!‹ und ›Was sollen wir jetzt machen?‹ und ›O Gottogott!‹«

Als sich Sarah wieder beruhigt hatte, fragte Ruth, was sie in Israel vorhabe. Doch bevor Sarah antworten konnte, fragte Ruth weiter: »Die Familie Ihrer Mutter besuchen?«

»O, meine Mutter hat mir schon eingeschärft, daß ich . . .«, antwortete Sarah schnell.

Ich schüttelte den Kopf, als ob mir schon ein düsterer Kommentar auf der Zunge läge.

». . . daß ich sie besuchen sollte, auch ihretwegen«, beendete Sarah den Satz und schaute mich verstohlen von der Seite an.

Miriam ergriff das Wort: »Ja. Ich sagte ihr, sie solle sie besuchen, weil sie sie brauchen. Vor zwei Wochen rief ich sie an und sagte: ›Ich habe eine Überraschung für euch. Ich schicke euch meine Tochter.‹

Meine Mutter sagte: ›Das glaube ich nicht!‹ Sie ist inzwischen sehr deprimiert, meine Mutter. Hat enorm Gewicht verloren. Ich sagte ihr: ›Sarah kommt, und dann geht es euch wieder besser!‹«

Ich schüttelte wieder den Kopf. Sarah schaute mich an, wie um mein Urteil zu erfahren. Ich nahm den Faden auf und sagte: »Sarah, als ich hörte, Sie wollten nach Israel gehen, war ich wirklich schokkiert, weil ich anfangs dachte, es sei ein Schritt in die Unabhängigkeit. Aber jetzt, nachdem wir darüber gesprochen haben, bin ich etwas beruhigt –«

»Das hängt davon ab«, sagte sie erschöpft.

»Genau. Ich erkenne jetzt, daß Sie diese Reise Ihrer Mutter zuliebe machen, weil sie darauf angewiesen ist. Aus irgendeinem Grund hat momentan Ihre Mutter das Bedürfnis, mit ihrer eigenen Familie wieder Verbindung aufzunehmen, und Sie sind sozusagen ihre Abgesandte.«

»Karl«, schaltete sich jetzt Alice mit einem anderen vorher vereinbarten Vorschlag ein, der die Ehe der beiden stärken sollte, »Karl, ich denke, Sie sind der einzige, der Miriam mit ihren Eltern zusammenbringen kann. Ich glaube nicht, daß Sarah dazu in der Lage ist. Das würde die Ungerechtigkeit zwischen Ihnen und Miriam nicht ausgleichen. Sie wissen, hier muß eine Ungerechtigkeit ausgeglichen werden. Sie hatten Ihre Eltern all die Jahre über, Miriam mußte auf die ihren verzichten.«

Wir hatten nämlich erkannt, daß es sich hier um einen bedeutsamen Faktor handelte, der Miriams und Karls Verhältnis seit langem belastete. Es war ja Karls Sicherheit gewesen, deretwegen Miriam emigriert war und ihre Familie verlassen hatte. Er schuldete ihr ein Wiedersehen mit ihrer Familie, obwohl er jedesmal, wenn das Thema zur Sprache kam, auf die Kosten der Reise verwiesen und ins Feld geführt hatte, er wisse nicht, wie er allein zurechtkommen solle.

»Trotzdem«, sagte Ruth in ihrer Rolle als Vorkämpferin des Wechsels. »Ich glaube, die Reise ist eine gute Idee. Sie ist ein Schritt in Richtung Unabhängigkeit, egal, wie Stanley darüber denkt. Für Sie, Sarah, ist es eine wunderbare Gelegenheit, Ihre eigenen Entscheidungen zu treffen, und sozusagen die Reise für sich arbeiten zu lassen. Eine wunderbare Gelegenheit, wirklich, obwohl ich mir darüber im klaren bin, daß sie auch ein großes Problem aufwirft. Denn wenn Sie wirklich zu Ihrem eigenen Vorteil an sich arbeiten wollen und die Gelegenheit ergreifen, selbständiger zu werden und sich auch einmal etwas zu gönnen, könnte es passieren, daß Sie Ihren Aufenthalt in Israel verlängern. Und das ist wahrscheinlich ein bißchen gefährlich, jedenfalls könnte ich mir vorstellen, daß Sie das denken, weil Sie sich, wenn Sie das tun, in dieselbe Lage zu Ihrer Familie bringen wie Ihre Mutter zu der ihren: Sie gehen ins Ausland und lassen Ihre Familie zurück.«

»Daran haben wir schon gedacht«, sagte Sarah. »Ich habe mit meiner Mutter die ganze Nacht darüber geredet. Aber das ist das Selbständigste, was ich in meinem ganzen Leben bisher gemacht habe. Bitte, Stanley, haben Sie Vertrauen zu mir.«

»Ich fürchte, ich kann es nicht.«

»Stanley, Sie sind ein so verfluchter Pessimist!«

»Wenn ich ehrlich sein soll, Sarah«, antwortete ich, »ich denke doch, daß Ihre Mutter Sie gerade jetzt ganz besonders braucht, und wenn Sie zu so extremen Mitteln greifen wollen, um Ihre Mutter mit ihrer Familie zusammenzubringen, sollten Sie es ruhig tun –«

»Aber was ist mit mir? Vielleicht tue ich es ja meinetwegen!«

»...Und auch, wenn Sie z.B. krank werden sollten, so daß Ihre Großeltern Sie zurückbringen müssen oder Ihre Mutter kommen und Sie holen muß, denke ich, daß Sie es trotzdem tun sollten, weil Ihre Mutter diese Begegnung unbedingt braucht.«

Wenn Sarah mich auch diesmal widerlegen wollte, wie sie es bei meinen früheren Unkenrufen so hartnäckig getan hatte, würde sie ihre Reise zu einem Erfolg machen müssen.

Und es gelang ihr, obzwar auf eine Art, die an ein Zwischending zwischen einer Shakespeare-Komödie und einer pompösen italienischen Oper erinnerte. Selbstverständlich wurde Sarah bei ihrer Großmutter krank, schlich herum, krümmte sich und hatte gräßliches Bauchweh. Mehrere aufgeregte Marathon-Nachttelefonate wurden über den Atlantik geführt, und in panischer Eile begaben sich Miriam und Karl nach Stanford, Connecticut, wo sie ihre Pässe verlängern ließen, um Sarah in Israel retten zu können. Ari und Ira aber setzten den Eltern ununterbrochen zu, sie sollten Sarahs Verführungskünsten unbedingt widerstehen.

Eine überraschende Wende brachte Miriams Mutter. Sie beruhigte Miriam. Sarah würde unter ihrer Pflege bald wieder gesund werden. »Komm nicht, jedenfalls nicht jetzt«, sagte Miriams Mutter zu ihr. »Ich kümmere mich um Sarah. Ich komme schon mit ihr zurecht.«

Sarah erholte sich schließlich und genoß ihre Reise. Ira hielt sich in der Nähe der Eltern auf. Planmäßig kehrte Sarah aus Israel zurück, und wir veranstalteten die neunte Sitzung. Die ganze Familie rückte an, schrecklich aufgeregt. Sarah hielt die Stunde kaum durch, obwohl wir erfuhren, daß sie rechtzeitig und begeistert zurückgekehrt war und dauernd davon sprach, sich in Israel niederzulassen. Inzwischen war ein alter Streit zwischen Miriam und Karl wiederaufgelebt. Er war nicht so freundlich und liebevoll, wie sie es gern gehabt hätte, und sie kritisierte ihn häufiger, als er ertragen konnte. Im Verlauf dieses Ehekriegs war Sarah wieder erkrankt. Sie zog die Aufmerksamkeit der Eltern auf sich und machte dadurch den Auseinandersetzungen Miriams und Karls zeitweise ein Ende.

Es waren gerade die Folgen des Wechsels eingetreten, die vorauszusehen waren. War Sarah einmal gegangen oder sprach auch nur davon, gehen zu wollen, mußten sich Karl und Miriam miteinander und mit ihrer Ehe auseinandersetzen. Und sobald Sarah bemerkte, wie schwierig das war, wurde sie wieder krank und hilfsbedürftig, womit sie allen Beteiligten ermöglichte, der Konfrontation auszuweichen oder sie hinauszuschieben.

Wieder einmal versagten Kinder, damit ihre Eltern gute Eltern bleiben konnten.

Wir führten nun mehrere Einzelgespräche, die aber alle anderen durch die Scheibe beobachteten. Zuerst interviewte Alice Sarah und Ira und erkundete die Wege, auf denen Karl den Status quo zementierte. Stets redete er ihnen ein, sie würden zu Hause gebraucht. Dann sprach Alice mit Karl über dasselbe Thema. Er leugnete alles, was die Kinder über ihn gesagt hatten, und bestand darauf, er wolle nichts anderes, als endlich mit Miriam allein zu sein und die verspäteten Flitterwochen zu genießen.

Als nächstes interviewte Alice Miriam, die Karl vorwarf, er sei niemals da, wenn sie ihn brauche. »Also«, fuhr sie fort, »halte ich mich an die Kinder. Ich gehe dann eben zu meinen Kleinen. Was ich von ihm nicht bekomme, bekomme ich von den Kleinen, und sei es auch nur das Gefühl, daß sie mich brauchen. Und ihnen kann ich geben, was ich habe. Mit ihm gibt es nur Ärger.«

»Wovor, glauben Sie, hat er Angst, wenn die Kinder das Haus verlassen?« fragte Alice.

»Weiß ich nicht. Vielleicht bekäme er Depressionen. Aber ich war wirklich sehr deprimiert und ich glaube, das hatte viel mit meinen Eltern zu tun. Ich weiß, daß meine Mutter ihr ganzes Leben deprimiert war, weil ihr die Kinder fehlten, oder ich ihr fehlte, und ihr Leben war wirklich nicht schön.«

»Auch als Sie in dieses Land kamen?«

»Und ihre Beziehung zu meinem Vater war niemals besonders gut.«

»Also hatten Sie, seit Sie in diesem Land sind, Schuldgefühle wegen der Depressionen Ihrer Mutter?«

»Ja«, antwortete Miriam und wischte sich die Augen.

»Und Sie haben das Gefühl, daß Ihr Vater dieses Defizit für Ihre Mutter niemals ausgleichen konnte?«

»Schuld an dem ganzen ist nur, daß ich meine Eltern verließ. Ich habe ihnen alles genommen. Darauf läuft alles hinaus. Und das beschäftigt mich die ganze Zeit.«

In einer kurzen Besprechungspause kamen wir Therapeuten zu dem Ergebnis, daß in dieser Familie unausgesprochen das Prinzip galt, Kinder, die ihre Eltern verließen, seien verantwortlich für deren Unglück. Daraus entstand ein doppeltes Gefühl der Schuld und des Versagens. Du mußt unselbständig bleiben, damit die Eltern lieb und gut sind, so lautete die Botschaft. Und wenn du sie trotzdem verläßt, bist du schuld daran, daß sie unglücklich sind.

Wir vereinbarten, Alice solle Karl mitteilen, er sei die Schlüsselfigur in dem Drama.

»Sie haben geäußert«, begann sie, »Sie wollten ein glückliches Leben mit Miriam, nur Sie beide. In all diesen Jahren haben Sie Miriam die Kinder als Trost dafür überlassen, daß sie ihre eigene Familie in Israel zurücklassen mußte. Sie verließ ihre Familie, um Ihnen in dieses Land zu folgen, und seitdem hat sie Kummer deswegen. Um was ich Sie jetzt bitte, dürfte extrem schwierig für Sie sein. Ich möchte Sie bitten, Miriam zu ermuntern, allein nach Israel zu reisen, dort ihre Familie zu besuchen und all die Probleme zu klären, die bisher nicht geklärt werden konnten.«

Da platzte Sarah, die Antwort ihres Vaters vorwegnehmend, heraus: »Ich muß Ihnen sagen, daß ich in diesem Punkt Vaters Partei ergreife. Ich lasse meine Mutter nicht nach Israel gehen. Ich lasse sie nur gehen, wenn ich weiß, daß meine Großeltern mit zurückkommen. Aber wenn nicht, dann lasse ich meine Mutter nicht gehen, und ich werde alles tun, daß sie nicht fort kann.«

Aha, jetzt hatte Sarah ihre Symptome plötzlich im Griff, und drohte damit, sie als Waffe einzusetzen!

Ich spielte nun wieder den Konservativen und wandte mich an Karl: »Ich glaube, Sie besitzen den Schlüssel zu diesem Problem, aber ich glaube auch, es wird unglaublich schwer für Sie sein, Miriam zu dieser wichtigen Reise aufzufordern. Denn das würde bedeuten, daß Sie Ihrem eigenen Vater untreu wären, der Ihnen die Botschaft hinterlassen hat, Sie müßten Ihrer Frau helfen, die Kinder an die erste Stelle zu setzen. Eine solche Aufforderung, und daß Sie überhaupt versuchen, gemeinsam mit Ihrer Frau ein glückliches Paar zu werden, ist vor dem Hintergrund der Ansichten Ihres Vaters ein Risiko. Auch glaube ich, daß Ihnen Miriam sehr fehlen wird. Das ist der andere Grund, weshalb Ihnen die Entscheidung schwerfällt.«

»Ja, richtig«, sagte Karl, »sie fällt mir schwer. Aber ich lasse sie gehen.«

Ich wandte mich an Sarah: »Sie, Sarah, haben trotz Ihrer starken Bindung zu Ihrer Mutter Partei für den Vater ergriffen, weil Sie, wie ich glaube, sich weiterhin verhalten möchten wie bisher. Sie gehen, wenn nötig bis zum Äußersten, z.B. mit Ihren Symptomen, um sicherzustellen, daß Ihre Mutter zu Hause bleibt und Ihr Vater sich mit seinen Eheproblemen nicht auseinandersetzen muß.«

Alice aber war damit nicht einverstanden und argumentierte zugunsten der Ehe: »Karl, jetzt liegt es an Ihnen, ob Miriam etwas für sich selbst tun kann. Ermuntern Sie sie dazu. Es ist in Ihrem eigenen Interesse.« Karl nickte.

In der abschließenden Sitzung erklärte Miriam, sich selbständig machen und allein nach Israel reisen zu wollen. Die Familie berichtete, Poppa, Karls Vater, sei böse über die jüngsten Entwicklungen. »Er läßt immer wieder nebensächliche Bemerkungen fallen«, erzählte Karl, »aber sie sind gar nicht nebensächlich. Z.B.: ›Warum will sie eigentlich fahren?‹ und ›Wofür gebt ihr da euer ganzes Geld aus? Wann hört ihr endlich auf damit, euer Geld auszugeben?‹«

Alice ermunterte Karl noch einmal. Wenn Miriam die Probleme mit ihren Eltern gelöst habe, bestehe die Chance, daß sie ohne

Ressentiments und Zorn zu ihm zurückkehre. Und dann könnten sie ihre Beziehung auf eine ganz neue Grundlage stellen. Dem widersprach ich heftig. Ich könne einfach nicht glauben, daß Karl Miriam gehen lasse. Damit verstoße er doch gegen den Willen seines Vaters. Alice sagte, sie glaube im Gegenteil, er könne es. Dem hielt ich entgegen, Karl habe in seinem Vater immer die höchste Instanz gesehen. Alice erwiderte, ihrer Meinung nach sei es in Zukunft damit vorbei. »Ich glaube, er kann ohne weiteres ein guter Sohn und zugleich ein guter Gatte sein«, meinte sie.

Schließlich sagte Karl, er sei sich aller Für und Wider bewußt, habe sich aber entschieden, Miriam gehen zu lassen, und damit Schluß.

Sarah und Ira hatten sich sehr um ihren Vater besorgt gezeigt. Wie würde es ihm gehen, wenn Miriam in Israel wäre? Aber da sie diese Sorge anscheinend eher vorbrachten, um Miriam an der Reise zu hindern, trennten wir die beiden Kinder, und Ruth nahm sie sich einzeln vor. Sie spielten jetzt offen und bewußt ihre Karten aus. Sie spielten sogar mit ihrer Macht, da sie wußten, daß Karl und Miriam durch die Scheibe zusahen.

»Ich weiß, das klingt jetzt so, als wollte ich meine Mutter zurückhalten«, begann Sarah. »Aber ich glaube wirklich, meine Mutter könnte viele Probleme mit ihren Eltern auch hier loswerden. Wenn sie fährt, wird mein Vater darunter leiden. Das ist sicher.«

»Mit anderen Worten«, sagte Ira im Tonfall seiner neu errungenen jugendlichen Weisheit, »es wäre total leicht für uns, sie zurückzuhalten.«

»Ihr beiden bräuchtet z.B. nur entschieden eure Sorge um euren Vater zu äußern«, sagte Ruth.

»Und sie braucht nur dort hinten zu sitzen und uns zuzuhören«, ergänzte Sarah.

»Ihr habt eure Nummer gut einstudiert, nicht wahr?« fragte Ruth.

»Stimmt. Genau«, antwortete Sarah. »So muß man die Sache deichseln. So könnte es gehen.«

»Aber jetzt versteht ihr natürlich, welch einen hohen Preis eure Eltern gezahlt haben, als sie sich nicht als gute Kinder ihrer Eltern fühlen konnten, besonders eure Mutter. Sie hat entsetzlich darunter gelitten, daß sie, wie sie glaubte, keine gute Tochter war. Das war der Kummer ihres Lebens. Und auch euer Vater hat, auf seine Weise, mit diesem Problem gekämpft. Aber ihr beide habt keine Verpflichtungen. Sie hatten ungeheure Verpflichtungen. Ihr habt keine. Und doch nehmt ihr Verpflichtungen auf euch, die ihr gar nicht habt.« Ruth schaute Ira an und fragte: »Könnten Sie für eine kleine Weile nur ein unbeteiligter Zuschauer beim Leben Ihrer Eltern sein?«

»Sicher«, sagte Ira. »Sicher. Ich bin immer ein guter Junge gewesen.«

»Das stimmt«, sagte Ruth, »stimmt genau. Beide seid ihr immer gute Kinder gewesen. Sarah vor allem war, wenn man hier einmal Zensuren verteilen will, einfach super. Sie, Ira, waren ein schrecklich guter Junge, und sie ein superschrecklich gutes Mädchen.«

Sarah lächelte verwirrt. Die beiden hatten die neue Sicht der Dinge akzeptiert. Sie konnten sich endlich von der Notwendigkeit freimachen, zu versagen, um ihre Eltern vor Kummer zu bewahren. Sie waren gute Kinder gewesen und hatten das bis zum Übermaß bewiesen. Jetzt konnten sie lockerlassen und leben.

Miriam kehrte ins Zimmer zurück, setzte sich und senkte den Kopf: »Ich kann es noch gar nicht fassen, daß sieben Jahre Krankheit so plötzlich zu Ende sein sollen…«, schluchzte sie leise.

»Na, Sie sehen ja, wie schnell es Sarah besser geht«, sagte Ruth.

»Ich habe meiner Mutter heute morgen erzählt, daß ich mich an der Universität New York einschreiben werde«, sagte Sarah.

Wir erklärten der Familie Steinmetz, ihre Therapie sei beendet. Beide, Karl und Miriam, hatten die Therapie mit bitteren Vorwürfen gegen ihre Eltern begonnen. Sie seien von ihnen im Stich gelassen worden. Über die Jahre hin hatten sie beträchtliche Energien in den Versuch gesteckt, ihren Eltern zu zeigen, wie sich gute Eltern betragen und ihren Kindern widmen sollten. Bei ihrer Definition des Systems – daß gute Eltern die Probleme ihrer Kinder zu lösen hätten – mußte ein gegenseitiges Geben und Nehmen einsetzen, das sich unaufhörlich steigerte. Um immer noch bessere Eltern sein zu können, brauchten sie immer noch hilfsbedürftigere Kinder. Und je ernster das Versagen der Kinder, desto erfolgreicher die Eltern. Umgekehrt mußte in diesem System ein pflichtbewußtes Kind versagen, um die eigenen Eltern zu schützen. Vor dem hier gegebenen Hintergrund konnte nur ein ungeheures Versagen diesen Zweck erfüllen, und Agoraphobie war in Anbetracht der Lebensgeschichte der Beteiligten sicher das adäquate Mittel. Und für Ira konnte die Selbstfindung nur darin bestehen, daß er wieder im Schoß der Familie landete.

Wir hatten nun dieses System auf den Kopf gestellt. Wir betonten, einen wie hohen Preis Miriam und Karl dafür gezahlt hatten, sich nicht als gute Kinder ihrer Eltern fühlen zu können. Miriam ersetzte daraufhin ihr Selbstbild einer guten Mutter durch das einer schlechten Tochter. Aber das gab wenigstens Anlaß zur Hoffnung. Sie konnte jetzt nach Israel gehen und ihre Tochterrolle neu definieren, während sie, um in ihrem System eine gute Mutter zu bleiben, von Sarah immer verlangen mußte, im Leben zu versagen. Und darin lag keine Hoffnung.

Ein Jahr später kamen sie mit einer kranken, leidenden Sarah zurück. Dieses Mal waren es schwere Schlafstörungen. Alle bekannten pharmazeutischen Mittel versagten. Die Familiensituation hatte sich grundlegend geändert. Ira war nach Kalifornien gegangen, wo er mit Erfolg bei einem Triathlon mitgemacht hatte. Er hatte einen unbedeutenden Job gefunden, den er nicht besonders mochte. Aber er wollte in Kalifornien bleiben. Sarah hatte ein Jahr an der Universität New York studiert und dann einen Fulltime-Job in einer Buchhandlung angenommen. Ari und Marvin hatten ein Baby, wodurch sie sich noch weiter als eigenständige Familie etablierten. Miriams Eltern waren mit ihr aus Israel zu einem längeren Aufenthalt herübergekommen, um weiter an ihrer Beziehung zu arbeiten. Bei Miriam war außerdem ein bösartiger Tumor festgestellt worden, und Karl schien emotionale Probleme zu haben. Auch darüber waren wir nicht weiter überrascht. Wir hatten Karls Schwierigkeiten in der neuen Familienstruktur vorausgesehen.

Jetzt waren sie wiedergekommen, weil sie Hilfe für Sarah brauchten. Aber Ruth mußte nur ein paar Minuten mit Sarah sprechen, um diese zu dem Eingeständnis zu bringen – und wieder lächelte Sarah verschmitzt, teils aus Entdeckerfreude, teils erleichtert – daß sie sich in die schwere Schlaflosigkeit, die ihre Eltern zwang, sie wieder zum Therapeuten zu bringen, nur geflüchtet hatte, um ihre *Eltern* zum Therapeuten zu schleppen. Denn Karl kämpfte schwer um seine Abnabelung vom Vater. Er und Miriam hatten nun eine Familie mit relativ erfolgreichen Kindern. Ihre Bedürfnisse hatten sich geändert.

Aber hier war Sarah wieder zur Stelle, wieder das supergute Kind. Ruth fragte sie: »Können Sie uns Ihre Eltern zur Therapie überlassen und weiter Ihr eigenes Leben leben?«

Sie sagte ja. Diesmal hatte sie wenigstens nicht sieben leidvolle Jahre auf sich genommen, um ihren Eltern zu helfen. Sie hatte sie zu uns gebracht, damit wir ihr halfen. So weit wir wissen, schlief sie diese Nacht gut.

Nachschrift

In den vielen Jahren, in denen ich Holocaust-Familien behandelte, bin ich zu der Einsicht gelangt – und die Erfahrungen meiner Kollegen haben sie mir wiederholt bestätigt –, daß die Familien ihr Trauma auf zwei Arten zu bewältigen suchen: Entweder weigern sie sich, darüber zu sprechen, oder sie sprechen unaufhörlich darüber. In beiden Fällen ergeben sich spezifische Konstellationen.

In manchen Familien werden die schrecklich schmerzvollen Erlebnisse unter dem Mantel des Vergessens verborgen und bleiben für die Kinder der ersten Generation ein großes Geheimnis. Diese bemerken schon früh, daß alle Mitglieder der Familie stillschweigend übereingekommen sind, jedem Versuch, die Vergangenheit ins Auge zu fassen, als gefährlich aus dem Weg zu gehen. Unbewußt oder bewußt bringt man ihnen bei, diese Wunde nicht zu berühren, woraus natürlich eine allgegenwärtige Lücke entsteht, ein drohendes Nichts, das doch unendlich wichtig ist.

Wenn in solchen Familien die Kinder der zweiten und dritten Generation Krankheitssymptome entwickeln, stehen diese meist in Beziehung zu einer Art Realitätsverlust. In einem Fall z. B. legte ein Kind der zweiten Generation ein psychosenähnliches Verhalten an den Tag, das sich immer dann extrem verschärfte, wenn das Therapeutenteam die Familiengeschichte aufzurollen begann. An kritischen, sehr genau fixierbaren Punkten benahm sich das Mädchen geradezu grotesk. Daher gaben wir ihr die Vorschrift, sich ruhig so zu verhalten wie bisher, aber in einem anderen Rahmen. Sie sollte sich, während die Therapie ihren Verlauf nahm, in dem Raum hinter der Scheibe aufhalten, und immer ans Beobachtungsfenster klopfen, wenn sie das Gefühl hatte, das Gespräch könnte ihr gefährlich werden. Jedesmal, wenn die Eltern über die Vergangenheit, ihre Schuldgefühle, Enttäuschungen, Scham und Verluste sprechen wollten, drehte die Tochter durch und schlug an den Spiegel. Endlich erkannten die Eltern nach vielen komplizierten Manövern, was in ihrer Tochter vorging. Sie sagten ihr, sie brauche sich nicht mehr so zu verhalten, alles sei in Ordnung, sie wollten ja nur über ihre Vergangenheit sprechen. Jetzt beruhigte sich das Mädchen allmählich, und die Therapie nahm ohne die ständigen Unterbrechungen ihren Fortgang.

Der Fall »Opfer des Holocaust« ist ein klassisches Beispiel für eine Familie, die sich weigerte, die Vergangenheit loszulassen. Das Sich-Festklammern an der Vergangenheit wird in solchen Familien zum feststehenden Ritual, um das sich alles dreht. Sie denken ständig daran, was sie verloren haben, wie sie verlassen, verraten und verkauft worden sind, rätseln über den Sinn des Ganzen, sprechen dauernd darüber, sei es direkt, sei es in Andeutungen, und leben und atmen praktisch in ihren Erinnerungen. In diesen Familien halten Angehörige der älteren Generationen die jüngeren oft hartnäckig fest und geben sie einfach nicht frei. Kinder und Enkel weisen dann Symptome auf, die diesen Sachverhalten in Form von Trennungsängsten, Agoraphobie und psychosomatischen Krankheiten, welche ein Kind an zu Hause fesseln, entsprechen.

Der Fall Steinmetz war typisch für diese Kategorie. Aufgrund der extremen psychosomatischen Krankheit Sarahs, ihrer Agoraphobie, und weil die frühere Therapie fehlgeschlagen war, war uns von vornherein klar, daß hier nur radikale Schritte weiterhalfen. Wir drei Therapeuten konstituierten uns selbst als Familie und übernahmen die verschiedenen Rollen der Familie Steinmetz. Auch ahmten wir die in einer Familie auftretende Dynamik nach, legten uns in unserer Diskussion mächtig ins Zeug, ließen Konflikte aber ohne weiteres zu und demonstrierten so den Steinmetz', daß man unterschiedlicher Meinung und doch eine wunderbare Familie sein kann. Wir benutzten ihre eigenen verborgenen Botschaften, um ihnen zu zeigen, was eigentlich bei ihnen los war, ohne daß sie es bis dahin verstehen konnten.

Ich genoß meine Rolle in diesem Spiel. Als der einzige Mann im Therapeutenteam vertrat ich den Standpunkt eines jedem Wandel abgeneigten Familienmitglieds, eine Haltung, die mir normalerweise so fern wie nur möglich liegt. Doch hatten wir eben vereinbart, daß ich diese Einstellung vertreten und so überzeugend argumentieren sollte, als wäre es meine eigene. Meine Kolleginnen dagegen trugen entgegengesetzte Standpunkte vor und beleuchteten die übrigen Seiten des Problems. »Behalten Sie Ihre Symptome bei, Sarah«, war der Tenor meiner Argumentation. »Es ist zu gefährlich für Sie, gesund zu werden. Sie sind einigermaßen in Sicherheit, wenn alles so bleibt, wie es ist, und alle anderen auch.« So wurden für mich die von dem eigentlichen Therapiedrama ausgehende Spannung und Sorge insgeheim durch einen Aspekt gemildert, der mich eher heiter stimmte und irgendwo zwischen regiemäßiger Schauspielerei und lockerer Improvisation angesiedelt war. Ich spielte Theater in einem Drama des wirklichen Lebens, und die beiden Ebenen spiegelten sich ironisch ineinander.

Ich gewann den deutlichen und mir sehr sympathischen Eindruck – bei jedem nochmaligen Durchgehen der Videos wurde er bestätigt –, daß Sarah als einzige von allen Beteiligten unsere Taktik durchschaute. Aber sie durchkreuzte sie nicht, sondern ließ sich nichts anmerken, genau wie im Theater. Irgendwie spürte sie, daß ich mich anders gab als ich wirklich bin. Doch spielte sie mit. Auch hatte ich das Gefühl, daß mein Verhalten als »Spielverderber« verführerisch auf sie wirkte. Sie machte sich einen Spaß aus meiner Unnachgiebigkeit und lächelte dann und wann, als ob sie wüßte und es hübsch fand, daß alles nur Manöver zur Aufrechterhaltung des Gleichgewichts war. Anscheinend fühlte sie sich dadurch geschmeichelt, daß wir ihr zutrauten, Herr der Lage zu sein und ihre Familie durch ihre hartnäckigen Symptome bewußt zu schützen. Es schien ihr Vergnügen zu machen und sie war stolz darauf, mich (oder vielmehr mich in meiner Rolle als Therapeut) widerlegen zu können, wenn sie ihr Verhalten änderte. Und ebenso großes Vergnügen machte es ihr zu erkennen, daß ich in Wirklichkeit jeden ihrer Schritte förderte und billigte.

Es war ein Fall, der mir große Befriedigung brachte, und ich muß oft an diese Familie zurückdenken. Denn während unsere Therapie Sarah größtenteils von ihrem schrecklichen Leiden erlöste, war das Unglück noch lange nicht gebannt. Es verteilte sich nur neu. Sarah hatte unbewußt und in Selbstaufopferung die ganze Last, die sich aus der Lebensgeschichte der Familie ergab, auf sich genommen. Als sie dann aber ihren weit überproportionalen Teil an dieser Last abgab, mußten ihre Eltern und Geschwister den ihren auf sich nehmen. Wir beendeten die Therapie, als wir zuversichtlich sein konnten, daß Sarah auf ihrem Weg zur Selbstbefreiung weitergehen würde und keine Notwendigkeit mehr für sie bestand, sich an ihre schmerzhaften Symptome zu klammern. Trotzdem stand sie mit all ihren Symptomen der Familie in Krisenzeiten wieder zur Verfügung – wie sich ein Jahr später zeigte. Als z. B. Miriams Krebs virulent wurde, war Sarah zur Stelle und nahm die Angst der Familie auf sich. Sie entwickelte ihre Symptome wieder. Doch diesmal mit genügend Bewußtsein, um die Eltern direkt zum Therapeuten zu steuern.

Wieder einmal blieb uns die erschütternde Erkenntnis, daß sich die Folgen von historischen Grausamkeiten durch Generationen fortsetzen.

Die Frau, die verrückt spielte

Buffalo, New York, Winter 1986

Myrna Novik wurde mir als eine übergewichtige, ziemlich verrückte 34jährige Dame beschrieben, die mehr als die Hälfte ihres Lebens in therapeutischer Behandlung gewesen war. Auf einer Tagung in ihrer Heimatstadt Buffalo, wo ich einen Monat lang in einem kirchlichen Beratungszentrum Vorträge hielt und Beratungen durchführte, sagte mir ein Teilnehmer, auch er Psychologe: »Sie ist die ›Dienstälteste‹ hier. Sie ist schon länger hier als alle unsere Mitarbeiter. Sie kommt und geht – und bleibt.«

Ich fragte nach ihrer Lebensgeschichte und erfuhr eine endlose Aneinanderreihung trostloser Fakten. Tochter eines Mannes, der selbst einen Großteil seines Lebens in psychiatrischen Anstalten verbracht hatte und zur Zeit wieder in einer untergebracht war, war Myrna, als sie gerade in die Pubertät kam, zuerst von einem Onkel und dann im Alter von 15 Jahren von einem Fremden vergewaltigt worden.

Aus der zweiten Vergewaltigung stammte ihr erstes Kind. Es war mongoloid. Ärzte und Behörden ordneten die Unterbringung des Kindes in einem Heim an, aber Myrna sagte nein. Auch als man weiter darauf bestand, weigerte sie sich erfolgreich. In den folgenden Jahren hatte sie dreimal geheiratet, die beiden letzten Männer von anderer Rassenzugehörigkeit als sie. Ihr dritter Mann, mit dem sie lebte, als ich sie kennenlernte, war arbeitslos und hatte eine kleine monatliche Erwerbsunfähigkeitsrente. In ihren drei Kindern kreiste das Blut dreier verschiedener Rassen. Der Gewalttäter, der ihr erstes Kind gezeugt hatte, war Afrikaner.

Die Psychologen im Zentrum betrachteten Myrna als »unheilbar liederlich«, teils weil sie von Anfang an darauf bestanden hatte, ihr behindertes Kind bei sich zu behalten, teils wegen ihrer offensichtlich unbeherrschbaren Neigung zum Ladendiebstahl. Wahrscheinlich aber auch, weil sie zweimal ungeschriebene Tabus in bezug auf Rassenmischung verletzt hatte.

Ihre Ladendiebstähle waren der am häufigsten angeführte Grund. Sie war immer wieder erwischt worden und hatte sich einmal eine Verurteilung zu ein paar Wochenenden im Stadtgefängnis eingehandelt. Die Therapeuten klagten Jahr um Jahr. Sie konnten ihr einfach nicht beibringen, daß sie, wenn sie sich weiter ihrem Klauzwang überließ und riskierte, eingesperrt zu werden, im Grunde doch nur erreichte, daß sie ihre Kinder alleinließ. »Sie verleugnet praktisch ihre Verantwortung als Mutter«, sagten sie. »Verantwortungslos und verrückt«, waren die Etiketten, die man ihr umhängte.

Zufällig konnte ich Myrna beobachten, noch bevor wir formell miteinander bekanntgemacht wurden. Ein anderer Mitarbeiter erklärte ihr taktvoll, ich würde in beratender Funktion zu ihrer Therapie hinzugezogen werden. Ich war sehr von Myrnas Äußerem überrascht, vor allem von ihrem leidenden Gesichtsausdruck. So halb und halb hatte ich ein leichtfertiges, frivoles Geschöpf erwartet, behängt mit falschem Schmuck, geschminkt und aufgedonnert, vielleicht auch eine vernachlässigte Schlampe.

Myrnas Gesicht aber war von langem, glattem, braunem Haar umrahmt, nicht ungepflegt, aber auch nicht betont zurechtgemacht. Sie trug eine blaue Polyesterbluse, die ein Stück über die Hüfte und die schwarzen Hosen hinabhing, außerdem schwarze Leinenturnschuhe zum Hineinschlüpfen: bequem, funktional, billig und unaufdringlich, eben praktisch. Sie hatte Übergewicht, doch konnte man ihrem Gesicht ansehen, daß sie einmal ein schönes Kind und sogar eine schöne junge Frau gewesen sein mußte. Ihre Gesichtsmuskeln schienen straff und angespannt, wie von einer Kraft nach unten gezogen, die stärker war als bei anderen Menschen. Ich beobachtete sie durch das Einwegfenster, wie sie da in ihrem Stuhl mit Metallehne saß und mit übergeschlagenen Beinen, die Hände im Schoß, auf mich wartete.

Ich studierte ihr Gesicht.

Myrna hielt ihren Kopf schräg nach rechts geneigt, wie ein schwer angeschlagener Boxer. Ihr häufiges Stirnrunzeln korrespondierte mit dem traurigen Zug auf ihren Wangen und dem düsteren Schwung ihrer Augenbrauen. Sie bot einen Anblick der tiefsten Depression und schien unsägliche Lasten tragen zu müssen. Sie sah keineswegs verrückt und verantwortungslos aus, sondern nur müde, erschöpft und kurz davor, endgültig aufzugeben.

Ich stellte mich vor und sagte, ich hätte schon viel von ihr gehört. Sie schnaubte verächtlich, wie wenn sie sagen wollte, »wahrscheinlich nur Schlechtes«. Die Reaktion war die einer Schülerin, die zum fünfzehntenmal vor den Direktor zitiert wird, nur diesmal vor einen neuen. Als ich sagte, ich hätte schon viel von ihr gehört, »wußte« Myrna schon, daß alle Chancen gegen sie standen. Ich spürte sofort, daß ich einen Fehler gemacht hatte.

Daher nahm ich Zuflucht zu einem Überraschungseffekt. Statt Fragen zu stellen, begann ich ihr zu erzählen, was ich über sie wußte. Daß sie drei Kinder hatte, eines davon behindert, daß sie sich um ihren Mann und ihre kranke Mutter kümmerte, daß sie sich ihrer Mutter schon als Teenager angenommen hatte. Ich sagte ihr, ich wüßte, daß sie von ihren Ex-Ehemännern keinen Unterhalt für die Kinder bezog und auf Sozialhilfe und ihren gesunden Menschenverstand angewiesen sei, um alle, für die sie sich verantwortlich fühlte, mit Kleidung, Nahrung und einigermaßen guter Pflege zu versehen.

Sie nickte langsam zu meinen Worten. Schließlich sagte ich: »Ich begreife nicht, wie Sie das alles schaffen. Das ist doch eine Unmenge Arbeit und Verantwortung.«

Ein beobachtender Therapeut äußerte später, ich hätte Myrnas Selbstbild umgestülpt, indem ich die über sie erhaltenen Informationen geschickt manipulierte. Gut, vielleicht habe ich ihr Selbstbild umgestülpt, aber nicht mit irgendeiner cleveren, manipulativen Taktik. Meine Bewunderung und Sympathie waren echt.

»Es ist wirklich hart«, gab sie zur Antwort, durch das unerwartete Verständnis, das sie bei mir fand, lebhafter geworden. »Das Leben ist wirklich hart. Ich glaube, ich war ... ich war nicht darauf vorbereitet. Ich war nicht darauf vorbereitet, wie hart es ist.«

Ich erfuhr später, daß die erfahrenen Beobachter im Vorzimmer jetzt sowohl über diese Aussage als auch den resignierten Ton, mit dem sie sie vorbrachte, überrascht waren. Es war, als ob sie zum erstenmal sahen, wie müde sie war. Als sie sagte, das Leben sei hart, schloß sie die Augen mit einem Ausdruck der Überforderung und des Schmerzes.

»Es macht mich ganz wahnsinnig«, sagte sie. »Denn jetzt erst komme ich drauf, daß ich alles ganz anders hätte anstellen sollen. Doch wenn ich daran denke, was ich jetzt noch tun könnte, läuft es mir kalt über den Rücken.« Sie rang verzweifelt die Hände. »Also bin ich schon zufrieden, mich wenigstens in meiner Wohnung aufhalten zu können. Was anderes gibt es für mich nicht.« Sie machte eine Bewegung mit den Händen, als ob sie all dieses »andere« wegwischen wollte.

Damals rauchte ich noch und griff nach einer Zigarette.

»Vielleicht denken Sie an die falschen Dinge«, sagte ich. »Das klingt ganz so, als wollten Sie noch härter kämpfen und noch mehr Verantwortung auf sich nehmen.«

Ich dachte an den Ausdruck »verantwortungslos und verrückt«, das Etikett, das man ihr umgehängt hatte. Sie kam mir im Gegenteil höchst verantwortungsbewußt vor, praktisch von Kindheit an. Niemals hatte sie Zeit gehabt, zu tun, was sie wollte, oder auszuruhen oder auch einmal ein bißchen verrückt zu spielen.

»Wie wäre es denn, wenn Sie einmal verrückt spielten?« fragte ich sie. »Ich habe den Eindruck, das würde Ihnen großen Spaß machen.«

Traurig, mit dem Blick nach rechts ausweichend, sagte sie: »Stimmt.«

Ihre Traurigkeit zeigte mir, daß ich auf dem richtigen Weg war. Sie hatte nicht nur das Bedürfnis danach, einmal verrückt zu spielen. Sie wußte auch, daß sie es hatte. Jeder andere Patient hätte über diese Unterstellung gelacht und gedacht, es handle sich um einen Scherz des Therapeuten. Aber für Myrna war der große Spaß kein Scherz. Es war der »unerfüllbare Traum« für sie. Sie sagte: »Meine Schwester, die unter mir wohnt, und viele andere Leute meinen, es gäbe einen leichten Ausweg. Aber es ist ein feiger Ausweg, und das hält mich vielleicht ab, ihn zu wählen. Es ist der Ausweg meines *Vaters*.«

Ich staunte über die Einsicht, die in dieser Feststellung lag. Ihr Vater war in einer Anstalt. Wer würde schon darauf kommen, daß eine Anstalt ein Ausweg ist? Zweifellos nur jemand, dem die Pflichten, die der Eingewiesene hinterläßt, aufgebürdet werden.

»Wie machte er das?« fragte ich. »Was war seine Masche?«

»Er war ein religiöser Fanatiker«, antwortete sie. »Für ihn war Religion das Mittel, mit seinen Schuldgefühlen fertig zu werden, die er von Kindheit an hatte. Sie prägte sein ganzes Leben.«

»Lag die Verantwortung für alles bei Ihrer Mutter?«

»Ja. Also ... sie trug mehr Verantwortung als mein Vater. Aber nicht so viel, wie ich es gern gehabt hätte.«

»Aber Sie waren ihr ähnlicher als Ihrem Vater? Sie standen ihr näher?« Ich wollte die Einsicht in ihr provozieren, daß sie den »verrückten« Spuren ihres Vaters folgte.

»Ja, ich stand ihr näher, weil sie häufiger zu Hause war. Er mußte in die Klinik und häufig dort bleiben. Aber *wenn* er zu Hause war, arbeitete er.«

Ich ging auf die periodischen Anstaltsaufenthalte ihres Vaters ein und fragte: »Sie meinen, man gewährte ihm Urlaub?«

»Er nahm sich selbst Urlaub. Das ist einmal sicher!« sagte sie.

»Das klingt so, als ob er ein kluger Mann wäre«, sagte ich.

Ich hatte soeben meinen Plan entworfen, wie ich vorgehen und was ich ihr vorschlagen wollte.

»Also, wann haben Sie zum letzten Mal Urlaub gemacht?« fragte ich. »Wann war das letzte Mal, daß Sie ganz ausgespannt haben?«

»Ich glaube, ich spanne aus, wenn ich stehle«, antwortete sie, legte den Kopf schräg nach links und schaute mich schüchtern wie ein Kind an. »Man hat Ihnen von meinen Diebstählen erzählt?« fragte sie mit gespitzten Lippen wie Shirley Temple.

»Ja.«

»Naja«, sagte sie und fiel wieder in ihre Traurigkeit zurück. »Das ... für mich ist das ein Anreiz. Dabei fühle ich mich wohl, da habe ich das Gefühl, das tue ich für mich selbst, aber ... ich glaube, ich muß lernen, auf eine andere Art zu tun, was ich für mich tue. Es darf nicht damit enden, daß ich mich noch schlechter fühle als vorher und so.«

Sie schaute mich beifallheischend an. Die letzten Worte waren ihr nicht von Herzen gekommen. Sie klangen wie eine Feststellung, nur für den Therapeuten bestimmt. Sie wußte einiges über Therapeuten.

»Sind Sie gut darin? Im Stehlen?«

»Echt gut!« sagte sie kurz auflachend. »Zu gut!«

»Erzählen Sie mir, wie Sie es machen. Vielleicht kann ich etwas von Ihnen lernen.«

»Sicher. Ich möchte ... Ich habe eine Schwester, die mir beibringen will, den Spieß umzudrehen und Geld damit zu verdienen. Sie meint, ich soll den Geschäften sagen, wie sie sich besser schützen können. Das klingt gar nicht so schlecht. Es klingt wie etwas, was eines Tages Wirklichkeit werden könnte. Doch ich habe es nie versucht.«

»Aber Expertin sind Sie.«

»Ich bin keine Expertin, obgleich eine der besten. Ich bin *keine* Expertin und bin ja auch erwischt worden, oft.«

»Waren Sie im Gefängnis? Oder haben Sie es geschafft, darum herumzukommen?«

»Einmal mußte ich einen Monat lang die Wochenenden im Knast absitzen. Das war das einzige Mal, daß ich saß, außer bei der Untersuchungshaft, bevor es zur Gerichtsverhandlung kam.«

»Naja, das ist auch eine Art, Urlaub zu nehmen, oder? Auf der anderen Seite sind Sie ein extrem verantwortungsbewußter Mensch. Wie ist es denn jemandem, der derart verantwortungsbewußt ist und sich so um Kinder, Mutter und Mann kümmert, überhaupt möglich, einmal auszuspannen, ohne jemanden zu finden, der einem dabei hilft?«

Ich entschuldigte mich und sagte, ich müsse mit meinen Kollegen sprechen. Bei ihnen im Zimmer, erklärte ich ihnen, sie mache den genau entgegengesetzten Eindruck auf mich, verglichen mit allem, was ich über sie gehört hätte. Ich ließ außerdem durchblicken, ich hätte eine andere Meinung über Myrnas Weigerung, ihr mongoloides Baby in ein Heim stecken zu lassen. Die Ansicht der Kollegen war ja, die Unterbringung in einem Heim hätte von größerem Verantwortungsbewußtsein gezeugt.

»Gerade aufgrund ihres Gesichtsausdrucks und der Arbeit, die für sie damit verbunden ist, glaube ich, Myrna hätte das Weggeben des Babys als ein Sich-Drücken vor der Verantwortung aufgefaßt. Wie konnten wir bloß auf die Idee kommen, diese Frau sei verantwortungsscheu?«

»Und was ist mit den Ladendiebstählen?« fragte ein Beobachter.

»Ich meine, sie stiehlt doch nicht einfach aufs Geratewohl, sondern mit einer Liste.«

»Mit was für einer Liste?«

»Sie geht zum Stehlen mit einer Liste der Sachen, die sie stehlen will. Sie läßt nicht einfach hier ein Kettchen und dort eine Golduhr mitgehen. Sie verliert nicht für einen Augenblick oder zehn Minuten die Herrschaft über sich. Sondern sie geht hinein und stiehlt ganz spezielle Sachen, im Auftrag bestimmter Leute.«

»Und dann gibt sie die Sachen diesen Leuten?« fragte ich.

»Noch schlimmer. Sie wird dafür bezahlt.«

»Und was macht sie mit dem Geld?«

»Was hat es zu bedeuten, was sie mit dem Geld macht?«

»Wissen Sie, was sie damit macht?«

»Naja, sie bringt es nicht in Las Vegas durch, wenn Sie darauf hinauswollen.«

»Tut mir leid. Ich will auf gar nichts hinaus. Ich habe nur das Gefühl, daß ihre Art, zu stehlen, irgendwie mit ihrem Verantwortungsbewußtsein zusammenhängt.«

»Stehlen aus Verantwortungsbewußtsein?«

»So wie Sie es beschreiben«, sagte ich, »betreibt sie es als Geschäft. Wie viel oder wie wenig Verantwortungsbewußtsein hatte Dickens ›Fagin‹? Seine Jungen schwärmten tagtäglich als kleine Taschendiebe aus. Das war ihre Beschäftigung, und sie gingen ihr in einer Gesellschaft nach, in der sie keinen anderen Beruf fanden. Sie probten ihr Vorgehen, übten gestellte Szenen. Dafür bekamen sie zu essen und ein Dach über dem Kopf und blieben am Leben. Solange mir niemand das Gegenteil beweist, habe ich den Verdacht, mit ihren Exkursionen beschafft sich Myrna zusätzliche Mittel, um die Kosten für den Unterhalt ihrer Mutter und Familie zu bestreiten. Das ist ein ganz schönes Verantwortungsbewußtsein, scheint mir. Es ist riskant, sicher, weil es gegen das Gesetz ist. Sie riskiert das Gefängnis. Aber wir hier können eine Menge daraus lernen. Myrna ist keine klassische Kleptomanin, sie tut es offensichtlich nicht aus einem Impuls heraus, sondern zielstrebig. Sie braucht wirklich nicht noch mehr Verantwortungsbewußtsein. Wenn sie etwas braucht, so ist es eine Schnaufpause. Vielleicht ist das alles. Vielleicht braucht sie nur einen einzigen Tag Ferien. Zeit, in der sie nicht für all diese Menschen Verantwortung trägt. Insofern waren die Wochenenden im Gefängnis der einzige Urlaub, den sie je hatte.«

Ich ging zu ihr ins Zimmer zurück.

»Malen Sie sich einmal aus«, sagte ich, »was Sie täten, wenn Sie heute mit mir zusammen verrückt spielen könnten. Was würden Sie tun, wenn wir jetzt Urlaub machten, ganz unbeschwert?«

»Reden«, sagte sie ruhig. »Vielleicht irgendwo hingehen. Sightseeing in der Stadt oder so was ähnliches, irgendwas Spannendes. Und weiterreden. Ich glaube, das wäre ein Weg, um –«

»Das ist echtes Pflichtbewußtsein! Wollen Sie mir vielleicht Buffalo zeigen?«

Sie dachte zwei Sekunden nach und kam anscheinend zu dem Schluß, daß Sightseeing in Buffalo doch nicht das Verrückteste war, was sie sich vorstellen konnte. Sie mußte etwas wirklich Ausgefallenes finden. »Es würde wahrscheinlich so enden, wie es immer endet«, sagte sie mit Worten wie aus einer anderen Zeit. Um klar zu machen, was sie meinte, fügte sie hinzu, und zwar ziemlich ernst: »Ich würde wahrscheinlich … es würde in einem sexuellen Abenteuer enden.«

Natürlich, dachte ich. Immer pflichtbewußt. Die perfekte Hosteß. Wer absolut verrückt spielen und total unverantwortlich handeln will, wer sich vollständig gehen lassen und das Ausgefallenste tun möchte, der muß einem Mann Buffalo zeigen und dann mit ihm ins Bett gehen.

Ich entschuldigte mich wieder.

»Ich weiß nicht, ob Sie es bemerkt haben«, sagte ich zu den Beobachtern. »Aber vor kurzem gab mir Myrna in unserer Sitzung das Stichwort, nach dem ich gesucht hatte, um in diesem Fall intervenieren zu können. Ich wollte sie dazu bringen, sich selbst anders zu sehen, ihr Leben anders zu sehen und infolgedessen es vielleicht auch anders zu leben. Sie erzählte es mir selbst, fast als hätte sie es schon längst gewußt. Und ich glaube, im tiefsten wußte sie es schon längst und brauchte nur jemanden, der ihr Mut machte. Das begegnet mir häufig. Der Patient weiß besser als jeder andere, was ihm guttut, und sucht nur jemanden, der ihm dazu Mut macht. Und das werde ich demnächst tun. Ich werde Myrna einen Auftrag geben, und wenn ich es tue, möchte ich, daß diejenigen von Ihnen, die noch nicht erraten haben, worin mein Plan besteht, darüber nachdenken, wieviel Respekt und Achtung vor ihr dahinterstecken. Denn Respekt und Achtung sind die wesentlichen Voraussetzungen all unserer Arbeit.«

Ich kehrte zu Myrna ins Gesprächszimmer zurück.

»Es ist selten«, sagte ich, »daß ich jemand so Pflichtbewußten wie Sie treffe, jemanden, der so hart arbeitet, die Dinge in Ordnung zu halten. Wenn Sie weiterhin stehlen, obwohl Sie darin schon Expertin sind –«

»Keine Expertin«, unterbrach sie bescheiden.

»Nun also, gut im Stehlen, eine Könnerin. Aber jetzt, wo Sie es erwähnt haben, werden Sie niemals mehr eine Expertin werden. Man wird Sie erwischen, wenn ihr unbewußter Wunsch nur der ist, daß Sie sich einmal ausspannen können. Wenn Sie einen unbewußten Wunsch in dieser Hinsicht haben, und ich bin mir dessen sicher...«

»Urlaub zu machen?« erriet sie richtig.

»... Urlaub zu machen«, nickte ich, »dann wird man Sie unbedingt erwischen und Sie zwingen, Urlaub zu machen. Also glaube ich, müssen Sie lernen, wie man sich richtig entspannt. Und ich denke, es gibt auf der Welt nur einen Lehrer für Sie...«

Ich machte eine Pause.

»... und das ist Ihr Vater«, fuhr ich fort. »Er scheint mir ein Meister in dieser Kunst zu sein.«

Myrna schloß die Augen. Ihre Mundwinkel hoben sich langsam und formten ein mattes, entspanntes Lächeln, wie wenn sie nicht nur meiner Meinung wäre, sondern echt erleichtert und erfreut über diesen Vorschlag.

»Daher ist mein Rat: Besuchen Sie Ihren Vater und bitten ihn, Ihnen beizubringen, wie man sich entspannt. ›Papa, du hast etwas, was ich mir niemals gegönnt habe und was ich vielleicht auch nicht richtig an dir geschätzt habe. Du hast ein großes Talent, Ferien zu machen. Du hast die Fähigkeit, dich zu entspannen, dich freizumachen!‹«

»Das hat er«, sagte sie.

»›Und ich möchte, daß du mir das auch beibringst‹«, fuhr ich fort und schwieg wieder.

Ihre Augen wurden feucht. Ich dachte, sie war wahrscheinlich bewegt allein schon durch die Vorstellung einer momentanen Erleichterung – Erleichterung von der Last des Alltags, der Last, die sie vielleicht in ihrer Vaterbeziehung trug, der Last, daß die Mitarbeiter der Klinik ihr dauernd eingeredet hatten, sie sei verantwortungslos, während sie insgeheim wußte, das Gegenteil sei wahr. Ich wartete einen Augenblick.

»So, Myrna, kann ich Ihnen vertrauen, daß Sie ihn besuchen und sich von ihm belehren lassen und die Lehren so anwenden, daß Sie sich ein wenig entlasten können? Können Sie das?«

»Ja«, sagte sie. »Das kann ich.«

»Ich glaube, Ihr Vater wird sich sehr geehrt fühlen.«

»Weil ich ihn frage? Wahrscheinlich.«

»Und Sie werden sich weniger schuldig fühlen, weil Sie immer so oppositionell zu ihm waren, so rebellisch.«

Sie nickte, unfähig zu sprechen.

Später diskutierte ich den Fall Myrna Novik in einem Seminar. Meine Erkenntnis, daß ihrem Verhalten hohes Verantwortungsbewußtsein zugrundelag – während sie sich jahrelang Verantwortungslosigkeit vorwerfen lassen mußte – und meine Achtung vor ihr hatten sicher die Vorurteile der Beobachter schwer erschüttert. Aber einige würden zweifellos weiter an ihren früheren Begriffen festhalten (verantwortungsbewußter Ladendiebstahl, was denn noch!). Ich kann nicht sagen, daß das neue Programm sie vollständig überzeugt hätte, aber sie würden sich sicher für einige Zeit auf einen anderen Sender einstellen. Und mochten sie mich auch wegen meines Vorgehens als neuen Konkurrenten fürchten, so waren sie jetzt doch wenigstens neugierig geworden. Manche schienen durch das, was erreicht worden war, und vor allem, weil sie daran beteiligt gewesen waren, innerlich bewegt.

Myrna war, ähnlich wie ihr Vater, immer als Versagerin qualifiziert worden. Sie qualifizierte sich jetzt schon selbst als Versagerin und ihre Familie als Versagerfamilie. In unserer Begegnung wurde ihr eine neue Perspektive eröffnet – die Perspektive auf eine Frau, die Pflichten übernahm und sie auch erfüllte. Darüber hinaus lehnte Myrna ihren Vater wegen seines »Versagens« ab. Doch die Intervention versetzte auch ihn in den Status des Erfolgreichen, des Entspannungsexperten, der mit seiner sogenannten Pflichtvergessenheit eine Pflicht gegen sich selbst erfüllte, sogar bis zu dem Grad, daß er sich einsperren ließ, wenn er spürte, er sei dem Leben nicht gewachsen. In gewissem Sinne hatte er die bessere Entspannungsmethode gefunden, denn er bestimmte seine Aufenthalte in der Anstalt selbst. Sie hingegen riskierte nur erzwungene, vielleicht unzeitige Ruhepausen. Jedenfalls hatte meine Intervention den Sinn gehabt, Myrnas

Meinung von sich selbst zu ändern, und sie änderte auch ihre Meinung von ihrem Vater. In meiner Bilanz war das unbedingt ein Plus. Einer der beobachtenden Therapeuten dachte laut nach, was als nächstes passieren würde. Die Antwort konnte sich jeder selbst geben, doch ich entwarf folgendes Bild: Wenn Myrna, wie von mir vorgeschrieben, ihren Vater besuchte, bestand die Chance, daß sie mit ihm ins Reine kam. Erstens würde sie ihm Achtung entgegenbringen, dadurch die Vergangenheit ändern und eine neue Grundlage für die Zukunft legen. Und dann?

Vielleicht zeigte er ihr eine Alternative zu der Möglichkeit, sich einsperren zu lassen. Er konnte ihr die besten Ratschläge erteilen. Vielleicht fühlte er sich jetzt auch frei, ihr seine Hilfe anzubieten. Das alles wußte ich nicht. Ich wußte nur, daß sie ihre bisherigen Ansichten über Bord geworfen hatte und sich selbst und ihn in einem neuen Licht sah. Das bescherte ihr neue Optionen und neue Hoffnung.

Nachschrift

Überraschungseffekte unterbrechen den gewohnten Gedankenablauf. Der Mensch gerät ins Staunen und aus dem Gleichgewicht. Das sind die seltenen Momente, in denen man neue Gedanken ins Spiel bringen kann. Als Therapeut setze ich den Überraschungseffekt als Technik ein, als Mittel, alte Denkmuster zu erschüttern und Aufmerksamkeit für neue Ideen zu schaffen. Im Fall Myrna Novik aber wandte ich diese Technik nicht nur beim Patienten an, sondern bei einer ganzen Gruppe, die mich beobachtete und felsenfest von der Richtigkeit ihrer Diagnose überzeugt war: »hoffnungslos«.

Wie es der Zufall wollte, hatten wohlmeinende Traditionswächter Myrna Novik dermaßen fundamental mißverstanden, daß das gesamte Klinikpersonal Zeuge einer völligen Umkehrung der Therapie wurde – und das in einer einzigen Sitzung voller Überraschungen.

Sogar die skeptischsten Beobachter unterhielten sich am Abend über den Fall und mußten sich eingestehen, sie hätten für ihren alten Standpunkt – ihr ewiges »verrückt« und »pflichtvergessene Patientin« und »Myrna, die Ladendiebin« – eine neue Sichtweise eingetauscht.

Als Therapeut erlebte ich die nicht hoch genug einzuschätzende Befriedigung, einem Menschen in schwersten Nöten, aber mit einem guten Kern, unversehens eine neue Perspektive vermittelt und neue Hoffnung eingeflößt zu haben. Als Akteur auf der therapeutischen Bühne genoß ich die aufregende Erfahrung, einem sehr heterogenen Publikum in der einen oder anderen Weise gefallen zu haben. Als Repräsentant einer im Gegensatz zur Tradition stehenden Richtung konnte ich ein paar Proselyten machen. Als Lehrer hatte ich den Beteiligten eine Sicht auf das menschliche Verhalten gezeigt, die der Konvention zuwiderlief, und zugleich auf die Möglichkeit hingewiesen, daß das Problem eines Patienten im Grunde kein Problem, sondern die Lösung eines Problems ist.

Myrnas Fall bot mir Gelegenheit zur lebendigen, hautnahen Illustration meines Standpunktes, der dann von einigen anderen übernommen wurde. Ihre Haltung verriet mir, lange vor ihren Worten, daß sie von der Last irgendwelcher Pflichten niedergedrückt wurde. Und war es nicht schon genug, daß sie mißbraucht, verlassen und emotional und wirtschaftlich kurzgehalten wurde? Verdiente sie noch obendrein das Verdammungsurteil der Gesellschaft, von der sie so betrogen worden war? Ist es nicht geradezu kriminell von uns, jemanden verantwortungslos zu nennen, der so bewußt die volle Verantwortung für seine Mitmenschen übernimmt?

Da aber Myrnas wohlberechnete Methode, mit ihrem Leben zurechtzukommen, wirklich kriminell war, ging ich sozusagen über sehr dünnes Eis, wenn ich ihr klarmachte, daß dieses Vorgehen positiv zu bewerten war. Ich mußte sehr genau zwischen der Achtung unterscheiden, die ich ihren Motiven für dieses Verhalten – ihrem Pflichtbewußtsein – zollte, und dem Verhalten selbst. Ich deutete niemals an, sie solle so weitermachen, versuchte ihr aber zu helfen, sich unter Kontrolle zu bringen. Und ich gab ihr eine Erklärung für ihr Verhalten, das darauf hinauslief, daß sie erzwungene Urlaube riskierte. Dadurch machte ich den Weg frei für den Einfall, sich von der Verantwortung auch einmal zu beurlauben, ohne das Risiko einer Inhaftierung einzugehen.

Ich weiß nicht, ob dies eine einmalige Intervention geblieben wäre, wäre ich nicht als Lehrtherapeut in einer fernen Stadt mit der bloßen Mission zu demonstrieren und zu erklären aufgetreten. Ich hätte sicher noch mindestens eine Stunde mit Myrna angesetzt, und sei es auch nur, um ihre veränderte Perspektive zu stützen und ihr zu der, wie ich hoffe, verwandelten Beziehung zum Vater weiter Mut zu machen. Denn der Vater war ihr Vorbild, ihm folgte sie, obwohl paradoxerweise mit weniger Selbstbestimmung als er.

Da ich annahm, daß ich Myrna nicht mehr wiedersehen würde, suchte ich Trost in der Wirkung, die die Sitzung auf die Therapeutenschaft gehabt hatte. Jeder einzelne von ihnen sah seine Definition des Problems auf den Kopf gestellt. Jeder einzelne, einschließlich Myrna, sah sich gezwungen, seine Moral- und psychologischen Vorstellungen neu zu überdenken und seine Denkmuster in bezug auf Probleme und ihre Lösung zu überprüfen. Myrna hatte die Charakterisierung ihres Vaters durch die Familie – »verrückt« – übernommen, genauso wie die Therapeutenschaft die Charakterisierung Myrnas durch die Gesellschaft – »verrückt« – übernommen hatte. Die Intervention zeigte den Therapeuten einen Weg, anders über Myrna zu denken, und ihr einen Weg, anders über sich und ihren Vater zu denken. Dadurch wurde es ihr möglich, die Rebellion gegen ihn aufzugeben und ihre Überidentifikation mit der Mutter zu lockern. Ja noch mehr: Der Fall warf die Frage auf, was Verrücktheit und Verantwortungslosigkeit überhaupt sind. Wer war denn hier verrückt? Der Vater? Myrna? Die Therapeutenschaft? Ihre letzten drei Therapeuten?
Oder ich?

Der Patient, der seinen Therapeuten heilte

Unter der Voraussetzung, daß Versagen oft positiv funktional ist, läßt sich sagen, daß eine scheinbare Sackgasse in einer Beziehung häufig einem den Beteiligten noch unbekannten, unbewußten Ziel dient. Als mich z. B. einmal eine Therapeutenkollegin um Hilfe bat, weil sie in einer therapeutischen Beziehung versagte, wie sie meinte, versuchte ich als erstes herauszufinden, welche Funktion dieses Versagen haben mochte. Und wie immer in solchen Fällen, kam es auch hier zu einer überraschenden Entdeckung.

Buffalo, New York, Winter 1986

Judy Reed hatte Tom Martin zwei oder drei Jahre lang mit Unterbrechungen behandelt. Sie erzählte mir, sie sei völlig am Ende. Er weigerte sich hartnäckig – so sah sie es –, sich ihr zu öffnen, ihr zu vertrauen, aufzutauen, mit ihr zu sprechen. Sie habe alles versucht, ich würde schon innerhalb von Minuten sehen, was sie meinte. Ich würde einem offensichtlich intelligenten, ausdrucksfähigen und recht gebildeten Mann gegenübersitzen, der aber derart einsilbig und redefaul sei, daß ich es auch nicht mehr aushalten würde. Mit dunklen Augen und schlank gebaut, war Judy ein temperamentvolles, redegewandtes und eifriges Persönchen. Von Anfang an gefiel mir, wie begeistert sie an ihre Arbeit heranging. Es war gewiß nicht so, daß sie mir ihren schwierigsten Fall nur aufhalste, um mich einmal zu testen. Es war ihr vielmehr ein Herzensanliegen, daß ihrem Klienten geholfen wurde. »Er ist einfach der zugeknöpfteste Mensch, den ich kenne«, meinte sie. »Kein Mensch ist eine Insel? Dieser Mann ist eine Insel!«

Da ihre Beschreibung dermaßen suggestiv war, zog ich mich vor Beginn der Sitzung für einige Augenblicke zurück. Ich hatte das Gefühl, mich von den starken Eindrücken, mit denen sie mich imprägniert hatte, erst einmal befreien zu müssen. Später versuchte ich diesen einigermaßen seltsam anmutenden meditativen Rückzug einigen dort versammelten Therapiepraktikanten plausibel zu machen. Ich mußte mich ja fragen, ob sie mich nicht für verrückt hielten.

Ich erzählte ihnen, daß ich einmal im Wohnzimmer eines Appartements saß und auf einen Freund wartete, der noch duschte und sich umzog. Dabei vertrieb ich mir die Zeit damit, daß ich einen roten Weihnachtsstrumpf betrachtete, der am Kamin hing. In zierlicher Schrift stand auf der Strumpfspitze der Vorname des Sohnes meines Freundes, Paul, geschrieben in Silberkonfettipünktchen. Mir wurde plötzlich bewußt, daß ich die Schrift nicht ansehen konnte, ohne im Innern die Laute des Wortes »Paul« nachzusprechen. Ich versuchte, mich zu zwingen und die Zeichen anders zu sehen. Wie wirkten die Buchstaben »P-A-U-L« auf mich, wenn ich von einem anderen Planeten mit anderer Sprache und Schrift käme und diese Symbole nie gesehen hätte?

Das erste Zeichen sah wie ein nach rechts geneigter Baum aus, mit Ästen und Zweigen nur an der rechten Seite. Der Baumstamm wuchs in diese Richtung, vom Boden bis zur Spitze, wo er eine gedrungene, runde Krone entwickelte. Alle folgenden Zeichen standen ebenfalls schräg nach rechts. Beim zweiten Zeichen kamen zwei gleich lange, vertikale »Wachstumssymbole«, wie ich sie damals nannte, aus dem Boden hervor und vereinigten sich an der Spitze. Auch ziemlich weit unten waren sie miteinander verbunden und stellten schließlich einen anderen schräg nach rechts geneigten Baum ohne Zweige und Äste dar.

Die Übung war fast unmöglich. Immer kamen mir das Wissen und die Erinnerung an das Wort »Paul« in die Quere. Ich wußte, daß die Zeichen existierten, auch ohne mein Bewußtsein und meine Assoziationen, aber anscheinend war ich nicht fähig, sie ohne Bezug zu den Lauten »Paul« zu sehen.

Endlich schaffte ich es doch, aber nur für den Bruchteil einer Sekunde. Ich sah »Paul«, unbeeinflußt durch früheres Wissen und frühere Eindrücke, als eine interessante Gesellschaft von Zeichen. Ich sah die Symmetrie der Symbole, ihre bevorzugte Richtung, ihren Bewegungsfluß, ihre Individualität und gegenseitigen Beziehungen. Sie wirkten wie eine Expeditionsmannschaft aus Hieroglyphen, unter Führung des Stärksten auf dem Marsch nach Osten. Dann aber kam mir wieder »Paul« in den Sinn, und alles war vorbei. Es gelang mir nicht noch einmal. Ich erklärte den Studenten, das sei eine sehr interessante Übung, und empfahl ihnen, es auch ab und zu zu versuchen: mit Zahlen, Symbolen, Menschen. Ihre eingefahrenen Vorstellungen würden erschüttert werden. Die Übung würde sie zwingen, ein Problem völlig neu zu sehen, ihnen aber auch den Weg dazu öffnen. Und genau das wollte ich in diesem Fall.

Um mich einzuführen, hatte Judy Reed ihrem Patienten erklärt, aus der langen Sackgasse, in die sie geraten seien, könnten sie am besten dadurch herauskommen, daß sie einen Dritten hinzuzögen. Das war übrigens auch das Standardverfahren, wenn Dozenten von auswärts an der Klinik hospitierten. Sie fragte ihn, ob er bereit sei, einen Therapeuten aus New York City zu konsultieren, der im Rahmen eines klinischen Fortbildungsseminars mitwirke. Tom Martin erkundigte sich nach den Details dieser Veranstaltung und erfuhr von Judy, es handle sich um eine Sitzung, an der sie und ihre Kollegen als Beobachter teilnehmen würden. Er und alle Beteiligten würden davon nur profitieren. Er stimmte zu.

Er betrat den Raum. Ich saß ihm gegenüber, mit dem Rücken zum Fenster. Ich sagte ihm, wenn es ihm nichts ausmache, würden wir Videoaufzeichnungen machen. Er drehte kaum spürbar den Kopf nach links und zog eine Augenbraue unmerklich in die Höhe, sozusagen die Andeutung eines Achselzuckens, was heißen mochte: »Kein

Problem« oder »Wenn Sie meine Erlaubnis dazu brauchen, bitte.«
Sein dunkles Haar trat etwas aus der Stirn zurück, wodurch sein
Gesicht noch freundlicher und rundlicher wirkte. Man hätte ihn für
einen Priester oder Apotheker halten können.

Er setzte sich, schlug die Beine übereinander, legte die Hände auf
die Knie und schien mit der Welt und sich zufrieden. Ich fragte ihn,
wie er sich fühle. Er zuckte mit den Schultern und sagte: »Gut!« Nach
einer Pause fügte er hinzu: »Danke.« Beide mußten wir über diese
nachklappernde Höflichkeitsfloskel lachen. Ich fragte nun, wie lange
er schon in dieses Therapiezentrum komme, und erhielt zur Antwort:
»Mehrere Jahre, mit Unterbrechungen. Zwei Jahre.« Ich fragte, wie
es angefangen habe und warum er zuerst hergekommen sei.

»Meine Freundin hat mich hergebracht«, erwiderte er.

Da hatte ich also eine Therapeutin mit Kommunikationsproble-
men bei einem Patienten, der gar nicht von selbst gekommen war!
Seine Freundin hatte ihn ins Zentrum gebracht. Was war ihr Problem?

»Warum? Warum, glauben Sie, hat sie Sie hergebracht?« fragte
ich.

»Sie meint, ich rede zu wenig mit ihr. Wahrscheinlich spreche ich
ihr nicht genug über meine Gefühle.«

Er erzählte mir offenbar nur, wozu er seiner Meinung nach verpflichtet war. Die Versuchung bestand jetzt für mich darin, zu fragen,
wie denn diese Gefühle aussähen. Aber wenn er dann nicht antwortete, säße ich in derselben Falle wie seine Freundin und seine Therapeutin. Also fragte ich stattdessen:

»Und was passiert, wenn Sie nichts von sich erzählen?«

»Sie wird böse auf mich«, antwortete er. »Sie drängelt.«

»Und was passiert dann? Was machen Sie als nächstes?«

Er schwieg lange. Wie sich herausstellte, war das die Antwort auf
meine Frage. Die Freundin versuchte, ihn aus sich herauszulocken,
und er schwieg einfach. Sie drängte ihn, und er schwieg noch hartnäk-
kiger. Das frustrierte sie und nicht nur sie.

»Ich weiß nicht, was ich machen soll«, sagte er schließlich. »Sie ist
böse auf mich, und ich bin schuld daran.«

»Sind Sie ihr dann auch böse?«

»Nein«, sagte er ruhig, »aber ich fühle mich unbehaglich.«

»Sie spüren, daß Sie sie enttäuschen«, erklärte ich.

Er schwieg wieder, aber nachdenklich, nicht dazu getrieben, nicht eingeschüchtert oder aus Scham und Verwirrung. Er ließ sich einfach Zeit und dachte über meine Erklärung nach. Und ich wartete. Das Schweigen, das im Raum hing, dauerte seine Zeit, war aber nicht bedrohlich. Die meisten Patienten hätten sich veranlaßt gefühlt, es zu brechen. Nicht so Tom. Er war es zufrieden, nachzudenken, und ich war neugierig genug, ihn nicht zu unterbrechen. Er schien ganz gelassen. Er *war* gelassen.

Nach etwa zehn Sekunden sagte er: »Ja.«

Jetzt ließ *ich* einige Zeit verstreichen. Ich paßte mich seinem Tempo, seinem Schritt an. Ich fand es zunehmend bemerkenswert, daß diesem Mann unsere langen Gesprächspausen nicht peinlich waren. Er versuchte niemandem zu imponieren. Er versuchte niemanden zu überzeugen. Anscheinend hatte er keine Bedürfnisse nach Anlehnung und fragte sich nicht ängstlich, was ich wohl von ihm denken mochte. Es war alles in allem längst nicht so peinlich, wie es hätte sein können, obwohl ich mir sicher bin, daß die Beobachter, besonders Judy, Toms Therapeutin, Probleme hatten. Wenn sich seine Freundin, und möglicherweise Judy, über seine Gelassenheit ärgerten – nun gut, dann waren hier eben *zwei* gelassene Männer. Der eine galt als jemand, der ein Problem hatte. Der andere war der Experte, der es bereinigen sollte.

Die Therapeutin, die Tom als »zugeknöpft« charakterisiert hatte, stünde jetzt vor einem Dilemma. Bei mir war es anders. Mit der Entscheidung, Tom auf seiner Wellenlänge zu begegnen, hatte ich mich bereits dafür entschieden, so zu sein wie dieser Mann – und setzte das auch schon in die Tat um. Und ich fand es nicht schlecht, so zu sein wie er. Das wurde mir in dem Augenblick bewußt, als ich seine Welt betrat. Gleichzeitig wurde mir klar, daß ich hier keinesfalls aktiv werden durfte wie seine Therapeutin. Sie empfand seine Art als der ihren entgegengesetzt und ging entsprechend vor, während ich mich mit Tom verwandt fühlte und seine absolute Ruhe respektierte. Ich wußte noch nicht, wie ich im einzelnen vorgehen würde. Aber was sich hier abspielte, das sah ich schon. Ich fühlte mich in Tom ein und erlebte seine abgrundtiefe Gelassenheit mit. Doch jetzt fragte ich mich natürlich sofort, warum eine Therapeutin bei einem so von innerem Frieden erfüllten Menschen überhaupt wünschen konnte, er wäre anders. Vielleicht lag das Problem bei ihr!

Tom stand in seiner Welt, nebenbei gesagt, weit weniger unter Druck als wir in der unseren. Ich genoß meinen Aufenthalt in seinem Universum. Wenn er sich nicht verpflichtet fühlte, die Räume zwischen Frage und Antwort zu füllen, so war auch ich nicht dazu verpflichtet. Es wurde richtig gemütlich und friedsam.

»Sind Sie eine Enttäuschung für sie?« fragte ich nach einiger Zeit.

Wieder eine lange Pause. Schließlich sagte er: »Weiß nicht.«

»Könnte es sein, daß sie Sie nicht mag?«

Er schaute zu Boden und nach rechts und dachte nach, wie wenn ihm diese Vorstellung ein Rätsel aufgäbe: Daß das Problem seiner Freundin mit ihm ihr Problem sein könnte und nicht seines, und daß auch das Problem seiner Therapeutin ihr Problem sein könnte. Ich ließ weitere fünf Sekunden ohne Antwort verstreichen und sagte dann: »Ich habe den Eindruck, Sie sind ungeheuer gelassen.«

Langes Schweigen. »Wirklich?«

Kurzes Schweigen (ich war nicht ganz so gelassen). »Wirklich.«

Das atemberaubende Tempo unseres Gesprächs muß die Beobachter recht nervös gemacht haben.

Er schwieg wieder und sagte dann: »Ich habe eine Menge Erfahrung...«, eine Bemerkung, deren Bedeutung mir erst viel später aufging.

»Ich stehe vor einem Rätsel«, nahm ich wieder das Wort. »Ich weiß nicht, warum Sie den Wunsch haben sollten, Ihr Verhalten zu ändern. Ich weiß nicht, warum irgendwer den Wunsch haben sollte, sich weniger wohl und gelassen zu fühlen.«

Riesige Pause.

»Also, wie kommt es, daß die Leute, zumindest die Frauen, nicht verstehen, welche Art Mensch Sie sind?« fragte ich. »Sie haben ein gutes Gespür dafür, was andere Menschen von Ihnen denken?«

»Ja, schon.«

»Aha, jetzt wird mir einiges klar.«

»Was wird Ihnen klar?« Plötzlich wurde er neugierig.

»Also gut. Ich bin noch nicht sehr lange mit Ihnen zusammen, aber ich habe doch den Eindruck, daß Sie ein Mensch mit sehr positiven Eigenschaften sind. Sie sind zufrieden und gelassen. Sie sind in hohem Maße rücksichtsvoll. Zwei Jahre lang machen Sie jetzt Therapie, nur weil Sie wissen, wie sehr sich Ihre Freundin an Ihrem Verhalten stört. Aber diese Frau, mit der Sie leben, legt keinen Wert auf Ihre Eigenschaften. Und irgendwie haben Sie akzeptiert, daß die Meinung, die sie von Ihnen hat, richtiger ist als Ihre eigene Meinung von sich selbst.«

Ich schwieg. Er dachte nach. Wieder vergingen 10 bis 15 Sekunden. Er rieb sich mit dem Zeigefinger unter der Nase. Er blickte zu Boden und nach rechts. Endlich sagte er: »Könnte gut sein.«

»Wie denken Sie über Ihre Therapie bis jetzt?« fragte ich. »Es sind immerhin zwei Jahre.«

Riesige Pause. Er wollte einem Therapeuten gegenüber nicht sagen, daß Therapie Zeitverschwendung ist. Aber ich hatte den starken Verdacht, daß er so dachte.

»Sind Sie fixiert auf die Therapie?« fragte ich.

»Auf die wöchentlichen Sitzungen? Weiß ich nicht.« Wieder überlegte er. »Eine interessante Frage. Habe niemals darüber nachgedacht. Es ist mir nie in den Sinn gekommen, daß ich darauf fixiert sein könnte. Ich weiß es nicht.«

»Ist Judy Reed fixiert auf Sie? Ich meine, Ihre Therapeutin?«

»Weiß nicht. Vielleicht.«

»Aber Sie haben einen Verdacht in dieser Hinsicht.«

»Möglich. Ja.«

»Was führt Sie zu diesem Verdacht?«

»Vielleicht weil sie so großen Wert darauf legte, daß ich an dieser Veranstaltung hier teilnahm. Vielleicht möchte sie ... vielleicht ist sie fixiert auf den Wunsch, daß ich mich ändere.«

Wieder langes Schweigen. Ich wußte, was ich jetzt tun würde. Ich dachte daran, wie ihn mir Judy geschildert hatte: Sie war enttäuscht von ihm und brachte ihm keine Achtung entgegen. Weder seine Freundin noch seine Therapeutin respektierte oder schätzte diesen Mann. Sie waren nicht auf ihn eingegangen und warfen ihm nun vor, er gehe nicht auf sie ein. Und damit hatten sie ganz recht, natürlich. Das Versagen der Therapeutin war aber sehr einfach zu erklären: Sie trat in die Fußstapfen seiner Freundin, respektierte Tom Martin ebenfalls nicht und bestand darauf, daß er sich änderte. In Wirklichkeit hatte doch die Freundin zu ihm gesagt: »Du brauchst Hilfe, um so zu werden, wie ich mir dich wünsche. Ich bringe dich also zu einer Expertin, die einer Meinung mit mir ist. Sie wird dir helfen, dich so zu verhalten, daß du dem Bild, das ich mir von dir gemacht habe, ähnlicher wirst.«

Ein gängiger psychologischer Mythos lautet, es sei stets besser, extrovertiert zu sein statt in sich gekehrt und zurückhaltend. In vielen Fällen wünschen sich Frauen ihre Männer so und wünschen sich auch Therapeuten ihre Patienten so. Und in vielen Fällen, glaube ich, ist es wirklich besser, extrovertiert zu sein. Tom Martin aber hätte das nicht entsprochen. Er war einfach anders.

»Das ist traurig, nicht wahr?« ergriff ich wieder das Wort, bezugnehmend auf Judys Fixierung.

»Wenn es stimmt, vielleicht. Aber ich weiß nicht, ob es stimmt.«

»Also gut«, machte ich plötzlich einen Vorstoß, »und wie wollen Sie nun Ihre Therapeutin heilen?« Ich wollte ihm vermitteln, daß er nicht nur selbst ganz in Ordnung war, sondern sich in seiner Freundlichkeit und Gelassenheit sogar auch für die Bedürfnisse seiner Freundin und Therapeutin ausnützen ließ.

Er grinste, dachte aber über die Frage nach. »Heilen von was?« fragte er dann. »Daß sie mich immer ändern will?«

»Genau.«

»Ich weiß nicht recht«, meinte er, wieder mit einem Grinsen.

»Könnten Sie ihr Therapeut sein?« fragte ich.

»Ich glaube kaum.«

»Ich denke, sie braucht Sie, um geheilt zu werden.«

»Und wenn ich sie heile, was dann?«

»Dann wäre sie nicht mehr auf Sie angewiesen. Und würde vielleicht begreifen, ein wie liebenswerter Mensch Sie sind.«

»Und wie soll ich sie heilen?«

»Wie wär's, wenn ich sie hereinbrächte und Sie versuchten es einmal?« Ich wartete ein wenig und fügte dann hinzu: »Sie sind ein fähiger Mann. Sie können sich auf Ihren Einfallsreichtum und auf Ihre Tüchtigkeit verlassen. Ich glaube, Sie könnten durchaus Mittel und Wege finden, um diesen Leuten, die in Ihrem Leben eine wichtige Rolle spielen, zu zeigen, welche Art Mensch Sie eigentlich sind und welche Stärken Sie besitzen.«

»Was würde dabei für mich herausspringen?« fragte er. »Würde es mir dadurch besser gehen?«

»Haben Sie nicht den Wunsch, gemocht zu werden?«

Er gab keine Antwort. Ich hatte das Gefühl, es sei Zeit, aktiv zu werden, stand daher auf und erklärte, ich würde jetzt in den Beobachtungsraum gehen und Judy Reed holen. Ich forderte ihn auf, jetzt sie zu therapieren, statt umgekehrt. Judy selbst schien teils nervös, teils erfreut über diese Idee. Überhaupt waren anscheinend alle im Beobachtungsraum nervös. Der Rollentausch war perfekt. Es war klar, daß Tom nun als Double für eine andere Person in Judys Leben auftrat. Wir schauten zu, als sich Judy in meinen Sessel setzte und darauf wartete, daß Tom begann.

»Ich soll Sie heilen«, sagte er, und löste damit eine Lachsalve zweier Beobachter aus, die sich bei mir befanden. Auch Tom selbst mußte lachen. »Wie lange haben Sie diese Probleme schon?« scherzte er, und rief noch mehr Gelächter hervor.

»Mr. Siegel behauptet, Sie seien auf mich fixiert und mögen mich nicht. Sie mögen meine guten Eigenschaften nicht: Ich bin gelassen und fühle mich wohl dabei, und Sie mögen das offenbar nicht. Sie wollen diesen Zustand ändern. Sie wollen mich ändern. Und es gibt noch jemand anders, der das will, und mich auch nicht mag: meine Freundin.«

Tom legte die Fingerspitzen aneinander, wie im Gebet. Seine Analyse war perfekt, soweit ich sah: das Musterbeispiel für einen Konflikt, hervorgerufen durch einen Änderungswunsch. Er war mit sich zufrieden, sie nicht mit ihm. Um sie glücklich zu machen, müßte er sich ändern. Änderte er sich aber, wäre er nicht mehr mit sich zufrieden.

»Also, ich werde Sie jetzt heilen«, fuhr er fort. »Ich weiß nur noch nicht, wie. Sie wissen, eine ganze Menge Leute wären froh, wenn sie sich so wohl fühlten wie ich, zumindest so wohl, wie ich manchmal den Eindruck mache –«

Sie nickte zustimmend. »Ich glaube, ich kapiere jetzt allmählich, daß es Ihnen weit besser geht, als ich dachte. Wahrscheinlich habe ich Sie falsch eingeschätzt und nicht richtig gesehen.«

Langes Schweigen. Tom hatte drauflosgeredet, und zwar zu einer der beiden Frauen, die vorher vergeblich versucht hatten, ihn zum Reden zu bringen. Paradoxerweise änderte er sich gerade dadurch, daß er über die möglichen Gefahren einer Änderung sprach.

»Sie nehmen mich nicht ernst«, sagte er.

»Warum nicht?« fragte sie. Sie wollte wieder in ihre frühere Rolle schlüpfen.

»Warum nehmen Sie mich nicht ernst?« sagte er und machte durch seinen Tonfall deutlich, daß er hier die Fragen stellte. Ich dachte:

»Ein guter Zug, Tom!« In dem Raum, in dem ich saß, gab es viele verblüffte Gesichter. Tom ging nicht nur aus sich heraus, er stellte auch offen das negative Bild in Frage, das seine Therapeutin von ihm hatte.

»Vermutlich weil ich Sie anders haben wollte, als Sie sind«, antwortete sie. »Irgendwie anders, nicht so gelassen.«

»Das A und O des Gebets der Anonymen Alkoholiker ist Gelassenheit«, sagte er.

»Die Anonymen Alkoholiker!« rief ich außer Hörweite. Ich wandte mich an eine der mit dem Fall vertrauten Beobachterinnen, Linda Duly, eine Kollegin in Judys Arbeitsgruppe.

»Tom Martin ist bei den AA?« fragte ich.

»Ja, seit einigen Jahren«, antwortete sie. »Es ist sehr bemerkenswert, was sich hier abspielt. Sie sollten unter diesen Umständen besser auch wissen, daß Judys Mann nicht besonders häufig mit ihr spricht und sie sehr darunter leidet. Das Verhältnis der beiden ist im Augenblick ziemlich gespannt. Auf jeden Fall – mein Gott, es kommt eben immer alles raus –, laut Judys eigenen Worten ist ihr Vater ebenso zurückhaltend und geht ebenso auf Distanz wie Tom Martin. Diese Distanz war in Judys Familie schon immer ein Problem. In unserer Arbeitsgruppe, wo wir gegenseitig unsere Familienverhältnisse analysieren, erzählte uns Judy, sie sei schon als Kind die Verbündete ihrer Mutter gewesen. Es ging stets darum, den Vater mehr in die Familie hineinzuziehen. Mir wird jetzt klar, daß Judy offenbar zu ihrem Mann das gleiche Verhältnis hat, wie es ihre Mutter zu ihrem Vater hatte, und auch zu ihrem Patienten verhält sie sich genauso. Das ist tatsächlich erstaunlich.«

»Sie bleibt sich immer treu, nicht wahr?« sagte ich.

Linda schaute mich forschend, aber nicht unfreundlich an.

»Ihr Glas ist immer halb voll, nicht wahr?«

Ich sagte, für mich sei Judy ein Mensch, der unablässig versuche, eine frühere gestörte Beziehung wieder in Ordnung zu bringen. Deshalb sei sie immer voller Hoffnung und geduldig. Auch jetzt wolle sie diese alte Beziehung wieder in Ordnung bringen. »Denn wenn sie es versucht«, fuhr ich fort, »muß sie irgendwie noch daran glauben, daß alles reparierbar ist und sich die Anstrengung lohnt. Ich lese diese positive Einstellung nicht in sie hinein. Ich bin davon überzeugt, daß sie sie wirklich hat. Ich bin davon überzeugt, daß wir Menschen besser sind, als die konventionelle Psychologie es uns glauben machen will.«

Tom arbeitete inzwischen weiter als Therapeut seiner Therapeutin. »Das A und O des Gebets ist Gelassenheit«, wiederholte er. »Die erste Hälfte ist die Bitte: Gib mir Gelassenheit, zu akzeptieren, was ich nicht ändern kann. Aber dann heißt es: Doch gib mir den Mut, zu ändern, was ich ändern kann. Und es geht weiter: ... und die Weisheit, zwischen beidem zu unterscheiden.«

Judy schluchzte leise: »Ich glaube, ich konnte nicht zwischen beidem unterscheiden«, sagte sie und massierte sich mit den Fingerspitzen die Stirn.

»Ist es falsch, wenn man sich wohlfühlt?« fragte er.

»Ich glaube nicht. Vielleicht habe ich nur abzustellen versucht, daß ich mich unwohl fühlte, weil ich zu wissen glaubte, was für Sie gut ist.«

»Wenn ich mich nicht mehr so wohl und gelassen fühlte, würde ich mich unwohl fühlen. Also will ich den Ist-Zustand nicht ändern. Wenn sich Leute unwohl fühlen ... können schlimme Dinge passieren. Was könnte dann passieren?« fragte er. »Was könnte passieren, wenn ich mich nicht wohl und gelassen fühlte?«

»Ich weiß nicht. Aber ich hätte es schon längst fragen sollen.«

Stimmt, dachte ich. Ich entschloß mich, das Gespräch zu unterbrechen. Das Paradox war inzwischen klar geworden. Als ich Toms Welt betrat, hatte ich die festgefahrene Situation aufgebrochen und ihn dazu gebracht, mir zu sagen, wer er war, nicht, wer er seiner Meinung nach werden sollte.

Paradoxerweise *war* er dadurch ein anderer geworden. Er hatte sein Bild von sich selbst geändert. Dann hatte ich ihn aufgefordert, seine Chance wahrzunehmen und einer dieser Frauen, die ihm so im Nacken saßen, zu erklären, wer er war, und daß er sich nicht ändern wolle, und vielleicht auch, warum. Wenn er das Judy erklärte, so könnte ihm das später, dachte ich, als Modell dienen, dasselbe mit seiner Freundin zu machen.

Ich nahm nun Tom beiseite und sagte ihm, er solle sie heilen, indem er ihr Gelassenheit beibringe. Er sei jetzt der Lehrer, sie die Schülerin. Er ging auf seinen Platz zurück und spielte seine Rolle mehr oder weniger gut weiter. Ich unterbrach ihn von neuem und bat ihn, aufzustehen und ihr zu sagen, warum er es verdiente, von ihr ernst genommen zu werden.

Im Stehen verschränkte er die Arme und sagte: »Wie soll ich Ihnen Gelassenheit beibringen? Gehen Sie kein Risiko ein. Wenn Sie niemals ein Risiko eingehen, werden Sie sich nie unwohl fühlen. Ändern Sie nichts. Wenn Sie versuchen, etwas zu ändern, kann auch das dazu führen, daß Sie sich unwohl fühlen. Versuchen Sie nicht, andere zu ändern. Nehmen Sie sie, wie sie sind. Nehmen Sie ihre Eigenschaften ernst und versuchen nicht, sie zu ändern. Wenn Sie versuchen, sie zu ändern –«

»Verliere ich«, sagte sie.

»Sie können verlieren. Sie können Ihre Gelassenheit verlieren, wenn Sie versuchen, andere zu ändern, andere zu beherrschen. Weg mit allen Rollen und Masken – das ist die Wahrheit. Das weiß ich jetzt. Weil ich früher dauernd versucht habe, Leute zu beherrschen und zu ändern. Und ich habe mich immer sehr unwohl gefühlt – ganz das Gegenteil von Gelassenheit –, wenn ich so etwas versucht habe. Aber der Schlüssel zum Ganzen ist, daß man unterscheiden lernt. Daß man weiß, was man ändern kann und was nicht.«

»Ich glaube es auch«, sagte sie.

»Gut.« Er schwieg, und lächelte dann. »Glauben Sie es, weil ich mich gerade vor Ihnen aufgebaut habe?« fragte er sanft.

»Nein«, antwortete sie, schaute zu ihm hinauf und lächelte.

Ich klopfte wieder. »Ich glaube, Sie haben sich gut geschlagen«, sagte ich zu Tom. »Sie können sich wieder setzen.« Ich trat an seinen Stuhl und legte ihm die rechte Hand auf die Schulter.

»Wahrscheinlich braucht sie noch eine zweite Sitzung mit Ihnen. Wahrscheinlich noch eine. Sind Sie einverstanden?«

»Ja«, sagte er.

»Dann hören wir für heute auf. Aber Sie können schon einen Termin vorschlagen, der ihr paßt.«

»Da muß ich meine Sekretärin fragen«, sagte er.

Wir lachten, alle drei.

Judy erzählte mir später, sie habe sich in der Folge mehrere Male mit Mitgliedern ihrer Familie getroffen, vor allem mit ihrem Vater, und mit ihm über seine Isolation und sein Rückzugsverhalten gesprochen. Er erzählte ihr, er habe sich immer aus der Gemeinschaft mit seiner

Frau und deren Familie ausgeschlossen gefühlt, während Judy als Tochter und Enkelin wohlgelitten war. Nach einer Weile habe er es nicht mehr ausgehalten, immer zurückgewiesen zu werden, und sich in sein Schneckenhaus zurückgezogen, besonders wenn die anderen da waren. Aufgrund dieser Gespräche verzieh Judy schließlich ihrem Vater, wie sie berichtete.

Sie berichtete auch, Tom habe eine weitere Sitzung mit ihr veranstaltet, und er und seine Freundin hätten sich mittlerweile getrennt. Ich weiß nicht, wie es weiterging. Aber ich mußte oft an ihn denken und nahm diesen Fall als Beispiel in meine Vorlesungen über erfolgreiches Versagen auf.

Tom Martin hatte sich in einer heroischen Anstrengung vom Alkoholsüchtigen zum Alkoholunabhängigen gemausert, und war dadurch zu einem gelassenen Menschen geworden. Hätte er sich noch einmal ändern und zum Extrovertierten mausern sollen, nur um die Bedürfnisse der Frauen in seinem Leben zu erfüllen? Er hatte Angst davor, fühlte sich aber dazu verpflichtet, weil er ihr Bild von ihm übernommen hatte: ein zugeknöpfter und abweisender Mensch, also ein Versager. Als dieses Bild einmal geändert war, konnte er sich selbst leichter annehmen. Er wurde extrovertiert genug, um ihnen zu erklären, er würde gerne von ihnen gemocht werden, aber nicht um den Preis einer Änderung seiner Persönlichkeit. Darin lag aber schon an und für sich ein tiefgreifender Wandel. Tom machte weitere Fortschritte und ließ die anderen bald weit hinter sich.

Durch sein »Versagen« in der Therapie mit Judy Reed hatte er seine Gelassenheit geschützt. Judys Versagen andererseits gab ihr Gelegenheit, immer wieder den Versuch zu machen, ihr Verhältnis zu Männern im allgemeinen und zu ihrem Vater und Mann im besonderen ins Reine zu bringen. Ihre Hartnäckigkeit resultierte aus einem unbesiegbaren Optimismus, sie könnte diese alten Schulden doch noch begleichen, und war in gewisser Weise ebenso heroisch wie Toms standhafte Weigerung, sich ihrer Ansicht, wie er sein sollte, zu beugen. Da aber Judys Optimismus fehlgeleitet wurde, diente er mehr ihren Zwecken als der Therapie Toms. Durch die Vertauschung der Rollen gaben wir ihnen Gelegenheit, ihr jeweiliges Versagen in einen Erfolg umzumünzen. Tom ließ seine Gelassenheit zu ihrem Recht kommen, machte dadurch Judys Versagen ein Ende und löste sich dann von beiden Frauen, die sich nicht zum Respekt vor seiner schwer errungenen Gelassenheit aufschwingen konnten. Und Judy erkannte den Charakter ihrer Beziehungen zu den Männern in ihrem Leben und brachte sie in Ordnung. So brauchte sie als Toms Therapeutin nicht mehr zu versagen.

Nachschrift

»Widerstand« ist ein Schlüsselbegriff der Psychotherapie, und wie alle Schlüsselworte kann er dazu gebraucht – oder mißbraucht – werden, die Wahrheit mehr zu verdecken als zu freizulegen. Zum Beispiel: Sie machen eine Therapie. Sie haben das Gefühl, in eine Sackgasse geraten zu sein und wollen mit der Therapie Schluß machen. Ihr Therapeut aber möchte sich schützen und interpretiert Ihren Wunsch als »Widerstand«. Ihr Wunsch wird dadurch entwertet. Der Therapeut redet Ihnen ein, Sie selbst hätten sich in diese Sackgasse manövriert. Und er verewigt diesen Zustand unter dem Vorwand, einen widerstrebenden Patienten therapieren zu müssen. Der Patient übernimmt aus Respekt vor dem Therapeuten und seiner Autorität dessen Ansichten womöglich und macht weiter. Doch wird er mit größter Wahrscheinlichkeit – und klugerweise – sein Problem auch nicht einfach preisgeben, denn er spürt, daß sein Therapeut ihn nicht versteht.

Offen gesagt: Häufig ist es der Widerstand des Therapeuten, der in die Sackgasse führt – sein Widerstand, das Dilemma des Patienten zu verstehen oder den Fehler in der eigenen Vorschrift zu suchen, sei es, daß diese ausdrücklich oder indirekt durch Fragen gegeben wird. Sehr oft folgt der Therapeut den Erfahrungen seines eigenen Lebens und den Richtlinien seines Berufsstandes. Und so gerät er mit seinem Patienten in eine Sackgasse, weil dessen Verhaltensmuster mit der Treue des Therapeuten zu seiner eigenen Lebensgeschichte teilweise nicht konform gehen. Der Therapeut gibt sich dann alle Mühe, den Patienten zur Änderung eines Verhaltens zu bewegen, das doch im Grunde ein Problem des Patienten löst – und er tut das, weil ihn dieses Verhalten nur zu sehr an sein eigenes Problem erinnert. Und wenn der Therapeut sich die möglichen Folgen einer solchen Änderung nicht vorstellen kann, entwickelt der Patient einen Verweigerungsmechanismus – automatisch, er braucht sich dessen nicht bewußt zu sein –, weil er unbewußt ahnt, daß solch eine Änderung

Folgen haben würde, die sein Therapeut eben nicht bemerkt oder nicht wahrhaben will.

Der in die Defensive geratene Therapeut interpretiert das als Widerstand des Patienten gegen die Therapie – im Gegensatz zum Widerstand gegen den Therapeuten. Die Titelgeschichte dieser Sammlung »Der Patient, der seinen Therapeuten heilte«, ist ein klassisches Beispiel dafür. Eine Sackgasse wird von einer Therapeutin verewigt, weil sie sich wehrt, einerseits ihren eigenen ungelösten Konflikt zu erkennen, andererseits die Integrität des Patienten anzuerkennen.

In diesem Fall bedurfte es eines Dritten – meiner Person –, um die Situation zu verstehen und zu analysieren, sowie um zu begreifen, daß der Lösungsversuch der Therapeutin alle Beteiligten lahmlegen mußte. (Dies allein schon machte mich hellhörig, und tut es immer noch, wenn ich bedenke, welche Gefahren darin liegen, daß die Beziehung zwischen Patient und Therapeut als sakrosankt gilt. Handelt ein Patient klug, wenn er einer Wissenschaft vertraut, die immer nur von der subjektiven Interpretation eines einzigen Praktikers abhängt? Wenn er sogar durch eine nahezu sektiererische Geheimhaltung noch dafür sorgt, daß dieser Praktiker niemals überprüft wird?)

Jedenfalls griff ich schon sehr bald in die festgefahrenen Abläufe der Therapie Tom Martins ein und bezeichnete ihn als »gelassen«, schrieb ihm also eine positive Eigenschaft zu, statt des negativen »zugeknöpft« oder »widerstrebend«. Ich legitimierte meine Intervention, indem ich weiter aufzeigte, daß die Frauen in seinem Leben nicht verstanden, weshalb er so gelassen war. Ein derart respektvolles Bild seines Charakters schockierte ihn geradezu. Ich beschrieb ihn als zufrieden mit sich und der Welt und gleichzeitig dermaßen rücksichtsvoll, daß er bereit war, regelmäßig eine Therapeutin aufzusuchen, nur um seine Freundin von ihrem Unbehagen über seine Zufriedenheit mit sich selber zu befreien. Er war sogar bereit, die Therapie volle zwei Jahre fortzusetzen.

Während er über dieses neue, sehr schmeichelhafte Bild von sich selbst nachdachte, legte ich ihm den Gedanken nahe, seine Therapeutin könnte auf ihren Wunsch, der Patient möge sein Verhalten ändern, fixiert sein. Vielleicht kämpfe sie auch, gegen seine Interessen, für diesen Wunsch. Sie wolle ihn zwingen, sich zu ändern. Daher sollte meine zweite Intervention ihn davon überzeugen, daß er diese anscheinend endlose Therapie nur dadurch ohne Preisgabe seiner besten Eigenschaften beenden konnte, daß er seine Therapeutin von der fixen Idee, ihn ändern zu müssen, heilte.

Als ich erfuhr, er habe sich von einer früheren Alkoholabhängigkeit befreit, war ich mir sicher, er würde auch dieser anderen Aufgabe gewachsen sein. Er hatte es praktisch mit einer »Suchtkranken« zu tun, die mit sich selbst nicht klarkam und sich von ihrer Angst vor einem Mann, der nicht so kommunikativ war, wie es ihren Bedürfnissen entsprach, beherrschen ließ. Sie war gezwungen, ihn zu ändern, um ihre Bedürfnisse zu befriedigen. Auf ihren Änderungswunsch fixiert, leistete sie Widerstand gegen die Einsicht, daß es für einen ehemaligen Alkoholiker eminent wichtig war, seine Gelassenheit nicht zu verlieren. Ich hoffte, den beiden auch klarmachen zu können, daß das Verhältnis zwischen Therapeutin und Patient nur das Echo auf ihre anderen Verhältnisse war – zwischen Patient und Freundin, Patient und Mutter, Therapeutin und Ehemann, Therapeutin und Vater. Sie würden dann ihre Erkenntnisse auf diese Beziehungen übertragen können.

Ich als Therapeut empfand es als Ironie, hier den Standpunkt einnehmen zu müssen, daß offene und direkte Gespräche nicht immer der beste Weg sind. In der Regel ist es zwar so, und in einer Gesellschaft, in der Gesprächsbereitschaft hoch geschätzt wird und Gesprächsführung als Kunst gilt, scheinen »gesprächsscheue« Menschen außerhalb der Norm zu stehen. Trotzdem sollte jeder Therapeut anerkennen, daß viele Menschen gute Gründe für ein Kommunikationsverhalten nach ihrem eigenen Geschmack haben könnten, das ihren konventionelleren Partnern vielleicht nicht immer gefällt. Auch in diesen Fällen ist es nicht möglich, ein Verhalten – z. B. beharrliches Schweigen – ohne Berücksichtigung der Zusammenhänge zu beurteilen.

Die Mauer aus Pappe

New York, 1985

Eamonn Duly, das jüngste von sechs innerhalb 10 Jahren geborenen Geschwistern, hatte am zwanzigsten Geburtstag die Tür zum Elternhaus hinter sich zugeschlagen, ohne eine Erklärung abzugeben oder auch nur die kleinste Notiz zu hinterlassen. Er konnte nicht genau sagen, warum er es so gemacht hatte. Aber jetzt, 15 Jahre später, lag auf seinem Gesicht noch der Ausdruck trotzigen Stolzes auf diese kühne, geheimnisumwitterte Tat. Doch ich entdeckte auch einen Anflug von Trauer darin.

Meine Kollegin am Familieninstitut und ich hatten versäumt, seine Lebensgeschichte gleich zu Anfang zu eruieren. Das war ein Fehler. Er war in Dromore, Nordirland, aufgewachsen, einem trübseligen Nest, wie er es später beschrieb, etwa 25 km südlich von Belfast gelegen. In der Kathedrale von Dromore pflegte er die Messe zu besuchen. Diese römisch-katholische Kirche lag in einem Bezirk, dessen Gesicht nach seiner Schilderung von den Fahnen und Clubhäusern der dort vorherrschenden protestantischen Bevölkerung geprägt war. Der »Union Jack« flatterte fast an jedem Haus außerhalb des eigentlichen Stadtkerns, und an der gewundenen Straße, die aus Dromore herausführte, stand alle drei Kilometer eine Orange Hall (Versammlungsort der Ultraprotestanten). In der Umgebung der Stadt gab es zahlreiche von Milchwirtschaft lebende Bauernhöfe und Dörfer, mit teils lyrischen, teils ominösen Namen, z. B. Tullymacarrett und Black Skull (Schwarzer Schädel).

Eamonn beschrieb seine Kindheit als hart und entbehrungsreich. Sein Vater, ein nicht praktizierender Katholik, dem die Ressentiments der Habenichtse gegen die Reichen im Blut saßen, war ein Grübler und Quartalssäufer, gefürchtet wegen seiner unberechenbaren Anfälle von Trunksucht. Wenn er von Gelegenheitsarbeiten bei Gutsbesitzern und Bauern der Umgebung abends nicht zurückkam, wurden Eamonns Mutter und sogar seine älteren Brüder schreckensbleich. Zitternd zählten sie die Tage seiner Abwesenheit. Doch seltsamerweise ging es ihnen besser, je länger er wegblieb. Denn wenn ihm das Geld schon nach zwei Tagen ausgegangen war, tauchte er betrunken wieder auf und haderte wütend mit seinem Los. Trotz seiner

Exzesse war er noch kräftig genug, Furcht und Schrecken bei den Menschen zu verbreiten, die das Schicksal mit ihm verbunden hatte. Kam er aber nach drei oder vier Tagen nicht zurück, fiel der Familie immer ein Stein vom Herzen. Denn dann war er wahrscheinlich krank, erschöpft oder beides.

Eamonn und seine Mutter flohen beide in den Schoß der Kirche, ohne jedoch wirklich Verwandte im Geist zu sein. Jeder suchte zwar den Schutz einer Institution, da er sah, daß er sich auf den anderen nicht stützen konnte. Doch verwandelte sich beim Sohn die Ablehnung durch den Vater in religiöse Sturheit. Eamonn liebte seine Religion durchaus nicht. Wenn er über sie sprach, schwangen keine Begeisterung, Erleichterung oder Wärme in seinen Worten mit. Stattdessen bezeichnete er sich als »Soldat Christi«. Er klammerte sich an das Ritual und die moralischen Normen. Es gab Bedingungen. Seine Aufgabe war es, sie einzuhalten, nicht gegen sie zu opponieren.

»Das beste ist, die Dinge laufen zu lassen?« sagte er, und hob den Ton auf der letzten Silbe wie bei einer Frage, als ob ich jetzt zustimmend nicken müßte. All seine Sätze endeten so. Wir Therapeuten mußten uns erst wieder an den Ulster-Akzent gewöhnen. »Ich trotte also so nach Hause? Und was kitzelt da auf meiner Haut, hinten im Nacken? Das Fadenkreuz im Zielfernrohr?«

Das waren nicht Fragen, sondern Aussagesätze, die seiner Geschichte über die Brutalität britischer Soldaten den letzten Schliff geben sollten.

Wir brauchten drei Sitzungen Ehetherapie, um uns erst einmal auf den Rhythmus und die Poesie von Dulys Sprache einzustimmen.

Wir hörten zu. Erst nach einiger Zeit erfuhren wir, daß Eamonn, der sich in jeder Institution außer der Kirche unerwünscht und fremd fühlte, mit sechzehn die Schule verlassen hatte. Seitdem bestand sein Leben im wesentlichen darin, daß er auf dem Dromorer Marktplatz herumlungerte. Bis er sich selbst vor die Wahl stellte: Entweder bin ich weiter ein Versager oder ich suche mein Glück in der Fremde. Eines Morgens machte er sich reisefertig und »trottete« zur Landstraße. Per Anhalter gelangte er mit einigen Autos tags darauf nach Dublin. Dort hatte er eine »zufällige« Begegnung. Da er, ängstlich und abergläubisch wie er war, nicht an Zufälle glaubte, wandte er sich später deswegen sogar an einen Priester. Er traf also in Dublin auf eine Reporterin des »Leader«, einer Zeitung mit Sitz in Banbridge, einer größeren Stadt der Region. Das Blatt besaß eine Filiale in Dromore unweit des Platzes, wo Eamonn ziellos wartend so viele Tage verbracht hatte. Die Reporterin erkannte ihn auf der Straße und sprach ihn an. Sie fragte ihn nach seiner Mutter, weil sie wußte, wie hart deren Leben war. Eamonn bat die Reporterin, da er sich als Verräter und Feigling vorkam und bis in die Knochen schämte, seiner Mutter nicht zu sagen, wo er war. »Ich mache meiner Mama nichts als Sorgen?« erklärte er. »Sie hat mir vorausgesagt, daß ich im Gefängnis landen und dann in der Hölle enden werde. Und wenn sie damit auch nur ein wenig recht hat, will ich ihr das Herz durch die Einzelheiten nicht noch schwerer machen. Bitte sagen Sie meiner Mama nicht, daß Sie mich gesehen haben?«

Jetzt, mehr als ein Dutzend Jahre später, konnte er nur vermuten, daß die Frau ihm den Gefallen tatsächlich getan hatte.

Eamonn angelte sich nun einen Job als Aufräumer in einem kleinen Restaurant, und da er die Usancen der Branche sorgfältig studiert hatte, gelang es ihm, indem er auch noch ein bißchen schwindelte, sich bei einem anderen Wirt als angeblich erfahrener Barmann zu verdingen. In einer besonders hektischen Zeit Ende der 70er Jahre, als junge irische Kellner immer wieder still und heimlich illegal in die Vereinigten Staaten ausreisten, flog auch Eamonn nach New York und arbeitete an der Bar einer irischen Taverne, deren Besitzer in Belfast geboren war und den er auf einem Besuch in Dublin einmal bedient hatte. In Manhattan begegnete er Carmel Kane und verliebte sich spontan in ihre Stimme. Zwei Tage später glückte es ihm, ihre nähere Bekanntschaft zu machen. Sie kam durch den seitlichen Durchgang am Tresen auf ihn zu, um Getränke zu bestellen. Diesen Durchgang nannte sie das »Fenster«, eine ihm vertraute mundartliche Bezeichnung. Er bückte sich, schaute wieder auf und fragte, wo in aller Welt – oder im »Norden« – sie sprechen gelernt habe.

Sie stammte aus Newry, so nahe bei Dromore, daß Eamonn hundertmal dort hätte gewesen sein können, obwohl er doch niemals hingekommen war. Aber Verwandte seiner Mutter waren aus Newry, und in ihren ersten Gesprächen sagte Carmel, es könnte sein, daß ihre Verwandten die seinen einmal erwähnt hätten.

Als älteste von vier Geschwistern hatte sie in der Schule immer gut abgeschnitten, während ihre Schwestern und ihr Bruder keine Lust zum Lernen hatten. Als sie die Heimat verließ, um ihr Glück in

Amerika zu machen, planten die beiden Schwestern schon, die Schule aufzugeben und für einen Hungerlohn in einem kleinen Hotel in Banbridge zu arbeiten. Ihre Eltern hofften, daß Carmel ein halbes Jahrzehnt nach ihrer Entdeckung Amerikas einen reichen Mann heiraten und sie nachkommen lassen, zumindest ihnen Geld schicken würde.

Carmels grüne Karte wurde nach drei Jahren ungültig. Sie hatte weder Reichtümer noch Ruhm und Ehre erworben, um im Triumph nach Irland zurückzukehren. Aber sie hatte Eamonn Duly kennengelernt und Schutz bei ihm gesucht. Umgekehrt tat er ihr leid, weil er so fremd in diesem Land war, und aus Pflichtgefühl nahm sie sich seiner an.

Als sie das Familieninstitut betraten, war sie die Mutter dreier Kinder und Frau eines Mannes, mit dem sie in unaufhörlichem, oft bitterbösen Streit lag. Mit verletzender Zunge und ätzendem Sarkasmus riß sie immer von neuem die geheimen Wunden ihrer Beziehung auf. Aber beide waren sie fest entschlossen, die Familie zusammen- und die Ehe intakt zu halten. Trennung kam für sie nicht in Frage. Eamonn gab offen zu, Alkoholiker gewesen zu sein. Doch spielte der Alkohol hier eine weniger große Rolle, als wir bei seiner Vergangenheit und wenn man bedachte, daß beide im Dunst von Alkoholkonsum und -mißbrauch arbeiteten, erwartet hatten. Eamonn sagte, er habe seit fast zwei Jahren keinen Tropfen zu sich genommen, und Carmel nickte dazu. Sie meinte, sein Trinken habe seinerzeit ihre Probleme verschärft. Aber seit er aufgehört habe, seien ihre Streitereien eher noch schlimmer geworden.

Alice Tripp, meine Mitarbeiterin, und ich begegneten den Dulys in einer Therapiegruppe für Paare. Wir wandten dabei eine Technik an, die Peggy Papp entwickelt und »Paarchoreographie« getauft hatte. Im Prinzip bedeutete das, daß die Teilnehmer die Problematik ihrer Beziehung wie in einem Film beschrieben. Sie projizierten zunächst die Sachverhalte auf Tiere, Gegenstände, Gestalten, Naturphänomene – nur nicht auf sich selbst –, und stellten ihre Interaktionen dar. Dann forderten wir die Paare auf, ihre Beziehung mittels dieser Bilder zu spielen oder zu choreographieren. Ohne die ihnen vertrauten Sprachmittel waren sie also gezwungen, ihre Beziehung in Bildern vorzuführen, die, wie Peggy gern sagte, der »Zensur der

Logik« nicht unterworfen waren. Mit dieser Choreographietechnik arbeiteten wir im allgemeinen in der ersten Stunde, damit ein Paar die Art seiner Beziehung darstellen konnte, dann im weiteren Verlauf der Therapie, um eventuelle Veränderungen zu beobachten.

Für die anderen Paare der Gruppe waren diese Erlebnisse faszinierend, erhellend und fruchtbar. Doch was die Dulys anbelangt, erwiesen sich besonders die ersten Sitzungen als höchst unergiebig. Fortschritte wurden, wenn überhaupt, nur im Schneckentempo erzielt. Andere Paare arbeiteten eifrig mit, die Dulys aber leisteten Widerstand. Wir forderten z. B. alle Paare auf, die Augen zu schließen und eine Phantasie über das Problem oder Dilemma ihrer Beziehung kommen zu lassen, also über ihre Beziehung symbolisch, analog etwa zu einem Traum, nachzudenken. In welcher Gestalt, welchem Ding, Tier oder Person traten sie selbst und ihr Partner in so einem Traum auf? Und dann verknüpften sie diese Gestalten und Dinge miteinander und drückten dadurch aus, worin ihr Beziehungsproblem im wesentlichen bestand.

Eine Frau hatte z. B. die Imagination, ihr Mann sei ein Elefant und sie selbst ein Parasit, der sich von Lebewesen auf dem Rücken des Elefanten nährte. Ohne ihr Futter auf dem Elefantenrücken konnte sie nicht leben, aber sie wußte, daß der Elefant auch von den Parasiten auf seinem Rücken abhängig war, die ihn säuberten. Ihre Beziehung war also wie eine Symbiose im Dschungel. Diese Phantasie spiegelte die Klage des Ehemanns wider – die er seinerseits in Form von Bildern äußerte –, seine Frau versuche dauernd, ihn umzumodeln und zu ändern. Sie wolle ihn anders haben, als er nun einmal sei. In seiner eigenen Phantasie war sie ein hungriges, gieriges Huhn, und er selbst ein fetter grüner Wurm, außen weich, innen hart. Er fürchtete, daß er, wenn er auch innen weich würde, ein gefundenes Fressen für sie abgäbe. Beide Phantasien drückten eine extreme gegenseitige Abhängigkeit aus, beide verkörperten die Vorstellung, der eine lebe vom andern.

Der große Vorteil dieser Technik war, daß sie ohne weitere Umschweife den Kern des Problems bloßlegte. Die Symbole und Bilder machten die Vorgänge sichtbar und anschaulich – ein guter Ausgangspunkt für die Therapie. Im weiteren Verlauf änderten sich die Inhalte der Traumprodukte. Aber das erste artikulierte immer den Grund, weshalb das Paar den Therapeuten aufgesucht hatte.

Wir pflegten dann noch eine andere Technik einzusetzen, die sogenannte »Familienskulptur«. Dabei baten wir die Leute, die Mitglieder ihrer Familien räumlich so anzuordnen, daß die Struktur der Beziehungen, der Bündnisse und Distanzen zwischen den Mitgliedern zum Ausdruck gebracht wurde. Und schließlich forderten wir sie auf, Träume über ihre Herkunftsfamilien sowie ihre Zukunftshoffnungen zu produzieren. Je weiter wir mit der Therapie vorankamen, desto mehr Informationen erhielten wir durch diese Techniken. Sie dokumentierten den inneren Fortschritt der Paare.

Doch bei den Dulys traten wir auf der Stelle.

In Carmel Dulys erster Phantasie präsentierte sie sich als Katze, Eamonn war der Hund. Sie sagte, sie habe sich im Lauf der Jahre von einer ängstlichen in eine aggressive Katze verwandelt, weil sie sich gegen ihren Mann verteidigen mußte. Da sie sich als aggressive Katze aber nicht leiden konnte, wurde sie wieder zur ängstlichen Katze, die den Angriffen des Hundes zögernd auswich, um so doch einigermaßen Herr der Lage zu bleiben.

Eamonn dagegen war der Meinung, er habe keine Phantasie. Bei ihm wollten sich keine Bilder einstellen. Doch als wir gemeinsam über die ihren sprachen, zeigte sich, daß er im Hinblick auf ihre Beziehung grundsätzlich pessimistisch war. Er sagte, Katzen und Hunde seien natürliche Feinde, die sich nie miteinander vertragen würden. Sich selbst sah er als einen Mann, der ihr geflissentlich aus dem Weg ging, um Konflikte zu vermeiden. Und so war es auch tatsächlich, obwohl wir das zu diesem Zeitpunkt noch nicht klar erkannten. Unser Team arbeitete nicht gerade brillant, und ich glaube, als erfahrene Psychologen war uns das sehr wohl bewußt. Außerdem spürten wir es rein instinktiv.

Carmel und Eamonn wechselten regelmäßig zwischen Angriff und Rückzug. Bei jedem Streit tauschten sie die Rollen des Angreifers bzw. Verteidigers. Meist standen sie sich als unversöhnliche Feinde gegenüber, betonten aber, unbedingt beisammenbleiben zu wollen.

Wir, die Therapeuten, machten nolens volens weiter, ohne zu begreifen, was sich hier eigentlich abspielte. Denn dauernd konzentrierten wir uns nur auf die Oberfläche der Dinge, das Versagen der beiden, nicht auf die Funktion dieses Versagens. Und das war unser eigenes Versagen.

Wir baten sie, einmal einen Abend allein zusammen zu verbringen, ohne die drei Kinder, an denen beide sehr hingen – wahrscheinlich war das wieder ein Mittel, einander auszuweichen. Wir deklarierten unseren Vorschlag als Vortest, wie eine Rechtschreibübung, die nicht zählte, oder ein Spiel vor der Saison. Wir wollten einmal aufs Ganze gehen und sehen, ob ihren Schwierigkeiten nicht doch beizukommen war. Stellte sich heraus, daß das der Fall war, sollte der Vortest weiter dazu dienen, wenn möglich konkrete Veränderungen einzuleiten. Die Absicht dabei war, daß sie gezwungen waren, sich gegenseitig deutlicher wahrzunehmen. Wir baten sie daher, genau zu beobachten, was im Partner jeweils vorging. Sie waren mit unserem Vorschlag einverstanden, berichteten aber auf der nächsten Sitzung, sie hätten den Vortest doch nicht durchgeführt. Eamonn hatte an dem dafür vorgesehenen Tag unerwarteterweise eine Doppelschicht einlegen müssen, und Carmel war ohnehin immer mit den Kindern beschäftigt. Zum Schluß gaben sie beide zu, sie hätten einfach Angst, zu viele Hoffnungen in ihre Beziehung zu investieren. Wenn sich diese dann zerschlügen, wäre die Enttäuschung nur um so größer. Da sie übrigens nicht einmal den Vortest versucht hatten, gingen wir jetzt davon aus, sie seien überhaupt nicht bereit, irgendetwas zu ändern. Aber wir gingen immer noch davon aus, daß sie unbedingt etwas ändern müßten!

In einer weiteren Sitzung sagte Eamonn, jetzt habe er endlich eine Phantasie gehabt und wolle sie uns erzählen. Er sah sich als einsamen Tümmler, der seine Spur durch den Ozean zog, vollkommen frei, beseeligend frei. Als wir ihn fragten, wie Carmel in dieses Bild passe, da doch die Phantasie die Beziehung zwischen ihnen beiden beschreiben solle, war er ziemlich perplex. Er erklärte mit Bestimmtheit, wenn auch Carmel in der Phantasie vorkäme, könnte er nicht mehr der Tümmler sein.

Als nächstes hatte Carmel eine Phantasie, in der sie sich und ihn als Leute schilderte, die wie auf Eiern gingen, um nur ja nicht aneinander anzustoßen, wie wenn jede Berührung gefährlich wäre.

Wir entnahmen diesen Phantasien, daß sie ungeheure Angst davor hatten, sich weiter aufeinander einzulassen. Sie hielten sorgfältig Abstand, egal ob durch Kämpfe oder Ausweichmanöver. Entweder Streit oder Rückzug. Eines Tages brachte Eamonn noch ein anderes Bild, in dem Carmel wieder nicht vorkam. Er war ein Pferd auf dem Heimweg, galoppierte über grüne Wiesen und sprang über Steinmauern. Aber als er sich dem Stall näherte, ergriff ihn panische Furcht. Seine Augen traten aus den Höhlen, sein Atem ging stoßweise und sein Puls raste: Er fürchtete, eingesperrt zu werden. Also drehte er um und jagte davon.

Daraus konnten wir schließen, daß der Abstand zwischen den beiden irgendwo sehr wichtig war. Eamonn hatte, wenn sie einander näherkamen, das Gefühl, seine Freiheit zu verlieren. In diesem Sinne rieten wir ihnen jetzt, sie sollten versuchen, ihren Abstand ganz bewußt zu leben und sich betont nicht näherzukommen. Da wir aber doch nicht auf unseren Wunsch verzichten konnten, dieses Paar zu ändern, gaben wir ihnen eine Trennungsvorschrift. Sie sollte zwar auf ihre Distanz Rücksicht nehmen, aber doch auch den damit verbundenen Schmerz lindern. »Es klingt vielleicht seltsam für Sie«, sagte Alice, »und Sie werden es nur begreifen, wenn Sie die Vorschrift auch ausführen. Aber wir glauben, Ihre Feindschaft ist gerade das Band, das Sie zusammenhält. Wir hätten gerne, daß Sie jedesmal, wenn Sie sich trennen – z. B. zur Arbeit gehen –, diese Trennung mit einem Abschiedskuß besiegeln. Und auch wenn Sie miteinander streiten, müssen Sie sich küssen und Ihre Feindschaft dadurch noch mehr betonen. Der Kuß soll Distanz und Trennung zum Ausdruck bringen, nicht Nähe und Liebe.«

Es gelang ihnen, dieses Ritual zu befolgen. Sie berichteten, es hätten sich schon freundlichere Gefühle eingestellt. Trotzdem war und blieb es eine radikal kontradiktorische Vorschrift. Immerhin machte Carmel Versuche, Eamonn näher zu kommen, und er reagierte, indem er sich noch intensiver in Tätigkeiten stürzte, die ihn von ihr fernhielten – auch seine Feindseligkeit ihr gegenüber wuchs noch. Carmel sagte, sie komme sich jetzt wie ein erschrecktes Hündchen vor, das Wärme und Freundschaft bei seinem Herrn suche, aber unentwegt zurückgestoßen werde. Ihre Bemühungen erweckten, oberflächlich betrachtet, den Anschein, als mache wenigstens ein Partner Fortschritte. Doch da der andere diametral entgegengesetzt reagierte, blieb die Distanz im Endeffekt die gleiche. Wenn sich ein Muster so hartnäckig hält wie hier, läßt das immer darauf schließen, daß Gegenseitigkeit vorliegt.

Alice und mir wurde heiß bei dem Gedanken, daß all unsere Versuche fehlschlugen. Wir schauten uns die Videos noch einmal an und noch einmal. Gingen wir zu akademisch vor? Oder vielleicht näherten wir uns dem Problem, ohne die Lebensgeschichte der beiden genügend erforscht zu haben. Vielleicht brauchten wir mehr Hintergrundinformation!

Wir baten sie, uns ihre Lebensgeschichten zu erzählen. Eamonn begann mit seinen traurigen Erlebnissen und weinte, als er zu seinem Gespräch in Dublin mit der Reporterin des »Leader« kam. Er bezeichnete sich als Sorgenkind, als Halbstarken und Schläger. Er sei ein doppelter Versager: Zuerst brachte er den Mut nicht auf, seine Mutter zu verteidigen, und dann ließ er sie auch noch im Stich. Sie hatte ganz recht mit ihrer schlechten Meinung über ihn. Obwohl er bislang noch nicht gegen das Gesetz verstoßen hatte, würde er eines Tages im Gefängnis enden und am Schluß in der Hölle.

Carmel schluchzte hemmungslos, als sie erzählte, wie sie ihre Familie, besonders ihre Mutter, verlassen hatte. Ihre Kindheit war fast ein Idyll gewesen, ausgenommen die manchmal schweren Pflichten den jüngeren Geschwistern gegenüber. Ihr Vater war zurückhaltend, aber freundlich, ihre Mutter ein Engel. »Sie erwartete so viel von mir«, weinte Carmel. »Und Sie wissen, ich konnte den Erwartungen nicht entsprechen.«

Es war geplant, daß Carmels Eltern die Dulys einige Jahre nach der Hochzeit in New York besuchen sollten. Es wäre ihre erste Reise in die USA gewesen – überhaupt ihr erster Flug –, und Carmels Vorfreude war so ansteckend, daß Eamonn, wie er bestätigte, ebenfalls in große Aufregung geriet. Der Besuch sollte länger dauern, mindestens sechs Wochen, und Carmel hatte vor, den Eltern alles zu zeigen, was es an wunderbaren Dingen in New York und Umgebung gab, sie zu begleiten oder wenigstens hinzuschicken. Zwei Wochen vor der Ankunft telefonierte Carmels Vater. Die Mutter sei schwer erkrankt, so schwer, daß sie nicht nur auf die Reise verzichten mußten, sondern Carmel sich auch überlegen sollte, ob sie nicht nach Irland kommen könnte, selbst wenn es ein letzter Besuch sein würde.

Trotz ihrer prekären Finanzen beschlossen die Dulys, Carmel solle die Reise machen. Während des Fluges und ohne daß Carmel davon wußte, starb die Mutter. Carmel kam noch rechtzeitig zur Totenwache und zum Begräbnis. Sie machte sich furchtbare Vorwürfe. Sie hatte ihre Mutter verlassen, um es zu etwas zu bringen und im Triumph zurückzukehren. Sie hatte es zu nichts gebracht und kehrte als Trauernde zurück.

In dieser Zeit quälte sich auch Eamonn, der ihre Geschichte ergänzte, mit Vorwürfen wegen seines Verhaltens seiner Mutter gegenüber und erwog ernsthaft, ihr einen langen und ehrlichen Entschuldigungsbrief zu schreiben. Aber er unterließ es dann doch. Und als Carmel aus Irland zurückkam, verschärften sich ihre Probleme in fast geometrischer Progression.

Wir unterbrachen diese der Lebensgeschichte der beiden gewidmete Sitzung, und Alice und ich zogen uns zu einem Gespräch zurück. Wir beschlossen, einen neuen Eingriff und Versuch zu wagen, die Beziehung des Paares zu verändern. Wir sagten ihnen, da sie über die Trennung von ihren Müttern so viel Schmerz und Reue empfänden, wäre es – nach den Traditionen ihrer Familie und Religion – vielleicht gut, wenn sie in irgendeiner Form Buße leisteten und sich Absolution erteilten. Auch über die Art dieser Buße hätten wir schon nachgedacht. Sie müßte jedenfalls sehr schwer sein. Und wir schlugen ihnen vor, sich regelmäßig zusammenzusetzen und höflich miteinander zu sprechen. Eamonns Gesicht überzog ein breites irisches Grinsen, das mich an den Schauspieler Brian Dennehy erinnerte. Der lächelte häufig mit einer charakteristischen Kopfbewegung, die bei mir die Frage aufwarf, ob sein Lächeln bedeuten sollte: »Ich sehe, was du meinst. Du hast recht.« Oder: »Du hast es immer noch nicht kapiert, du meine Güte! Du wirst es niemals packen.«

In der Zeit zwischen dieser und der nächsten Sitzung ließen Alice und ich uns die Videos noch einmal vorspielen und diskutierten den Fall ausführlich und selbstkritisch. Wir zogen jetzt endlich die Möglichkeit in Betracht, daß unsere Bemühungen, die Dulys zu ändern, unserem eigenen Bedürfnis entsprangen, nicht dem ihren. Irgendwie wurden ja ihre Bedürfnisse durch ihr konstantes Beziehungsmuster, durch die unsichtbare Mauer zwischen ihnen erfüllt, die sie daran hinderte, eine in unseren Augen gute Beziehung aufzubauen. Aber vielleicht hatten sie schon eine gute Beziehung? Vielleicht befriedigte diese Art Beziehung gerade ihre beiderseitigen Bedürfnisse?

Aber wie kam dann diese Befriedigung zustande?

Vollkommen gleichzeitig schoß uns beiden eine Idee durch den Kopf: Die Distanz, bei deren Überbrückung wir ihnen so beharrlich behilflich sein wollten, war in Wirklichkeit eine Mauer, die sie immer wieder durch feindseliges Schweigen, Zorn oder beides errichteten.

Und diese Mauer bestand, wie wir plötzlich erkannten, aus den Steinen und dem Mörtel ihrer Familienloyalitäten. Solange sich Eamonn als gefängnisreifen Verräter und verlorenen Sohn betrachtete, blieb er wenigstens dem Urteil seiner Mutter über ihn treu. Hätte er sich freigemacht und im Leben Glück und Zufriedenheit gefunden, hätte er seinen Verrat festgeschrieben und würde ihn sogar genießen. Das aber verstieß strikt gegen seine unbewußte Konditionierung. Er würde dann nämlich seine Mutter zu einer Lügnerin stempeln und endgültig behaupten, sein Weglaufen von zu Hause sei gut gewesen und habe ihn glücklich gemacht. Das aber brachte er nicht über sich. Carmel andererseits warf sich vor, sie habe ihre Familie enttäuscht. Sie habe einen alkoholsüchtigen Barkeeper geheiratet. Mit so jemandem glücklich zu sein, konnte sie vor sich selbst nicht rechtfertigen. Ihre unglückliche Beziehung war die Buße, die sie leistete. Zerknirscht, wie sie war, schuldete sie ihrer Mutter zumindest ein gewisses Maß an Unglück. Für beide war die endgültige, so gefürchtete Abnabelung von den Müttern Voraussetzung für eine glückliche Ehe.

Nachdem wir mit unseren Überlegungen so weit gekommen waren, sagten wir den Dulys in der nächsten Sitzung, wir hätten endlich begriffen, wie wichtig die Distanz zwischen ihnen sei, die sie durch eine gut ausgewogene Mischung aus Angriff und Rückzug, Konfrontation und Ausweichen geschickt aufrechterhielten. Sie hatten eine Mauer des Unglücks zwischen sich errichtet. Doch war es auch eine Mauer mit positiver Funktion, die sie davor bewahrte, ihren Familien endgültig untreu zu werden. Wir erklärten ihnen auch, wir hätten über ihre Problematik gesprochen und seien zu dem Ergebnis gekommen, ihnen den Bau einer wirklichen Mauer in ihrer Wohnung vorzuschlagen. Das würde sie daran erinnern, daß die Distanz zwischen ihnen funktional war und nicht durchbrochen werden durfte.

»Keiner von Ihnen konnte sich verzeihen, seine Familie verlassen zu haben«, machte Alice ihnen klar. »Die Mauer, die Sie zwischen sich errichtet haben, ist im Grunde ein Akt der Familienloyalität. In gewissem Sinn ist es sogar eine heilige Mauer, da sie Sie geistig mit den Familien verbindet, die Sie verlassen haben. Wir meinen, Sie sollten die Mauer dafür segnen, Gott für sie danken und sie auch real sichtbar machen.«

Ich meinerseits sagte: »Sie werden niemals so miteinander umgehen können, wie man es von anderen Menschen erwartet. Diese

Hoffnung sollten Sie aufgeben. Das beste, was Sie tun können, ist wohl, Ihre Mauer zu segnen und dankbar für sie zu sein. Vielleicht bringt sie Ihnen dann nicht mehr so viel Unglück.«

Wir schlugen Ihnen nun vor, sie sollten die Mauer aus Pappkarton machen, da ein solches Bauwerk billig, geräuschdurchlässig und mehr symbolisch als wirklich sei. Man könnte sie für praktische Zwecke, z. B. ein geselliges Beisammensein mit Freunden, die das nicht verstehen würden und denen man es auch gar nicht erklären müsse, schnell wieder abreißen.

Wir hatten noch zwei weitere Sitzungen mit den Dulys. In der ersten berichtete Eamonn, sie hätten die Mauer aus Pappe doch nicht gebaut. Das käme ihm zu künstlich vor. Doch hatte er sich schon verändert. Er war rasiert, besser angezogen und erzählte, er und Carmel planten eine Reise nach Irland. Seit langem zum ersten Mal waren sie wieder in der Messe gewesen und hatten sich freier und gründlicher als bisher über ihr Verhältnis zu ihren Herkunftsfamilien und über den Schmerz und die Schuldgefühle wegen der Trennung von ihnen ausgesprochen. In der letzten Sitzung aber erklärte Eamonn offen, ja sogar stolz, er habe jetzt die Idee mit der Mauer akzeptiert und sie in ihrer Wohnung in der Upper West Side aufgebaut. Außerdem seien ihre Streitereien und ihr Schmerz darüber längst nicht mehr so schlimm. Sie hätten jetzt begriffen, welchem Zweck sie dienten. Er stritt jetzt nicht mehr bis aufs Blut, sondern betrachtete den Streit eher als Choreographie, die ihre Beziehung schützte. Carmel war ganz seiner Meinung. Ihre Auseinandersetzungen waren nicht mehr feindselig, die Sarkasmen eher witzig als verletzend. Und wenn sich der Pulverdampf der Schlacht verzogen hatte, stellte jeder mit einem Grinsen fest, daß auch der andere grinste. Beide sagten sie, die Mauer habe eine Art Klarheit in ihr Leben gebracht, die vorher nicht da oder ihnen nicht bewußt war.

Das Ende der Geschichte ist zu schön, um wahr zu sein. Ich wohne zufällig auch in der Upper West Side, und ein Jahr nach diesen Ereignissen begegnete ich Eamonn Duly in einem Geschäft. Er kam gerade heraus, als ich eintrat, und bemerkte sofort, daß ich ihn erkannt hatte, obwohl ich nicht gleich wußte, wo ich ihn unterbringen sollte. Er trug einen Stapel neuer Kartons auf dem Arm. Bei ihrem Anblick rastete es bei mir ein. Er schaute mich an, zunächst etwas verdutzt, dann schüchtern. Er hob mir den Stapel entgegen und sagte, er sei zum Pfarramt seiner Kirchengemeinde unterwegs. Dort wolle er den Priester bitten, die Kartons zu segnen. Ich nickte lächelnd und schüttelte ihm die Hand.

Nachschrift

In diesem Fall hatte ich den Fehler gemacht, nicht zu sehen, was ich selbst immer predige: Die Problematik einer Beziehung ist in Wirklichkeit die Lösung eines Problems. Meine Mitarbeiterin und ich waren bei der Arbeit mit diesem Paar in eine Sackgasse geraten, weil *wir* verbohrt waren, nicht das Paar. Wir waren nicht fähig oder nicht willens, die symbolische Bedeutung ihres Konflikts zu verstehen. Es war ihre Methode, die Familienloyalitäten, die einander widersprachen, irgendwie miteinander zu vereinbaren. Wir bestanden stattdessen darauf – dem Paar, dem Kollegen, uns selbst gegenüber –, daß die beiden ihr Verhalten ändern sollten, um die Beziehung zu stabilisieren. Die längste Zeit verweigerten wir die Einsicht, daß ihr Verhalten ihre Beziehung ja bereits stabilisierte. So war z. B. unsere Idee des Abschiedskusses eine paradoxale Vorschrift, die einen Wandel in Gang setzen sollte. Zu diesem Zeitpunkt waren wir schier verzweifelt und versuchten eben alles mögliche. Aber immer noch weigerten wir uns, zu erkennen, daß ihre gegenseitige Distanz die Lösung des Problems darstellte. Unsere Vorschrift besaß immerhin eine gewisse Logik. Ein Symbol der Nähe sollte ihnen ihre Ferne bewußt machen. Im nachhinein zeigt das Verfahren wenigstens, daß wir den Abstand zwischen ihnen als ungemein wichtigen Faktor ihrer Beziehung richtig eingeschätzt hatten. Doch besessen von einer vagen, auf unserem Wunsch nach Wandel beruhenden Idee, hatten wir uns noch nicht realisiert, daß ihre Distanz das Ziel, nicht der Weg war.

Schließlich erteilte uns das Paar dadurch, daß es sich beharrlich jedem Wandel verschloß, die Lehre, es wolle an seiner eigenen Methode des Interessenausgleichs festhalten. Nicht sie widerstanden uns. Wir widerstanden ihnen. Wir handelten nach unseren eigenen Ambitionen und so, wie wir vorprogrammiert waren. Wir wollten die Leute zur Verhaltensänderung bewegen, damit es ihnen besser ging. Aber letzten Endes mußten wir einsehen: Es war ihnen nicht dadurch gedient, daß sie ihr Arrangement, das wenigstens einen Ausgleich der

Spannungen herbeiführte, änderten. Wir konnten ihnen nur helfen, dieses Arrangement weniger schmerzhaft zu machen. Das war zu erreichen. Wir mußten nur akzeptieren, daß und wie sie durch ihre Elternfamilien geprägt waren. Dann konnten wir ihnen auch helfen, den Abstand zwischen sich und seine Funktionen symbolisch darzustellen, so daß er ihnen bewußt wurde, akzeptiert und entgiftet, ja sogar geheiligt werden konnte.

Zu meiner Überraschung löste die Erkenntnis, daß wir einen Fehler gemacht hatten, Freude und Erleichterung bei mir aus. Ich kam mir nicht mehr wie ein Narr vor, der so handelte, als hätte er seine eigenen Vorlesungen nicht gehört, oder wie ein eitler Prahlhans, der stur darauf bestand, nach Ausbildung und Erfahrung die Beziehung der Dulys besser einschätzen zu können als sie selbst. Ich ahnte schon lange, daß ich es an Achtung vor den beiden fehlen ließ. Wie konnte ich nur dauernd versuchen, sie in eine Richtung zu schieben, die wir uns selbst ausgedacht hatten! Ich hätte dieser Ahnung gleich mehr Aufmerksamkeit schenken und sie genauer untersuchen sollen. Nach allen Mißerfolgen und Frustrationen bestätigte unser fehlerhaftes Vorgehen, nachdem ich es einmal erkannt hatte, nur noch die von mir selbst so oft betonte Maxime: Ein Therapeut, der auf Änderungen dringt oder Mut dazu macht, fällt vielleicht seinem eigenen Beruf zum Opfer und wird zu einem Hindernis für die Therapie. Der bessere Kurs wäre demgegenüber, lediglich zu konstatieren, welcher Konflikt vorliegt und welche Folgen Alternativlösungen zu einem gegebenen Zeitpunkt haben könnten.

Jenseits der Illusionen

Illusionen, unbewußte, krampfartige Erzeugnisse der Kreativität, entstehen aus dem verzweifelten Bedürfnis des Menschen, seine realen Gegebenheiten zu verändern und sie erträglicher, befriedigender, aufregender oder produktiver zu gestalten. Der Mensch macht sich Illusionen, um in Notsituationen mit akuten oder tiefsitzenden Ängsten fertigzuwerden. Die Mutter der vier Kinder, die sich mit Hilfe von *Reader's Digest* in der Geschichte *Sündensyndrom* Illusionen macht, ist ein Beispiel dafür. Manchmal verschwindet die Illusion mit der Krise von selbst. Manchmal, wie im Fall dieser Mutter, hält sie sich aber auch über längere Zeit, da sie funktional ist: Sie soll Vergangenheit und Zukunft harmonisieren oder den Zusammenstoß mit zu erwartenden Folgen früherer Handlungen hinausschieben. Meist geschieht das dadurch, daß man die weniger angenehmen Seiten der Wirklichkeit geflissentlich übersieht.

In *Vater weiß es doch am besten* nimmt ein Mitglied der Familie in gemeinsamer Anstrengung mit anderen Familienangehörigen für das verletzlichste Mitglied die Last ungeheurer Ängste auf sich, um es in Schutz zu nehmen und ihm Liebe zu erweisen. Denn der Rest der Familie ist davon überzeugt, daß das verletzliche Mitglied seinem Problem allein nicht gewachsen ist. Die Illusion, der Starke leide unter ungeheuren Ängsten, gibt der Schwachen den benötigten Schonraum und genügend Zeit, sich mit ihren eigenen Ängsten auseinanderzusetzen.

Aus den beiden *Spaghetti-Geschichten* geht hervor, daß manche Illusionen aus Gründen, die nicht mehr zu eruieren sind, zu selbständigen Komplexen werden, die sich selbst instandhalten. Andere bilden sich je nach Bedarf aus dem Strom der Wirklichkeit und lösen sich wieder in ihm auf. Sie verschwinden sofort, sobald der Betreffende sein Leben besser organisiert. Wie das Versagen, so erfüllen also auch Illusionen eine Funktion und sind Mittel zu einem Zweck. Aufgabe des Therapeuten ist es, das Ziel einer Illusion zu entdecken und bewußtzumachen. Falls ihm das nicht gelingt, sollte er sie wenigstens ernstnehmen.

Die beiden Spaghetti-Geschichten

New York, 1974

1

Zu Beginn und am Ende meines ersten Praktikantenjahres lernte ich zwei Patientinnen kennen, Florence und Grace, die sich beide eine eigene Wirklichkeit zurechtgezimmert hatten. Dadurch fühlte ich meine Wirklichkeit in Frage gestellt und sah mich vor dem Problem zu definieren, was Wirklichkeit überhaupt ist.

Florence lernte ich als erste kennen. Schauplatz unserer Begegnung war eine triste Klinik in einem noch tristeren Komplex staatlicher psychiatrischer Einrichtungen. Ich war Hilfsarzt und arbeitete unter der Aufsicht von Ärzten, die der traditionellen behavioristischen Schule der Psychoanalyse angehörten. Aber je mehr sie auf diese Methode schworen, desto größer war meine Versuchung, leidenschaftlich dagegen zu rebellieren. Nur war ich noch nicht ganz so weit.

Ich war jung, steckte voller Pläne, die Welt zu verändern, und konnte meine Ungeduld kaum zügeln, wußte ich doch, daß das höchstens ein paar Monate dauern konnte.

Florence fiel mir bei einer Informationsveranstaltung auf. Meine Praktikantenkollegen und ich wurden in einen kleinen, muffig riechenden Turnsaal gebeten. An der Decke verliefen häßlich braune Heizrohre, die einander wachzurütteln schienen, wenn der Ölbrenner gottserbärmlich gähnte und Laute von sich gab, als ob jemand im Vorraum die Heizkörper mit einem Gummiknüppel bearbeitete. Kurz nachdem wir uns im Zentrum des Spielfeldes versammelt hatten, trieb eine Handvoll allem Anschein nach sehr skeptischer Pfleger eine Minibusladung Patienten herein. Diese kamen mir dermaßen verloren und einsam vor, daß ich mir sicher bin, einige von uns fühlten sich sofort in eine ganz andere Umgebung versetzt, z. B. an einen Taxistand oder U-Bahnhof, den ein Reinigungstrupp von Graffiti säubert.

Sinn dieser Begegnung war es, daß die Patienten mehr oder weniger zufällig jeweils ihren Therapiepraktikanten und wir den für unsere Ausbildung geeigneten Patienten fanden. Wenn wir uns unter die Patienten mischten, bekamen wir vielleicht schon eine Vorstellung davon, wie schwierig und verantwortungsvoll unsere Arbeit war. Sie jedoch begegneten womöglich dem noch unverbrauchten, unfehlbaren Genie, das ihren flehenden Gebeten um Gesundung Erfüllung bringen konnte. Vorausgesetzt, sie konnten bei der strengen Medikation, unter der sie standen, noch beten.

Florence war die letzte, die den Raum betrat, Sekunden nachdem mir ein aufmerksamer und, wie ich glaube, den Kranken wohlgesonnener Pfleger zugeflüstert hatte, sie würde als letzte kommen. Sie sei immer die letzte, genauso wie sie als letzte den Bus verließ und in ihn einstieg, zum Essen kam oder sich zur Arbeit setzte und Perlen auf Schnüre zog.

Sie trug ein undefinierbares Hauskleid mit einem ausgebleichten Sweater über den Schultern. Den spärlichen, sehr unschönen, dunklen Schnurrbart auf der Oberlippe hatte wohl irgendein Hormonzusatz in den Medikamenten sprießen lassen. Sie legte anscheinend keinen Wert darauf, ihn zu entfernen oder wegzuätzen. An den Füßen trug sie gelbe, lehmfarbene Slipper und Wollsocken, deren Gummizug ebenso schlaff und müde geworden war wie ihre Hände, die keine Lust mehr hatten, die Socken hinaufzuziehen.

Unvermeidlich hielt Florence in der einen Hand eine Plastiktasse mit Kaffee, in der andern eine brennende Zigarette. Frank, der Pfleger, erzählte mir, sie sei Kettenraucherin – buchstäblich. Denn noch nie habe er gesehen, daß sie ein Streichholz benützt habe. Sie brauche wahrscheinlich nur ein einziges am Tag, früh am Morgen. Exakt sagte er jede ihrer Bewegungen voraus und auch, wann sie bewegungslos verharren würde. Er sagte, gleich würde sie zu einem Stuhl neben der Klavierbank hinschlurfen – und sie tat es. Er sagte, jetzt würde sie vor sich hinstarren – und sie tat es. Er sagte, sie würde die Asche nicht abstreifen, sondern einfach fallenlassen, bis sich ein kleiner grauer Ring am Boden um sie bildete – und sie tat es. Wenn jemand zufällig ans Klavier mußte – so erzählte Frank weiter –, trugen ein oder zwei Pfleger Florence mitsamt ihrem Stuhl beiseite – und sie rührte sich nicht. Ich hatte keinen Grund, an der Wahrheit von Franks Worten zu zweifeln. Schließlich sagte er noch, sie spreche mit niemandem, niemals, habe es nie getan, und wenn ich glaubte, ich könnte die Mauer ihres Schweigens durchbrechen oder es gar versuchte, sei das nur Zeitverschwendung. Ich schaute Frank an, und die Frage: »Warum sagst du das?« ging mir durch den Kopf.

Er antwortete, bevor ich meine Gedanken in Worte kleiden konnte: »Sie sehen ganz danach aus!«

Ich mußte lachen.

»Ich habe das Gefühl, Sie haben schon ein- oder zweimal mit Therapiepraktikanten zu tun gehabt!«

Er mußte lachen.

Aber er hatte recht. Ich hatte Feuer gefangen und wollte die Welt verändern, indem ich Florence mit den Verheißungen der Welt konfrontierte. Ich konnte Florence nicht widerstehen. Ihr Rückzugsverhalten erzeugte einen Sog, der mich mitriß.

Ihre Geschichte: Sie war Mitte dreißig, sah aber 15 Jahre älter aus. Tochter einer psychiatrischen Dauerpatientin, die vergewaltigt worden war, wurde sie praktisch schon in der Psychiatrie geboren. In drei Pflegeheimen wuchs sie bis zum Hauptschulalter heran. Beim Eintritt in die Pubertät lautete die Diagnose – vielleicht war es eher eine Verleumdung, dachte ich bei mir – »katatonische Hebephrenie«, schwere Regression, Halluzinationen und Wahnvorstellungen.

Ich beobachtete sie intensiv, etwa 15 Minuten lang, wie es mir vorkam (aber es war in Wirklichkeit viel kürzer). Da hatte ich das Gefühl, als bewege sie die Lippen und dann den Kopf, vorwärts, rückwärts, langsam, sehr langsam. War das die Möglichkeit! Sie unterhielt sich doch mit jemandem! Na ja, die Unterhaltung war nur einseitig. Ihr Gesprächspartner war gewiß eine Halluzination. Aber sie sprach immerhin. Da hatte ich also eine Entdeckung gemacht, die den Fachleuten bisher entgangen war!

»Sie haben doch gesagt, sie spreche nicht«, flüsterte ich Frank aufgeregt zu. »Aber schauen Sie doch einmal hin. Schauen Sie!«

»Nein, nein«, erwiderte Frank, ohne hinzuschauen. »Sie brauchen ihr nur zuzuhören. Gehen Sie ruhig hinüber und hören ihr einmal zu.«

Ich ging auf sie zu. Sie hörte zu reden auf – *ich* dachte, weil ich näherkam. Aber sie nahm nur einen Schluck Kaffee, sog an ihrer Zigarette und monologisierte weiter. Ich trat näher heran. Sie starrte in die Luft und sprach weiter. Schließlich war ich in Hörweite. Ich gab mir Mühe, ihre Worte zu verstehen. Und gab mir noch mehr Mühe, den Sinn zu begreifen.

»Stalbich. Franmor Barl duff män Ling dur. Deisimar. Banadier lümink Schrabolehn. Dirf.«

140

Kein einziges Stückchen dieses phonetischen Salats ergab ein sinnvolles Wort, nicht einmal aus Versehen. Sie hatte sich eine Sprache als genaue Analogie zu ihrer Isolation erfunden. Ängstlich vermied sie auch nur zufällige Anklänge an Vokal- und Konsonantenkombinationen, die als Wörter hätten identifiziert werden können. Ich lauschte aufmerksam und bekam noch mehr zu hören. Es war erstaunlich. Sie produzierte ganze Reden mit Lautzusammenstellungen, die jeder andere als vollkommenen Unsinn bezeichnet hätte. Ich hätte nicht geglaubt, daß es überhaupt so viele Silben gab, die keinen Sinn ergaben.

Ich zog mir einen Stuhl heran und setzte mich vor sie. Ich sagte: »Hallo, Florence. Ich bin Stanley Siegel, ein Praktikant. Freut mich, Sie kennenzulernen.«

Sie hörte zu reden auf, wenn man diese Hervorbringungen seltsamer Lautfolgen so nennen wollte.

Die Unterbrechung machte mir Mut, und ich redete weiter auf sie ein. Sie starrte vor sich hin, nippte gelegentlich am Kaffee, sog mitunter an der Zigarette.

»Ich bin erst seit kurzem hier«, sagte ich. »Dieses Gebäude ist mir ganz neu. Aber ich wette, Ihnen nicht. Vielleicht könnten Sie mich in den nächsten Tagen einmal herumführen. Ich meine, wenn Sie Lust dazu haben, wenn Sie sich entsprechend fühlen.« Sie starrte vor sich hin. Ich redete weiter, sagte, wie gut ihr der Sweater und die gelben Schuhe stünden, vermied es, ihren Bart anzusehen, machte Bemerkungen über das Wetter und war vermutlich ein unerträglicher Schwätzer. Bis mir der Verdacht kam, sie höre gar nicht zu und warte nur geduldig darauf, daß ich aufhörte und zum Ende kam oder alt wurde und starb. Nach einer Weile dankte ich, daß sie mir ihre Zeit geopfert habe. Ich stand auf und verzog mich, während sie weiternippte und -sog und ihren Monolog unverständlicher Silben wiederaufnahm.

Wochenlang wiederholte ich diese Übung täglich und führte einseitige Gespräche in gutem Englisch mit ihr. Ich erzählte ihr so viele Neuigkeiten wie möglich, über die anderen Patienten und das Personal und die Busfahrer und das Wetter und was mir sonst noch in den Sinn kam. Sie starrte vor sich hin, nippte und sog. Und immer wenn ich zu Ende war, nahm sie den geheimnisvollen Faden ihrer phonetischen Experimente wieder auf.

Erstaunlich, dachte ich. War ihr Leben wirklich so furchtbar? Hatte sie sich nicht ein friedliches und vielleicht sogar reizvolles Privatleben in ihrer Einbildung und außerhalb der Institution, außerhalb jeder Institution, auch der Institution Sprache, geschaffen?

Zuerst war ich fest entschlossen, ihren Widerstand durch Freundlichkeit zu brechen. Jahre später glaubte ich, all meine Mühe sei umsonst gewesen. Heute bin ich nicht mehr dieser Meinung. Ich lernte eine Menge in den vielen Wochen, in denen ich versuchte, durch Reden Florence zum Reden mit mir zu bewegen. Im Augenblick aber machte ich absolut keine Fortschritte.

Ich redete zu ihr, oder an sie hin, 30 Minuten täglich. Die ganze Zeit starrte sie in die Luft, nippte und sog, nippte und sog. Ich las ihr Zeitungsartikel vor. Ich schilderte ihr den Morgen- und Abendverkehr vor dem Krankenhausgelände. Ich berichtete ihr von den Sportergebnissen und versuchte sie zu provozieren, indem ich die großen Idole des amerikanischen Baseball, Football, Basketball und die Olympiamannschaft beleidigte. Ich sprach über Kochrezepte, Malvorlagen, Partymitbringsel, Hochzeitsgeschenke, Automarken, Wettervorhersagen, Stoffmuster, zeitgenössisches Kunsthandwerk, Architektur, Eigenschaften verschiedener Holzsorten, das Innenleben exzentrischer Künstler, die Probleme, die die großen Religionen für den Intellekt aufwerfen, das Chaos der Weltpolitik und die nervenaufreibenden Eigenschaften mancher Utensilien, mit denen man schwere Bilder an verputzten Wänden zu befestigen sucht.

Nichts. Schweigen. Nippen und Saugen. Nippen und Saugen.

Eines Nachts wachte ich auf und dachte begeistert, endlich hätte ich den erlösenden Einfall, die originelle Idee. Sogleich münzte ich sie in eine Taktik um und setzte diese ein. Aber ich bemerkte schon bald, daß es gar keine originelle Idee war. Wahrscheinlich hatte ich schon früher darüber gehört oder gelesen, und der Gedanke war einfach: Schließe dich dem »Universum« des Patienten an. Doch damals mitten in der Nacht, nach so vielen Enttäuschungen, kam es mir vor wie eine epochale Entdeckung, und ich erinnere mich heute an die Freude, die ich empfand, wie sich alte Männer an die Freude am Weihnachtsmorgen erinnern, als sie noch an den Weihnachtsmann glaubten.

Sehr einfach also: Ich mußte mit Florence in ihrer Sprache sprechen. Ich mußte ihr in ihrer Welt Gesellschaft leisten. Ich mußte unsinnige Silben erfinden, so unsinnig wie die ihren. Wenn sie tatsächlich nichts bedeuteten, würden sie ihr genauso unverständlich vorkommen, wie wenn ich Englisch mit ihr sprach. Sollte ich aber zufällig Laute artikulieren, die sie verstand, konnte es sein, daß sie begriff und reagierte. Und war ihr unsinniges Gerede wirklich nur ein Fluchtversuch, so würde mein Mitmachen vielleicht bewirken, daß sie die Vergeblichkeit und Torheit ihrer Taktik einsah und mit mir sprach.

Mein Gott, hoffentlich hat mir niemand dabei zugehört!

»Brendel weim badenlum«, begann ich, während Florence vor sich hinstarrte. Sie schaute mir nicht in die Augen, nippte und sog, und wartete, daß ich aufhörte. »Lornell forpin dotz. Manja frandisch. Win mastindick schak. Drollin tab mickindelle futt Mandalun. Ird? Vol mandiß! Rame dell stannerbemm kar dafenborg...«

So redete ich jeden Tag eine halbe Stunde, mindestens eine Woche lang.

Einmal unterbrach sie mich und stieß eine Silbe hervor, die, wie mir schien, meine eigene Erfindung war. Dann starrte sie weiter vor sich hin, nippte und sog. Aber ich konnte mir einbilden, einen größeren Durchbruch erzielt zu haben. Das machte mir Mut, so sehr, daß ich mich veranlaßt sah, Florence bis zum letzten Vormittag meiner Praktikantenzeit eine halbe Stunde täglich sinnlose Wörter vorzusprechen.

Etwa eine Woche vor Jahresende arbeitete ich am Schreibtisch in einem Büro, das man mir jeden Morgen von neun bis zehn überließ, hauptsächlich um Antrags- und Versicherungsformulare auszufüllen und Termine zu koordinieren. Da klopfte es an die Tür. Ich hatte den Patienten, die man mir zugeteilt hatte, gesagt, ich würde täglich um dieselbe Stunde in diesem Büro sitzen. Und falls sie das Bedürfnis hätten, einmal mit mir auch ohne vorherige Terminvereinbarung zu sprechen, könnten sie kommen. Außer Florence hatte ich noch andere Patienten, mit denen ich ganz gut vorankam. Doch je näher das Jahresende rückte, desto mehr Gedanken machte ich mir um eine einzige Patientin, mein Sorgenkind, meine liebe, unzugängliche Florence, die jetzt, als ich die Tür öffnete, plötzlich vor mir stand. Wie üblich hielt sie die unvermeidliche Plastiktasse und Zigarette in der Hand. »Florence!« rief ich.

Sie nippte am Kaffee.

»Florence, bitte kommen Sie herein! Schön, Sie zu sehen. Setzen Sie sich doch.«

»Mir ist etwas eingefallen«, sagte sie, schaute mich an und sog an der Zigarette.

Ich konnte mich kaum beherrschen. Sie sprach! Ich glaube, mein Herzschlag löste Alarm in der ganzen Klinik aus. Soweit ich wußte, war dies der erste Satz in gutem Englisch, den Florence seit Jahren gesprochen hatte. Ich hatte den Durchbruch erzielt! Florence sprach mit mir, schloß sich vielleicht meiner Welt an, nach Jahren in der ihren! Was war die Erklärung dafür? Hatte sie Vertrauen zu mir gefaßt, weil ich so geduldig mit ihr war? Oder weil ich mit ihr in ihrem Kauderwelsch gesprochen hatte? Hatte ich ihr die Achtung bezeigt, die sie verdiente, weil sie sich ein eigenes, funktionierendes Universum errichtet hatte? Oder hatte ich ihr nur die Wertlosigkeit ihrer Flucht in den Silbensalat klargemacht? Wo waren jetzt die ungläubigen Thomasse? Wo meine Supervisoren? Wo alle üblichen Methoden? Ich glaubte, ich müßte zerspringen.

»Florence!« stammelte ich. »Ihnen ist etwas eingefallen? Gut, bitte, kommen Sie herein! Herein mit Ihnen. Etwas eingefallen? Natürlich, etwas eingefallen. Was denn sonst. Sagen Sie es mir. Was ist Ihnen eingefallen, Florence? Ja, natürlich. Was ist Ihnen bloß eingefallen? *Was* ist Ihnen eingefallen?«

Und sie antwortete: »Spaghetti.«

»Spaghetti«, wiederholte ich.

Spaghetti waren ihr eingefallen. Sie starrte vor sich hin, direkt an meinem rechten Ohr vorbei, nippte am Kaffee und sog kurz und heftig an der Zigarette. Es war ihr gelungen, mir zu sagen, was ihr eingefallen war. Ich hatte gefragt, sie hatte geantwortet: Spaghetti. Aber sie war auch zu mir gekommen, nicht wahr? Sie hatte an meine Tür geklopft, und zur angegebenen Zeit. Sie hatte einen englischen Aussagesatz formuliert: »Mir ist etwas eingefallen.« Und ich hatte gefragt, was. Und sie hatte es mir gesagt.

Mit drei schlurfenden Schritten drehte sie sich wieder um und ging. Sie nahm ihren Platz beim Klavier wieder ein. Sie starrte wieder vor sich hin. Sie nippte und sog wieder. Sie setzte ihr Kauderwelsch fort und ließ mich zurück in meinem Büro, wo ich über das Geheimnis der Spaghetti nachdachte und ab und zu vor mich hinlachte.

144

Die Gründe, weshalb sie sich ihre eigene Wirklichkeit aufbaute, waren jetzt nicht mehr auffindbar, lagen weit zurück. Wahrscheinlich war das gar nicht wichtig. Ihre Wirklichkeit existierte und war ebenso gültig und solide wie die meine, mit eigener Sprache, Ritual und Ausstattung. Hier saß ich und dachte, unsere Realität sei die bessere oder richtigere, und sie sei das Opfer ihrer Illusionen. Aber in Wirklichkeit bewies sie eindeutig, daß sie Herrin über ihre Illusionen war, absolute Herrin. Sie zeigte mir, daß ihre Realität ihr heilig und mein Herumspielen damit eine Lästerung war.

Natürlich war ich im Fall Florence letztlich gescheitert. Aber ich zog meine Lehren daraus. Und in einem anderen Fall – der nächsten Geschichte – baute ich auf diesen Lehren auf. Ich respektierte nicht nur die Illusionen des Patienten, sondern schloß mich ihnen auch an und machte sie mir zu eigen.

2

Im selben Praktikantenjahr, in dem ich die demütigende Erfahrung mit Florence machte, lernte ich auch Grace kennen, die damals auf die 50 zuging. Unfreiwillig hatte Grace zehn- oder elfmal ihren Arbeitsplatz verloren und in den letzten zehn Jahren eine Reihe psychiatrischer Anstalten unter den verschiedensten Umständen durchlaufen. Sie war eingewiesen worden, hatte sich selbst eingewiesen. Sie war weitergereicht, zurückgestellt, wieder »angefordert« und sogar gerichtlich zum Klinikaufenthalt verurteilt worden. Für einen beginnenden Therapeuten *die* Herausforderung!

Wieder verirrte ich mich unter Anleitung und dem Einfluß eines Anhängers der traditionellen psychoanalytischen Schule im Niemandsland der Psychologie, und als sich das Jahr unerbittlich seinem Ende näherte, hätte man nicht leicht sagen können, was größer war: die Depression Graces über ihre Schwierigkeiten oder meine Frustration über meine Mißerfolge bei ihr und das Ausbleiben jeglichen Fortschritts.

Einmal pro Woche konnte ich aus dem Fenster der Klinik beobachten, wie Grace ihren Wagen auf einem markierten Parkplatz auf der anderen Straßenseite abstellte. Sie stieg aus und maß mit den Augen den Abstand zwischen den Rädern und der weißen Markierungslinie. Sie stellte die Entfernung zwischen dem rechten Vorderrad und der nächstgelegenen Linie fest, um sie mit der Entfernung zwischen dem rechten Hinterrad und dieser Linie zu vergleichen. Entsprachen die Abstände ihren Vorstellungen nicht, stieg sie wieder ein, schaltete und manövrierte, bis die Abstände genau gleich waren. Dann verließ sie den Wagen wieder und prüfte, ob sie es richtig gemacht hatte.

War sie mit der rechten Seite fertig, machte sie links dasselbe und fuhrwerkte mit dem Auto herum, bis sie zufrieden war. Dadurch verdarb sie aber regelmäßig die ersten Abstände wieder und riskierte, ganz von vorn anfangen zu müssen.

Schließlich verglich sie die Abstände zwischen den Stoßstangen und den jeweiligen Linien, um sicherzugehen, daß der Wagen genau in der Mitte und exakt parallel zu den Rändern der Parkparzelle stand.

Der Vorgang nahm häufig eine halbe Stunde und mehr in Anspruch, und um das ertragen zu lernen, aber auch zu genießen, arrangierte ich meinen Zeitplan so, daß Grace und ihre frühzeitige Ankunft hineinpaßten. Ich bestellte sie als erste am Tag oder auf den ersten Termin nach einer halbstündigen Pause, so daß ich ihr zusehen konnte, ohne einem anderen Patienten etwas schuldig zu bleiben. Außerdem hatte ich Zeit, über meine Einstellung zu ihr nachzudenken, die sich ständig änderte. Ich mußte sie den immer wieder neuen Theorien anpassen, die ich unaufhörlich in meinem Hirn produzierte, um mir ihr Verhalten zu erklären.

Grace hatte eine ziemlich schmeichelhafte Vorstellung von sich selbst und ihrer Rolle in der Welt. Wenn sie nach den vielen Manövern mit dem Auto schließlich in meinem Büro erschien, erging sie sich sofort in ausführlichen, niemals endenden und manchmal rätselhaft zwingenden Erklärungen, daß und inwiefern sie unmittelbar für den Vietnam-Krieg, die lange Trockenheit in der Sahara, den vom Aussterben bedrohten Nordatlantischen Fischadler und die Unfähigkeit der Mazdawerke, ein Auto mit Wankelmotor zu vermarkten, verantwortlich sei.

Unnötig zu sagen, daß diese Ausführungen bestimmt genauso faszinierend waren wie alle ähnlichen Ergüsse anderer Patienten, die ich bisher gehört oder gelesen hatte. Aber wenn es meine Aufgabe war, die Ursachen dieser Redeflut aufzuspüren oder Grace von ihrer Neigung zu diesen Exzessen zu »heilen«, versagte ich leider gründlich.

Nach zwei Jahren analytischer Bemühungen begann ich, mich ihren Wahnvorstellungen »anzuschließen«, ähnlich, wie ich mich Florences linguistischen Phantasien »angeschlossen« hatte, aber natürlich nicht so radikal, daß ich selbst den Eindruck eines Verrückten machte. Ich nahm mir vor, es Grace zu sagen, wann ich ihre Phantasien spannend fand, und wollte dann gemeinsam mit ihr untersuchen, worauf sie sich gründeten. Wenn sie z. B. wieder darauf zu sprechen kam, daß sie eigenhändig den Krieg in Südostasien ausgelöst hatte, sagte ich ihr in so ehrlich bewunderndem Ton wie nur möglich, in meiner Dummheit hätte ich bislang von dieser Riesenverantwortung, die sie trug, nichts gewußt. Nie hätte ich mir so etwas vorstellen können. Ich bat sie dann, mir genau zu berichten, wie sie den Krieg ausgelöst hatte und was sie damit zu erreichen hoffte. Jeder Einzelheit ging ich mit leidenschaftlicher Neugier auf den Grund. Ich zitierte auch Beispiele aus der aktuellen Literatur über den Vietnam-Krieg und bat sie, mir zu sagen, wo sich die Verfasser geirrt hätten und ihren, Graces, Namen hätten erwähnen müssen.

Wenn sie über die Absurdität mancher dieser Fragen und Bemerkungen lachen mußte, nahm ich das als Anzeichen, daß meine Taktik zu greifen begann. Einmal sagte ich ihr, ich sei dermaßen bestürzt über die Art und Weise, wie das amerikanische Militär ihre Beiträge zum Kriegsgeschehen übergehe, daß ich schon erwäge, ihretwegen einen Brief an General William C. Westmoreland zu schreiben. Ich erläuterte, einige meiner Freunde hätten als Offiziere in seiner Presseabteilung in Saigon gedient, und über sie könnte ich Westmoreland und seine Generale veranlassen, ihre Fehleinschätzung Graces zu korrigieren und der Wahrheit die Ehre zu geben.

Je konkreter ich wurde, je mehr Realität ich Graces Phantasien unterstellte, desto lächerlicher erschien ihr die Rolle, die ich darin spielte. Und so erschienen ihr auch allmählich ihre eigenen Phantasien lächerlich. Dadurch, daß ich in ihre Phantasiewelt eintrat und mich häuslich in ihr niederließ, zwang ich Grace, allmählich an Kapitulation vor der Wahrheit zu denken. Jedenfalls war sie anscheinend nicht mehr so ausschließlich auf ihre Illusionen angewiesen.

Nach ein paar weiteren Monaten plauderten und lachten wir schon über die Einbildungen und Phantasien, die sie sich immer aufbaute, wie zwei Therapeuten, die sich über einen längst abgeschlossenen Fall unterhalten. Es kam so weit, daß sie fast die ganze Sitzung über erzählte, wie sie sich zu Hause wieder in einer Phantasie verloren, sie im Sinne unserer Gespräche beurteilt, selbst ähnliche Gespräche erfunden und sich dann aus ihren Illusionen herausgelacht habe, genauso, wie wir es zusammen gemacht hatten.

In der Folge war sie in der Lage, sich schneller als bisher von ihren Phantasien zu lösen. Nicht, daß sie keine mehr produziert hätte – das nicht. Aber sie gab sie schneller wieder auf. Sie bewegte sich nicht mehr so ausschließlich darin. Sie trat heraus.

Und da sie nun mehr freie Zeit und Energie hatte, konnte sie sich besser auf die anderen Elemente ihres Lebens konzentrieren. Sie faßte sogar in einem Job wieder Fuß. Sie besuchte eine Friseurfachschule, absolvierte die erforderliche Stundenzahl und fing neu als Friseuse zu arbeiten an. Sie baute sich einen Bekanntenkreis auf und war seit vielen Jahren zum ersten Mal wieder mit sich zufrieden.

Desungeachtet blieb Grace natürlich sehr gefährdet. In einem Zeitraum von zehn Jahren rief sie mich mindestens einmal jährlich an, um wenigstens kurz von sich hören zu lassen, zu berichten, wie es ihr ging, sich zu vergewissern, daß ich noch am Leben war und für eventuelle Beratungen zur Verfügung stand, und sich ab und zu den Luxus eines Rückfalls in eine irreale, großartige Welt zu erlauben.

Einmal rief sie wieder an. Ich hatte gleich den Eindruck, daß sie sich in einem aus Panik und Euphorie gleichmäßig gemischten Zustand befand. Schon in der ersten halben Minute ihres maschinengewehrartigen Wortschwalls bestätigte sich das. Nach vielen Jahren der ausschließlichen Beschäftigung mit sich selbst hatte sie eine Art Beziehung zu einem Mann, Bob, aufgenommen, dessen Haare sie seit sechs Jahren schnitt und dessen Frau vor sechs Monaten gestorben war.

Ich beglückwünschte sie zu dieser neuen Beziehung und stellte eine überaus unschuldige Frage, etwa der Art: »Ist er hübsch?« oder so ähnlich. Sie plapperte weiter und schien die Frage überhört zu haben.

»Es geht super, super«, sagte sie. »Stellen Sie sich vor! Ich! Ich treffe einen Mann, und es geht super, und ich bekoche ihn! Jetzt im Augenblick! Hier, in meiner Wohnung. Ich habe Spaghetti genommen. Er mag nämlich Nudeln. Wenigstens glaube ich das. Er sagt, Spaghetti sind gut für die Ernährung. Er hat Bedenken wegen Fett im Fleisch und Cholesterin in anderen Speisen, und hier zuviel Salz, und da zuwenig Ballaststoffe. Aber Nudeln, sagt er, sind super, und ich mag Nudeln auch, und jetzt mache ich Spaghetti.«

»Grace!« unterbrach ich sie. »Das ist ja großartig. Das ist wirklich super…«

»Nein, nein, noch nicht ganz. Es ist noch nicht super. Ich meine, es könnte toll sein. Aber ich mache gerade die Soße, sehen Sie. Und ich habe mir vorgenommen, eine echt italienische Soße zu machen: scharf gewürzt. Fra diavolo. Ich glaube, das heißt ›Bruder des Teufels‹, oder? Vielleicht auch ›Pater Teufel‹, obwohl das doch absurd wäre, oder? Pater Teufel! Dann könnte man ebenso gut ›Pfarrer Teufel‹ oder ›Rabbi Teufel‹ sagen. Der heiligste unheilige Teufel. Haha!

Aber ganz egal, es heißt ›scharf‹. Scharf und heiß, wie die Hölle. Wenn man das von einer Spaghettisoße sagt, hat das mit Theologie nichts zu tun, oder? Wenn wir vom ewigen Höllenfeuer sprechen, dann heißt das, die Soße ist scharf. Aber mein Problem ist, was passiert, wenn sie zu scharf wird? Was passiert, wenn ich die Soße mache und er hält es nicht aus, weil sie zu scharf ist? Und dann ißt er sie natürlich trotzdem, weil er ein guter Mensch ist. Einfach höflich. Will mich nicht kränken. Und dann wird er natürlich krank, nur wegen meiner Fra-Diavolo-Soße. Und wenn's soweit kommt, hab' ich alles versiebt, oder? Ich habe dann eigenhändig die erste schöne Beziehung versiebt, die ich seit 15 Jahren hatte. Seit 20 Jahren. Sind es wirklich 20 Jahre? Mein Gott, Stanley, das könnte ich nicht ertragen. Die Verantwortung, eine solche Soße anzurichten, ist mir zu groß. Was könnte ich damit anrichten! Sehen Sie, Stanley? Sehen Sie, was in dem Wort steckt? Im Grunde könnte ich mir meine eigene Katastrophe anrichten, jetzt, heute. Stan, hören Sie! Was passiert, wenn die Soße zu scharf ist, und Bob ißt die Spaghetti und kriegt einen Herzschlag? Was ist, wenn ich ihn mit den Spaghetti ermorde?«

»Grace«, unterbrach ich sie wieder, »ich habe eine gute Idee. Hören Sie mir gut zu. Wirklich. Nur eine Minute.«

»Ich höre.«

»Nehmen Sie mein Soßenrezept. Ich habe ein Rezept.«

»Wirklich?«

»Ja, so was ähnliches. Es ist keine Fra-Diavolo-Soße. Das heißt, sie ist nicht scharf. Keiner kriegt einen Herzinfarkt davon.«

»Oh, das ist gut. Was ist alles drin?«

»Einen Moment, ich hole es schnell.« Ich rannte zur Anrichte und griff mir eine Handvoll kleiner Büchsen vom Gewürzbrett. Ich warf auch einen Blick auf die vielen Etiketten auf den Büchsen, in der Hoffnung, mir die »gutartigeren« merken zu können. Ich ging wieder zum Telefon und erklärte ihr, sie solle mit einem Vanilleextrakt beginnen, eine Tasse Tomatensoße zusetzen und dann eine Tasse Pilzsuppe, um die scharfe Tomatensoße mehr oder weniger zu mildern. Des weiteren empfahl ich einen Eßlöffel braunen Zucker und ein wenig Sesamöl.

»Warten Sie«, sagte sie. »Vielleicht sollte ich mitschreiben... Aber Stanley! Vanilleextrakt? In einer Spaghettisoße?«

»Das mache ich immer so, um die Soße zu süßen.«

»Wer hat jemals von einer süßen Spaghettisoße gehört!«

»Ich tue auch immer Apfelmus und sauren Rahm rein, um den Magen auszufüttern.«

»Stanley!«

»Und ich mache auch immer ein spezielles Dressing. Ich löse eine Alkaseltzer-Tablette auf und gieße das Wasser über die Spaghettiportionen...«

»Sie sind *unmöglich*! Sie behandeln mich also wieder, oder? Ich bin wieder ausgerastet, oder? Natürlich, so ist es. Gut, Sie Schuft, vielen Dank!«

Ich muß sagen, ich war recht zufrieden mit mir. Doch diesmal *wußte* ich auch, daß ich recht zufrieden mit mir war, und hatte keine Schuldgefühle deswegen. Denn ich war mir sicher, daß ich Beifall verdient hatte. Ich machte mir nun selbst eine Suppe. Ich brühte mir eine Kanne gezuckerten Tee auf. Ich setzte mich mit meinem Lieblingsbuch in meinen Lieblingssessel und las, bis ich den Kopf nicht mehr oben halten konnte. Ich hatte wirklich Freude an mir. Diese Nacht begab ich mich zur Ruhe wie ein Chirurg, der genau im richtigen Moment am Unfallort eingetroffen ist.

Um halb drei oder drei Uhr morgens gellte mir meine eigene Stimme vom Anrufbeantworter in die Ohren. Ich wollte beim Geleier meiner Ansage schon wieder eindösen, als ich Graces panisch erregte Stimme hörte: »Stanley, Stan, bitte, wachen Sie auf! Bitte, bitte wachen Sie auf! Hier ist Grace. Es ist etwas Furchtbares passiert. Ich brauche Sie. Bitte nehmen Sie ab, bitte!«

Ich stolperte zum Schreibtisch und ergriff den Hörer genau in dem Moment, als sie schon auflegen wollte. Bei meiner Stimme brach sie in ein heftiges Schluchzen aus und hörte nicht mehr auf, bis ich vollends wach war. Das kann ziemlich lang gedauert haben, weil ich tief und fest geschlafen hatte.

»Grace«, rief ich, »was ist los?«

»Ich habe das Abendessen gemacht«, heulte sie, wie wenn sie ein Verbrechen aus Leidenschaft gestünde. »Ich habe das Abendessen gemacht mit den Spaghetti! Es war ein wundervolles Abendessen!« sprudelte sie hervor und betonte jedes Wort, als ob es sich um eine außergewöhnliche Mitteilung handelte.

»Stanley«, rief sie. »Er aß! Er aß, und er bekam einen Herzschlag. Er bekam einen Herzschlag!«

Bevor ich mich bremsen konnte, entfuhr mir die Frage: »Grace, wessen Rezept? War es Ihre Soße oder meine?«

»Jetzt ist keine Zeit, mich wieder zu behandeln!« kreischte sie. Damit unterstellte sie mir noch guten Willen, was gar nicht stimmte, und gab mir Zeit, mich von meiner dummen Frage zu erholen.

»Ich weiß, daß Sie mich jetzt wieder behandeln wollen. Aber jetzt ist keine Zeit für Taktik. Jetzt ist etwas passiert!«

»Er aß Ihre Spaghetti und bekam einen Herzschlag? Lebt er noch?«

»Ja! Ja, er lebt noch. Er bekam den Herzschlag direkt auf mir, nicht beim Essen. Wir waren im Bett! Wir machten Liebe! Das erste Mal, seit der Times Square noch eine Wiese war, hatte ich einen ... o mein Gott!«

Graces Illusionen pendelten zwischen der normalen und ihrer privaten Wirklichkeit hin und her. Ich konnte niemals genau feststellen, welchem Zweck sie dienten, wenn sie sich z. B. periodisch die Schuld an weltweiten Übeln wie dem Vietnam-Krieg gab. Aber ich konnte ihr wenigstens helfen, ein bißchen Kontrolle über das Auf und Ab ihrer Illusionen zu gewinnen. Sie beherrschte allmählich den Zeitpunkt und die Häufigkeit des Überwechselns von der normalen zur illusorischen Realität. Ich vermute, daß sie sich in ihrer privaten Realität für die Weltereignisse so verantwortlich fühlte, weil sie ihnen in der normalen Realität dermaßen hilflos gegenüberstand. Ihre Angst vor dieser Hilflosigkeit löste die Illusionen aus, als ein Mittel, der Angst zu entfliehen oder sie in den Griff zu bekommen.

Bob kam durch. Nach seiner Operation mit dreifachem Bypass
zogen er und Grace zusammen. Und nach einigen weiteren aufgereg-
ten Anrufen, die sich über zwei Jahre verteilten, hörten die Telefonate auf.

Und ich hörte damit auf, Rezepte zu erfinden.

Nachschrift

Für diese beiden Fälle habe ich, aus diversen Gründen, eine besondere Vorliebe. Es waren gleich zu Anfang meiner Laufbahn wichtige
Lektionen für mich, die ich nicht nur zur Kenntnis nahm, sondern
auch beherzigte. Bei der Erinnerung an diese beiden Frauen wird
mir warm ums Herz, und ich amüsiere mich, überhaupt nicht bestürzt, über meinen jugendlichen Überschwang, meine Energie, Begeisterung und meinen Optimismus. Ich muß immer noch laut lachen, wenn ich an die Stunden denke, die ich radebrechend mit
Florence verbrachte, und über die absurde Vorstellung, ich könnte
zufällig eine Silbenkombination aussprechen, die in ihrem Lexikon
der Illusionen etwas Bestimmtes bedeutete.

Ab und zu staune ich auch über Florences Verhalten, das ich – viel
später – als Entgegenkommen interpretierte. Denn daß sie sich die
Zeit nahm und den Mut aufbrachte, zum ersten Mal seit Jahren einen
kompletten Satz für mich zu formulieren, und dann obendrein eine
kurze Antwort gab, auf Englisch, war sicher ein großzügiger Ausgleich für all meine scheinbar so erfolglosen Bemühungen.

Teils wohl auch aus finanziellen Gründen, aber vor allem wegen
Florences Verhalten, an dem alle Bemühungen ergebnislos abprall-
ten, hatte die traditionelle Psychotherapie Florence zu einem Pflege-
fall und weiter nichts erklärt. Alle Jahre wieder saßen ihr frisch
ausgebildete Therapeuten gegenüber und scheiterten an ihren teil-
nahmslosen Blicken. Sie kamen nicht voran und gaben schließlich
auf. Aber bei mir hatte sie gesehen und gehört, wie hartnäckig ich
meine lächerlich aufwendigen Versuche fortsetzte und war wohl zu
dem Schluß gekommen, das verdiene eine Freundlichkeit, die sie
sich dann mit Heldenmut abrang. Auf lange Sicht bewies sie mir
durch ihr Sprechen, daß sie meine Sprache kannte und immer gekannt hatte, daß sie sprechen konnte, wenn ihr danach zumute war,

und also durchaus als Herrin über ihre Welt und ihren Platz darin schaltete und waltete. Und als sie dann abrupt zu ihrem früheren Verhalten zurückkehrte, zu dem von ihr bevorzugten Universum, zeigte sie mir dadurch ausdrücklich, daß sie genauso war, wie, wo und was sie sein wollte. Auf Wiedersehn und Dankeschön!

Damals hatte ich diese Überzeugung noch nicht gewonnen. Aber beide Spaghetti-Fälle illustrieren, wie wichtig es ist, daß Therapeuten von der Position des äußeren Beobachters zunehmend abrücken und sich mehr auf den Standpunkt des Anthropologen stellen. Dieser muß sich in das Alltagsleben einer ihm fremden Gesellschaft möglichst gut einfühlen, um ihre Sitten und Gebräuche zu verstehen. Beide Fälle illustrieren auch schon, was ich später als Arbeitshypothese erhärten konnte: Manifeste Probleme sind häufig Lösungsversuche für weniger manifeste Probleme.

Florences Worte zwangen mich, der unangenehmen Wahrheit ins Gesicht zu sehen, daß für sie die Wirklichkeit, die ich ihr aufdrängen wollte – meine Wirklichkeit –, weit weniger erstrebenswert war als ihre eigene. Ich besaß keinen Standort, von dem aus ich hätte beurteilen können, ob Florence in meiner Welt glücklicher oder besser dran gewesen wäre als in der ihren. Aber ohne es zu wollen hatte ich entdeckt, welche Welt ihr lieber war. Das war eine überraschende Lektion, die mir unvergeßlich bleiben wird.

Florence war zufrieden mit ihren Illusionen, Grace nicht. Grace litt darunter, und ich hätte sie gern wenigstens zum Teil von ihren Ängsten befreit. Die Ursprünge und Funktionen ihrer Illusionen kannte ich nicht. Ich stand am Anfang meiner Laufbahn und hatte noch nicht erkannt, daß Probleme funktional sind. Aber bei Grace gelang es mir zumindest, ihre Einstellung zu diesen Illusionen zu beeinflussen, so daß sie weniger Angst davor hatte. Unter den üblichen Voraussetzungen hätte ihr ein Psychiater vielleicht ein oder zwei Vorschriften gegeben und dann jahrelang Psychotherapie praktiziert, um herauszufinden, welche Kindheitserfahrungen zu ihren Obsessionen geführt hatten, und diese Erfahrungen dann zu neutralisieren. Aber derlei Maßnahmen hatte sie schon zur Genüge über sich ergehen lassen müssen, und es hatte nichts gefruchtet.

Nun aber respektierte ich ihre Welt und scheute mich dabei nicht vor Absurditäten. Ich erfand noch großartigere Phantasien als sie, ermöglichte ihr dadurch eine andere Sichtweise auf ihre eigenen und half ihr, diese soweit abzuschwächen, daß sie ihrer Herr werden konnte. In kleinerem Rahmen tun wir ja genau dasselbe immerfort mit unseren Kindern. Es beruhigt sie und dämpft ihren Schmerz. Ein Kind stürzt in Gegenwart seiner Mutter, schürft sich das Knie auf, betrachtet entsetzt die Wunde und schreit wie am Spieß. Die Mutter weiß, daß sich das Kind, wenn es auf einem Spielplatz mit vielen Kindern hinfällt, längst nicht so auffällig benimmt, und reagiert mit Humor. Im Grunde schließt sie sich den übertriebenen Phantasien des Kindes an und reduziert die Panik, von der das Kind in der so harmlosen Situation überfallen wird. »Laß sehen«, sagt die Mutter. »Ist das Bein noch dran? Ja. Das ist gut. Ist es gebrochen? Nein, nicht gebrochen. Gut. Wenn wir es schnell in Ordnung bringen, bleibst du am Leben und kannst morgen wieder spielen. Und was ist mit der Straße? Wie geht's der Straße? Die Straße hat eine Beule! Auch nicht schlimm. Der Polizist merkt es gar nicht. Vielleicht hilft ein kleiner Verband, was meinst du? Oder sollten wir zum Doktor gehen?« Und der Fall ist erledigt. Das Kind spielt schon wieder. Kennen wir die Gründe, weshalb sich das Kind so aufregt – warum es sich auf dem Spielplatz einfach den Schmutz abwischt und zu seinen Freunden zurückkehrt, aber sich ganz anders verhält, wenn die Mutter in der Nähe ist? Nein. Wissen wir, warum wir uns instinktiv seiner Illusion anschließen und sie noch spannen wie ein Gummiband, bis sie selbsttätig zurückschnellt?

Nein. Aber wir handeln so, und es wirkt.

Vater weiß es doch am besten

Chicago, 1987

»Es handelt sich um eine sehr konservative Familie aus dem Mittleren Westen«, sagte Evelyn Ellis, ausgebildete Therapeutin, die mich um meinen Rat bei einem Fall, der sich sehr in die Länge zog, gebeten hatte. Die Familie war soeben angekommen und saß draußen im Warteraum. Evelyn hielt die Akte auf den Knien, brauchte jedoch niemals nachzuschlagen, während sie über den Fall berichtete. Sie war genauestens im Bilde.

»Der Vater«, begann sie, »Ted Townsend, ist freiberuflicher Verpackungsdesigner und scheint recht erfolgreich zu sein. Allerdings

154

arbeitet er hart, fast wie ein freier Künstler oder Schriftsteller. Er muß nicht nur sein Produkt herstellen, sondern sich auch draußen umtun und Aufträge hereinbringen, seine Sachen verkaufen, seine Erfahrungen, seine Phantasie, sich selbst verkaufen. So ist er tagtäglich einer Menge Druck und Streß ausgesetzt und hätte schon von Berufs wegen genug Sorgen. Aber eigenartigerweise lädt er sich noch extra häusliche und familiäre Probleme auf und sorgt sich unablässig um seine Familie, kümmert sich um jede Kleinigkeit. Ich kenne die Familie seit langem. Die dauernde Besorgtheit und Schwarzseherei des Vaters macht alle nervös, als ob sich seine Spannungen auf die ganze Familie übertrügen. In unseren Sitzungen sprechen sie von nichts anderem. Seine Angst ist wie ein Gespenst, das alle in Schrekken versetzt. Ich leide sehr darunter, daß ich noch keinen Weg gefunden habe, ihnen zu helfen. Denn im übrigen sind sie fast die ideale amerikanische Familie.

Sie lieben ihn nämlich, keine Frage. Seine Frau und die beiden Kinder, schon im jugendlichen Alter, lieben ihn, und er liebt sie. Doch wenn er nicht beruflich beschäftigt ist, quält er sie unaufhörlich mit Fragen. Er erkundigt sich z. B. nach den Leistungen der Kinder in der Schule, wie seine Frau Auto fährt, ob sie sich auch alle schön anschnallen, ob sie auch alle schön ihre Zähne putzen, ob sie sich auf dem Heimweg auch schön in acht nehmen, ob sie den Wetterbericht gehört haben undsoweiter undsoweiter. Dieses Jahr bereitet sich die Tochter, die ältere der beiden, auf die Fahrprüfung vor. Jetzt reitet er dauernd auf diesem Thema herum. Jeden Tag – und das auch noch beim Essen – schärft er ihr ein, vor dem Abbiegen unbedingt zu blinken. Bestimmt mindestens viermal hat er ihr schon erklärt, daß ihr die Versicherungen, wenn sie beim Abbiegen nach links einen Unfall baut, automatisch die Schuld geben, egal was wirklich war, weil der, der sich in den fließenden Verkehr einreiht, immer schuld ist. Sie können mich fragen, woher ich das so genau weiß. Ich habe es mir immer wieder anhören müssen, Sie können sich also vorstellen, wie oft es die Tochter gehört haben muß. Er hat sie so schon nervös gemacht, daß sie es bestimmt nicht wagt, links abzubiegen, wenn er in derselben Stadt ist. Auch hat er ihr geraten, nur einen großen Wagen zu fahren. Dann wäre das Risiko einer schweren Verletzung beim ersten Unfall nicht so groß. Wie wenn es schon passiert wäre. Da sitzt sie dann am Tisch und starrt auf die französisch zubereiteten grünen

Bohnen und ein Stück Schweinefleisch auf ihrem Teller, und er hat ihren ersten Unfall mit allen Folgen praktisch schon vorprogrammiert, obwohl sie noch nicht mal den Führerschein hat!

Ich habe alles Erdenkliche versucht«, fuhr Evelyn fort. »Ich schaltete sogar einen Psychiater ein, der Ted ein- oder zweimal kommen ließ, im wesentlichen meiner Meinung war und ihm eine Anti-Angst-Pille verordnete – Xanax, glaube ich. Doch auch Xanax hatte keine sichtbare Wirkung, was mich schon wunderte, weil ich auch einmal Xanax nahm, als meine Eltern in einen Autounfall verwickelt waren, und es ist wirklich ein Hammer. Doch bei ihm? Fehlanzeige. Nichts. Gegen seine Angst scheint kein Kraut gewachsen.«

Ich war also vorgewarnt. Sowohl für die Therapeutin als auch für die ganze Familie waren die Sorgen des Vaters das eigentliche Problem, auf das sie fixiert waren. Darauf baute ich meinen Plan auf. Ich wollte nach Möglichkeit als erstes diese Vorstellung, die anscheinend doch zu nichts führte, unterminieren und dann sehen, ob sich eine günstige Gelegenheit bot weiterzumachen. Ich fragte Evelyn, ob sie sich mit dem Vorschlag anfreunden könne, meine erste Begegnung mit der Familie von außen, durch den Einweg-Spiegel, zu beobachten, um Abstand von den Dingen zu gewinnen. Sie hatte nichts dagegen, doch als ich die Familie begrüßte, mich vorstellte und dieses Verfahren vorschlug, nahm Ted Townsend hastig das Wort, offensichtlich stellvertretend für die ganze Familie, und sagte: »Nein, nein, das würde uns zu nervös machen. Evelyn sollte lieber bei uns bleiben, auch wenn es nur als Beobachterin ist.«

Ich hatte meine Frage gar nicht an ihn speziell gerichtet, sondern an alle, und besonders darauf geachtet, Augenkontakt mit ihnen herzustellen: mit der Mutter Joan, einer nachlässig gekleideten Frau mit kurzem dunklem Haar, Wayne, dem 15jährigen Sohn, einem blonden, athletisch gebauten jungen Mann, der Tochter Sarah, 17, ebenfalls blond und sehr liebenswert in ihrer gütigen, offenen Art, sowie Ted, einem Mann mit Glatze und Babygesicht, sorgfältig angezogen und übergewichtig. Die Brille saß ihm eigentümlich unsicher auf der winzig kleinen Nase.

Anscheinend teilten alle anderen Familienmitglieder die Bedenken Teds gegen Evelyn als Beobachterin, obwohl nur er sie ausgesprochen hatte. Wenn das so war, waren es aber vielleicht gar nicht Teds Bedenken, sondern er hatte sie nur für die ganze Familie formuliert. Niemand hatte ihm widersprochen. Mein erster Verdacht war deshalb, daß die übergroße Besorgtheit, die alle als Teds Problem bezeichnet hatten, vielleicht nur Ausdruck eines Problems der ganzen Familie war.

Ich respektierte also die Bedenken Teds als die Bedenken der ganzen Familie und willigte ein, daß Evelyn bei uns blieb, fragte dann aber: »Weshalb, glauben Sie, ist Evelyn auf die Idee gekommen, mich hinzuzuziehen?« Sofort antwortete Ted: »Sie will den Karren wieder flott machen, das ist einmal sicher.«

»Wahrscheinlich ist sie frustriert«, fügte Joan hinzu. Ihre Stimme klang gepreßt. »Sie hat ja schon alles Mögliche versucht.«

»Evelyn steht uns mittlerweile sehr nahe«, lenkte Ted ein, als ob er sie in Schutz nehmen müßte. »Es ist schwierig für sie, uns weiterzubehandeln, jetzt, wo wir so gute Freunde geworden sind.«

»Sie ist also schon wie eine gute Oma«, sagte ich, da mir auffiel, wie sehr sie auf ihre Therapeutin Rücksicht nahmen und überhaupt immer gegenseitig Rücksicht nahmen, bis zu dem Punkt, wo sie ihre Therapeutin praktisch schon vereinnahmt hatten.

Jetzt erst stellte ich der Familie die Standard-Eröffnungsfrage: »Also, was glauben Sie, ist Ihr Problem?«

Ted warf einen schnellen Blick zu Joan hinüber und sagte, nicht als Frage, sondern als Feststellung: »Sie möchten also, daß ich den Anfang mache!«

Ich faßte diese Bemerkung als Versuch auf, alle anderen in Schutz zu nehmen. Ich war der Fremde, und er war entschlossen, alle Schläge einzustecken, die sich aus der ersten Begegnung mit mir ergeben mochten. Und nun fuhr er fort und übernahm die volle Verantwortung für das Problem der Familie.

»Ich habe es schwer mit den Kindern. Sie werden älter, und ich kann mich nicht ständig um sie kümmern. Sie können es gar nicht erwarten, selbständig zu werden, und rebellieren, wie es alle Kinder tun, natürlich. Sie wollen nicht mehr auf mich hören. Aber es bleibt ihnen nichts anderes übrig. Sie sind trotz allem noch Kinder und müssen sich entsprechend verhalten.«

»Wie reagieren Sie, wenn sie rebellieren?« fragte ich. »Wenn sie nicht auf Sie hören wollen?«

»Na ja«, sagte er nachdenklich und mit einer gewissen Befangenheit, »ich fürchte, ich habe als Vater versagt.«

»In welcher Hinsicht?«

»Naja, ich glaube, ich bin ein ziemlich altmodischer, alter Familienhase. In unserer modernen Welt kommt das manchem vielleicht komisch vor, aber wenn ich an Familie denke, fallen mir die besten Familienserien im Fernsehen ein: *Ozzie and Harriet* und *Leave It to Beaver.* Da sprechen die Leute immer über ihre Sorgen und sind zu einem harmonischen Zusammenleben bereit, streiten nicht, zanken nicht, hacken nicht aufeinander herum. Ich liebe diese Art Familienleben, dieses Ideal, aber bei uns ist es nicht so. Vielleicht ist das überhaupt unmöglich. Vielleicht schafft es niemand. Aber wir auf keinen Fall.«

Inzwischen war mir immer klarer geworden, daß er den großen Familienbeschützer spielte. Und deshalb fragte ich ihn, ob er etwas dagegen habe, wenn ich seinen Kindern dieselbe Frage wie ihm stellte: Was, glauben Sie, ist das Problem dieser Familie?

Er gab mir die Erlaubnis. Sarah schien tödlich gelangweilt zu sein. Sie zwirbelte an einer Haarlocke und starrte vor sich hin, weshalb ich mich zuerst an Wayne wandte.

Wayne schaute zu seinem Vater hinüber und sagte kühn: »Er macht sich dauernd Sorgen um mich, um alles, was ich tue. Egal was, egal wo, egal wann. Ich komme mir wie beschattet vor. Das geht mir echt auf die Nerven.«

»Vielleicht ist das seine Art, Sie zu beschützen«, sagte ich. »Ich habe den Eindruck, er hat einen extremen Beschützerinstinkt.«

Da platzte Sarah heraus: »Immer, wenn ich fernsehe, und jemandem passiert etwas – z. B. wird jemand verletzt oder überfallen oder fährt mit dem Auto gegen den Baum –, sagt mein Vater zu mir: ›Das könnte dir auch passieren, siehst du?‹ Oder: ›Das wird dir sicher auch einmal so gehen!‹ Ich meine, er sollte mir einmal ein bißchen Luft gönnen.«

Ich sagte, ich verstünde sie gut. »Aber würden Sie nicht zugeben«, fuhr ich fort, »daß das Leben manchmal wirklich gefährlich ist und daß Sie vielleicht einmal den Schutz brauchen könnten, den Ihnen Ihr Vater bietet oder hofft, bieten zu können? Glauben Sie nicht, Sie könnten einmal auf diesen Schutz angewiesen sein, ja sogar danach verlangen?«

»Ich denke schon«, antwortete sie. »Ja, stimmt. Ja. Wenn ich einmal in der Patsche sitze.«

Jetzt stellte ich eine Frage, die mir schon seit Beginn der Unterhaltung mit ihr auf der Zunge lag. »Und wie steht es mit Ihrer Mutter, Sarah? Sorgt sie sich auch so um Sie?«

»Nein«, erwiderte sie einfach.

»Überhaupt nicht? Nie? Ihr Vater fühlt sich immer für alles verantwortlich?«

»Na ja, es gibt nicht viel, weshalb sie meinetwegen besorgt sein müßte. Ich tue ja nichts, was sie aufregen könnte.«

»Aber Eltern machen sich immer ein bißchen Sorgen«, provozierte ich.

Sarah wurde es plötzlich unbehaglich. Ich glaube, allen anderen ging es genauso. Sie waren überrascht und bekümmert, daß wir über Joan sprachen. Als ob sie tabu wäre.

»Ach, meine Mutti ist den ganzen Tag über beschäftigt«, sagte Sarah schließlich und rückte ein wenig auf dem Stuhl hin und her. »Zuerst putzt sie im Haus, und dann löst sie Kreuzworträtsel.«

Sie brach ab, als wäre sie schon zu weit gegangen. Dann entschloß sie sich, fortzufahren: »Das ganze Haus ist ein Chaos, wenn Sie es wissen wollen. Eigentlich ein Saustall. Meine Mutti ist nicht gerade ordentlich. Sie ist ein bißchen komisch. Sie macht eine Stunde Umweg, wenn es irgendwo billigeres Gemüse gibt, verbraucht aber das Ersparte zweimal durch Benzin und dreimal durch den Zeitaufwand. So vergeudet sie ihre Zeit. Sie ist ziemlich ›aufgelöst‹.«

»Es kommt mir allmählich so vor, als ob sich Ihre Mutter um nichts kümmerte und Ihr Vater um alles«, sagte ich. »Sie haben sehr interessante Eltern: Der eine sorgt sich die ganze Zeit, die andere gar nicht.«

Ich wandte mich an Ted und fragte: »Warum lassen Sie sie ihren Pflichten so leicht auskommen? Ich meine Ihre Frau. Es ist wirklich sehr großzügig von Ihnen, immer alles auf sich zu nehmen. Sie laden sich alle Lasten auf und befreien Ihre Frau davon. Aber ich wundere mich doch, weshalb es Ihnen so wichtig ist, sie so zu entlasten. Ich möchte Ihnen eine Frage stellen: Wenn Joan sich Sorgen machen müßte, worum, glauben Sie, würde sie sich Sorgen machen?«

»Um ihre Mutter«, sagte Ted nach einer langen Pause. »Ihre Mutter lebt in New Jersey. Sie ist alt und einsam. Joans Vater starb vor fünf Jahren. Joan hat ziemlich Angst um ihre Mutter. Ich sehe die Ferngespräche auf der Telefonrechnung. Sie telefoniert oft nach New Jersey.«

»Also steht ihr ihre Mutter sehr nahe.«

»Ja. Wenn ihrer Mutter etwas passierte, würde Joan sicher in Panik geraten.«

»Gut, Ted«, sagte ich. Ich wußte jetzt, daß sich dieser Mann selbst aufopferte. Er wollte seine »aufgelöste«, ängstliche Frau von ihren eigenen Sorgen entlasten. »Ich nehme an, Sie machen sich ziemlich viele Gedanken über Ihre Frau?«

Er blickte mich scheinbar überrascht an, zuckte aber dann die Achseln, als wäre ihm klargeworden, daß ich nur formuliert hatte, was ohnehin auf der Hand lag.

»Ja, das stimmt«, sagte er schließlich. »Ich mache mir dauernd Gedanken um sie. Alle denken, ich kümmere mich in meiner Freizeit nur um die Kinder. Und das stimmt auch, am Wochenende kümmere ich mich um sie«, meinte er mit einem kurzen Auflachen. »Aber um Joan kümmere ich mich die ganze Woche. Ja. Wirklich. Jeden Tag. Sie haben absolut recht.«

Joan starrte ihn gespannt an, mit weit aufgerissenen Augen, wie ein zwischen zwei Sprüngen sicherndes Eichhörnchen.

»Und sie gibt Ihnen jede Veranlassung, sich Sorgen um sie zu machen«, fuhr ich fort.

Alle lachten, Joan mit einer Art unterdrückter Erleichterung.

»Wenn Joans Mutter etwas passierte, Ted, glauben Sie, daß Joan wirklich zusammenbrechen würde?«

Ted schwieg wieder.

»Wenn ihre Mutter sterben würde? Meinen Sie das? Ja, sicher. Bestimmt. Darüber mache ich mir Sorgen. Daß sie dann durchdreht. Sie ist ein stilles Wasser, meine Joan, und man erkennt nicht leicht, was in ihr vorgeht. Aber ich kenne sie schon sehr, sehr lange und glaube, es ist sehr gut möglich, daß sie, wenn etwas mit ihrer Mutter passiert, ausflippt.«

In Joans Gesicht zuckte und wetterleuchtete es unwillkürlich. Die Kinder beobachteten sie gespannt.

»Ist das schon einmal passiert? Ist sie schon einmal ausgeflippt?«

»Na ja, so ist es nicht, daß sie laut schreiend durch die Nacht rennt, aber, na ja ... schwer zu sagen – ich hoffe, es verletzt dich nicht, wenn ich es so ausdrücke – aber manchmal gibt es schon gewisse Momente. Es kommt beispielsweise vor, daß Joan nachts um halb elf ankündigt, sie wolle jetzt einkaufen gehen. Natürlich, auch andere Leute gehen nachts einkaufen. Aber sie planen es normalerweise oder müssen bis abends arbeiten. Es ist dann kein spontaner Impuls. Sie gehen nicht extra in den durchgehend geöffneten Supermarkt, wenn es schon halb elf Uhr ist. Aber ich meine, Joan hat auch schon Stunden mitten in der Nacht damit verbracht, die Dachkammer auszuräumen. Ich schwöre es Ihnen, das ist nicht erfunden. Sie holt die Sachen aus der Dachkammer und bringt sie in die Garage, damit alles für den wöchentlichen Hausputz fertig ist – um drei Uhr morgens! Ich meine, dann ist mir nicht ganz wohl bei der Sache. Und, na ja, es erschreckt mich ein bißchen, und darüber mache ich mir Sorgen. Über sie mache ich mir Sorgen. Sie ist meine Frau.«

Ich nickte. Ich war bewegt, offen gesagt, und beeindruckt. Ich sagte, ich bräuchte ein paar Minuten, um meine Gedanken zu ordnen, und hätte ihnen ein paar Vorschläge zu machen, bevor sie gingen. Ich würde diese Vorschläge aber gern vorher mit Evelyn besprechen. Denn ich wüßte, wie sehr ihr das Ganze am Herzen läge. Es sei mir lieb, wenn sie sich etwas gedulden würden und mir zehn bis zwanzig Minuten Zeit ließen. Dann würde ich zurückkommen.

Ich machte meine Pause, dachte über den Fall nach, tauschte einige Gedanken mit Evelyn aus und kehrte ins Zimmer zurück, um ihnen zu sagen, was ich auf dem Herzen hatte.

Ich wandte mich an Ted. »Sie haben auf mich großen Eindruck gemacht«, begann ich. »Sie haben die schwere Aufgabe auf sich genommen, alle Last der Verantwortung für Ihre Familie zu tragen. Ich kann Ihnen gar nicht sagen, welch tiefen Respekt ich vor Ihnen und Ihrer Leistung empfinde. Ich glaube, Sie haben eine Aufgabe übernommen, die in Ihrer Familie unbedingt bewältigt werden mußte, und Sie haben das trotz der schwierigen Lage und der Folgen getan, in die Sie dadurch gebracht wurden. Sie haben den Anschein erweckt, als seien Sie die Ursache für die Probleme, vor denen Sie alle anderen doch nur geschützt haben. Sie haben all diese Sorgen für Ihre Familie auf sich genommen, mit der paradoxen Folge, daß die Familie Ihre Sorgen als das Problem ansah, über das man sich die meisten Sorgen machen müßte. Eine beachtliche Leistung!«

»Danke«, sagte er. »Ich bin Ihnen dankbar, daß Sie das sagen.«

»Und nicht nur das«, fuhr ich fort. »Besonders bewundere ich Sie deswegen, weil Sie erkannt haben, wie sehr Ihre Frau Sie brauchte.

Ich bewundere Sie wegen Ihrer treuen Sorge um sie und ihren Seelenfrieden.«

»Ich danke Ihnen«, sagte er zum zweiten Mal, und das kam ihm sichtlich von Herzen.

»Sie haben Joan die Möglichkeit gegeben, sich sorgenfrei zu fühlen, während Sie selbst die Glucke gespielt haben, die ihre Küken betreut, wie wenn Sie Vater und Mutter zugleich wären. Und ich weiß, daß Sie sich außerdem noch Gedanken machten, was ihr zustoßen würde, wenn Sie sie nicht beschützten, und ob sie ohne Sie nicht in Aufregung oder gar Panik und gefährlich aus dem Gleichgewicht geriete. Sie haben sie im genau richtigen Maß abgelenkt und sich dann noch von ihr kritisieren lassen müssen. Sie haben den Anschein erweckt, als seien Sie die Ursache allen Übels. Aber Sie sind es gar nicht. Sie haben nur einen Rauchvorhang errichtet.

Ich glaube, es wäre jetzt wichtig für Sie und die Familie, sich zu überlegen, was passieren würde, wenn Sie nicht da wären und Ihre Frau in Schutz nähmen. Ich glaube, sie hat Ihr Verhalten gebraucht, und bin daher nicht der Meinung, Sie sollten ganz damit aufhören. Da kommt mir übrigens in den Sinn, daß es sehr verständlich ist, warum Sie auf Ihr Medikament nicht reagiert haben. Ihr Körper erlaubt Ihnen nicht, die Rolle, die Sie übernommen haben, so einfach abzugeben. Es wäre zu gefährlich. Daher meine ich, Sie sollten Ihre Besorgtheit nicht völlig aufgeben – sie ist wahrscheinlich vorläufig unentbehrlich –, bis wir wissen, was aus Ihrer Frau wird, wenn Sie nicht alle Verantwortung tragen. Also sollten Sie ruhig weiter besorgt sein. Aber ich möchte Ihnen empfehlen, es auf, sagen wir, eine Stunde pro Tag zu beschränken.«

Ted lachte. Auch die Kinder mußten lachen.

»Ich meine es ernst. Wann machen Sie sich die größten Sorgen?«

»Wenn ich von der Arbeit nach Hause komme.«

»Gut, machen Sie sich also jeden Tag Sorgen wie bisher. Aber ich hätte gern, daß Sie es, statt über die ganze Zeit verstreut, nur eine Stunde lang tun und außerdem in Gegenwart Ihrer Frau, damit sie sich beruhigt. Sie werden also diesen Sorgenjob beibehalten, wenigstens in Teilzeit, und während Sie Ihre Frau beschützen, haben Sie dann doch Zeit genug für Ihr eigenes Leben, vielleicht sogar für ein bißchen Vergnügen. Sie können weiter der treue Beschützer sein, brauchen sich aber nicht unaufhörlich Sorgen zu machen. Sie sind extrem hilfsbereit und rücksichtsvoll gewesen, doch mit der Folge, daß Sie selbst wenig Spaß am Leben hatten.«

»Das ist wahr«, sagte Ted, fast flüsternd.

»Vielleicht finden wir auch heraus, wovor sich Joan so fürchtet und was ihr dann passiert.«

»Ich bin es nicht mehr gewöhnt, mir keine Sorgen zu machen«, warf Ted ein.

Ich lächelte. »Da habe ich keine Bange. Es ist, wie wenn man Radfahren lernt. Wenn Sie einmal wissen, wie es geht, vergessen Sie es niemals mehr.«

Er lächelte. Es war ein breites, einnehmendes Lächeln, voller Verständnis, Einverständnis, Glück und Dankbarkeit. Es baute mich direkt auf.

Mein Vorschlag schien mir eine gute und schnelle Lösung für das vermeintliche Problem zwischen Ted und seinen Kindern zu garantieren. Aber ich wußte auch, daß sich das Selbstbild Teds, wenn er einmal die Funktion seiner Befürchtungen erkannt hatte, von Grund auf ändern würde, ebenso das Bild, das die anderen Angehörigen der Familie von ihm und von sich selbst hatten. Und niemand konnte erwarten, daß er mit seiner Angewohnheit, sich zu sorgen, sofort Schluß machen könnte, selbst wenn er sich einem eigenen Entwöhnungsplan unterwarf. Aber mit der Zeit, dachte ich, würde es schon klappen. Bis dahin würde allerdings seine Frau ihrerseits lernen müssen, Verantwortung für sich und ihre eigenen Sorgen zu übernehmen.

Wieder einmal hatte ich erfahren, daß das Problem einer Familie im Grunde kein Problem, sondern ein Lösungsversuch war. Wenn diese Familie aber ihre Methode, mit Joans Ängsten und ihrer »Aufgelöstheit« umzugehen, ändern wollte, mußte sie den sich daraus ergebenden Konsequenzen ins Auge sehen. Ich wußte das und stimmte meine Vorschläge darauf ab. Wenn Ted seine Gewohnheiten aufgab, bedeutete das, daß er und die Kinder bis zu einem gewissen Grad von dem Druck befreit wurden, der bisher auf ihnen gelastet hatte. Aber es gab jemanden, der unter der jetzt mit Sicherheit folgenden Windstille leiden und damit fertigwerden mußte: Joan. Da sich alle Mitglieder der Familie gegenseitig beschützten, würde dieser Veränderungsprozeß zweifellos seine Zeit brauchen. Doch stattfinden würde er.

Sieben Monate später rief mich Joan aus New Jersey an, wo sie ihre Mutter besuchte. Sie sagte, ihr ganzes Leben sei auf den Kopf gestellt, und sie brauche einen Termin bei mir. Sie erzählte, Ted habe seine Gewohnheit weitgehend aufgegeben. Jetzt müsse sie sich selbst Sorgen machen, und sie glaube nicht, daß sie diese Last tragen könne.

Ich sagte, es wäre unklug, wenn sie mich besuchte, ohne daß die ganze Familie dabei wäre. »Ich weiß, wie das in Ihrer Familie funktioniert«, meinte ich. »Es wäre eine Art Verrat, wenn Sie ohne sie kämen.« Ich versprach ihr, einen Termin für die Familie zu reservieren, wenn ich das nächste Mal in Chicago wäre. Ich gab ihr die Zeit meines nächsten Aufenthalts dort an und die Telefonnummer, unter der ich voraussichtlich erreichbar war.

Sie riefen nicht an. Ich weiß nicht genau, was passiert war. Nur erzählte mir die Therapeutin, die mich anfangs um Rat gefragt hatte, die Familie habe schon vor Monaten einen Weg gefunden, auf Joans Ängste zu reagieren. Aber auch sie habe sie etwa seit der Zeit von Joans Anruf bei mir nicht mehr gesehen. Ich war jedoch zuversichtlich, daß die Familie auf Joan, wenn sie ans Ende ihrer Kraft gelangte, Rücksicht nehmen würde. Da sie nicht mehr anrief, ist es mehr als wahrscheinlich, daß sie und ihre Familie bewußt oder sonstwie eine Lösung gefunden hatten, die ihren Bedürfnissen entsprach. Und außerdem war ja auch Evelyn, ihre Therapeuten-»Oma«, immer in Reichweite.

Nachschrift

Diese Moritat ist ein gutes Beispiel dafür, wie eine Familie – Eltern und Kinder gemeinsam – zusammenwirken können, um eine Illusion zu erzeugen, die einen Elternteil vor übergroßen Ängsten schützt. Das geschah hier dadurch, daß der andere Elternteil, der unbewußt mitspielte, veranlaßt wurde, sich seiner Familienpflichten weit über das übliche Maß hinaus zu widmen.

Solche Familienkonstellationen sind sehr häufig. Manchmal opfert sich einer der Gatten, manchmal ein Kind oder die Großeltern. Normalerweise ist es nur vorübergehend. Ein Familienmitglied lenkt die negativen Kräfte auf sich und absorbiert sie. Das kann aber, wenn es zu lange dauert, auch zum totalen Selbstopfer werden und allen Hoffnungen und Träumen des Betreffenden zuwiderlaufen.

Die Fiktion, die von einer Familie aufgebaut wird, dient oft dazu, die Gemeinschaft in einer Gefahrensituation zu stabilisieren. Die anderen Geschichten dieses Teils *Erfolgreiches Versagen* enthalten weiteres Anschauungsmaterial hierzu. Der gerade geschilderte Fall ist aber ein ziemlich extremes Beispiel. Der Vater übernahm beherzt die Hauptrolle des negativen Helden, und die beiden Kinder schlossen sich bereitwilligst an, um die besorgte, aufgeregte Mutter gegen die Ängste um deren eigene Mutter in Schutz zu nehmen.

Ich glaube nicht, daß meine Intervention in diesem Fall das übliche Maß überschritt. Aber das Muster ist so verbreitet und den Familien im allgemeinen doch so wenig bewußt, daß sie fast immer über mein Vorgehen und meine Entdeckungen erstaunt sind. Wenn ich bemerke, daß ein Familienmitglied mit psychischen Symptomen von allen anderen einhellig in ein starres Schema gepreßt wird, dann weiß ich von der Theorie her, aber auch intuitiv, daß mir die Familie eine Fiktion auftischt, die funktional ist. Wenn alle genau die gleiche Geschichte erzählen, handelt es sich so gut wie sicher um eine Verschwörung, mit der sie eine ganz andere Geschichte decken wollen. Wenn alle einer Meinung über das Problem sind, verbirgt sich dahinter höchstwahrscheinlich ein weit größeres. Also mache ich mich unverzüglich auf die Suche, wen oder was die konspirative Geschichte schützen könnte, und wenn ich es entdeckt habe, versuche ich das künstliche Gleichgewicht zu erschüttern, das die Leute mit ihrem Mythos aufgebaut haben. Und sobald sie einmal ihren Mythos, ihre fixe Idee, los sind, haben sie die Möglichkeit, bei der Herausbildung neuer Interaktionsmuster ebenso kreativ zu sein wie bei ihrem aktuellen Problem.

Sündensyndrom

Long Island, New York, Frühjahr 1979

Cheryl Baker betrat den Raum mit einem Säugling in rosa auf dem Arm. Drei andere Kinder bugsierte sie auf Plätze neben dem Stuhl, auf den sie ihr Taschenbuch und ihren Babyrucksack legte. Diese Kinder waren sauber gewaschen und gekämmt, adrett gekleidet und äußerst brav. Aufrecht sitzend, die Hände auf den Knien, lächelten sie mir und Bernard Waller schüchtern zu. Bernard war junger

Praktikant der Familientherapie, dessen Ausbildung in einem Familienforschungszentrum ich überwachte. Andere Praktikanten beobachteten die Vorgänge durch einen Spiegel, doch hatte ich Bernard gebeten, mir Gesellschaft zu leisten, weil ich im Aufnahmeprotokoll auf eine medizinische Notiz gestoßen war.

Das älteste von Cheryl Bakers Kindern, ein Junge von etwa zehn Jahren, bemerkte, wie seine Mutter mit ihren Utensilien kämpfte, sprang auf und holte den Rucksack und das Buch vom Stuhl. Diese einfache, selbstverständliche Geste sprach Bände über die Beziehung zumindest dieses Kindes zu seiner Mutter. Es benahm sich ungemein rücksichtsvoll.

»Kommt Ihr Mann auch noch?« fragte ich sie. »Sollen wir warten, oder sind schon alle beisammen?«

»Mein Mann konnte sich heute nicht freinehmen«, antwortete sie mit einem schwachen, freundlichen Lächeln. Ich deutete es mir so, daß der Mann nicht kommen wollte oder vielleicht gar nicht wußte, daß sie einen Termin hatte. Mir wäre seine Teilnahme lieber gewesen, aber er war eben nicht da. Dagegen war nichts zu machen.

»Gut, fangen wir also an«, begann ich. »Ich habe hier eine rätselhafte Notiz. Sie haben Probleme mit Ihrem Baby. Wollen Sie mir nicht verraten, weshalb Sie hier sind?«

Sie senkte den Blick auf den Säugling, dann zu Boden. Schweigen breitete sich aus, die anderen Kinder beobachteten ihre Mutter mit Sorge und Spannung. Zu Boden blickend, sagte Cheryl in ruhigem, etwas klagendem Ton: »Ich möchte wissen, wie ich sie pflegen soll. Ich meine das Baby.«

Ich war überrascht. Sie hatte doch schon drei Kinder vom Säuglingsalter an aufgezogen.

»Das Baby ist schwieriger als Ihre anderen Kinder in diesem Alter?« meinte ich.

Sie nickte.

»Gut, was ist also das größte Problem mit diesem Baby? Fangen wir damit an.«

»Sie ist mongoloid«, antwortete Cheryl bedeutungsschwer.

Das war tatsächlich vielsagend. Ich konnte mir das Drama gut vorstellen, das diese Familie erlebt hatte, die abrupte Veränderung ihres ganzen Lebens. Ich erinnerte mich an ähnlich gelagerte Fälle, wo Eltern in großer Opferbereitschaft erhebliche Unannehmlichkeiten, ja wirkliche Leiden auf sich genommen hatten. Bisher hatte ich mir den Säugling noch nicht genauer angesehen. Aber jetzt versuchte ich, einen besseren Eindruck von ihm zu gewinnen.

»Oh«, sagte ich. »Wann haben Sie das erfahren?«

Cheryl antwortete leise, während sie auf das Bündel auf ihren Knien niederblickte: »Ich habe vor ein paar Wochen einen Artikel darüber gelesen.«

Ich hob fragend die Brauen. Sie sah es und fuhr fort: »Ich las einen Artikel in *Reader's Digest*. Er ging über Geburtsfehler bei Babys, z. B. mongoloiden Babys. Es hieß darin, mongoloide Babys haben sehr große Zehenabstände. Da sah ich mir ihre Füße an, und ihre Zehen stehen tatsächlich sehr weit auseinander.«

Abrupt beendete sie den Satz, hob das Kinn und blickte mir direkt in die Augen. Auch die anderen Kinder sahen mich an. Bernard sah mich an.

Reader's Digest, dachte ich. Freund und Ratgeber von 17 Millionen Amerikanern. Roma locuta, causa finita. Ich versuchte, mir nichts anmerken zu lassen. Ich hatte erwartet, daß sie mir den Namen eines Arztes nannte und nach seiner Diagnose exakt die Symptome aufzählte. Ich schaute zu Bernard hinüber. Aus einem Grund, der mit diesem speziellen Fall gar nichts zu tun hatte, befand ich mich zufällig in Gesellschaft des genau richtigen Mitarbeiters. Darüber war ich sehr froh.

»Cheryl«, sagte ich freundlich, »Bernard, mein Kollege, ist Mediziner. Würde es Ihnen etwas ausmachen, wenn er Ihr Baby untersucht? Wie heißt es denn?«

»Catherine«, gab sie zur Antwort, stand auf, zog das Baby aus und hielt es Bernard entgegen. »Cathy«, sagte sie dann, direkt zu ihm gewendet.

Bernard übernahm Catherine. Mit der linken Hand hielt er Rücken und Hals, die rechte schob er unter den Po. Er hob sie ein wenig in die Höhe und musterte ihre Beine. Später erzählte er mir, er habe natürlich sofort nach Anzeichen für schwachen Muskeltonus, schlaffe Arme, Beine und Kopfhaltung Ausschau gehalten. Er fragte Cheryl, ob die Tochter sie anschaue, wenn sie sich nähere. Cheryl bejahte. Mittlerweile richtete das Kind seine Blicke auf Bernard. Er fragte, ob Cathy schon lächeln könne. »Wenigstens ab und zu?«

»O ja«, sagte sie, »immerzu.«

»Wie gut trinkt sie?« fragte Bernard weiter und berührte mit dem Rücken seines kleinen Fingers Cathys Lippen, die sofort aufgingen und sich um den Finger schlossen. »Trinkt sie langsam im Vergleich zu ihren Altersgenossen?«

»Nein, sie leert ihre vorschriftsmäßigen Fläschchen prima.«

Jetzt erkundigte sich Bernard nach dem Stuhlgang. Cheryl sagte, der Stuhlgang sei gut. Die Kinder kicherten.

Bernard beobachtete Cathys Gesicht genau. Er strich ihr über den Hinterkopf und sah dabei, wie ihre Augen den seinen folgten.

Er betastete und untersuchte sie, testete die Reflexe, und schaute schließlich mit einem leichten Achselzucken und hochgezogenen Brauen zu mir. Die ärztliche Untersuchung war abgeschlossen. Alles war in Ordnung mit dem Baby. »Danke, Bernard«, sagte ich.

Ich warf einen Blick auf Cheryl, wirklich erstaunt. Was konnte eine offensichtlich so tüchtige Mutter veranlassen, ihrem schönen, gesunden Baby Mongoloismus zu attestieren? Und, noch wichtiger, wie konnte ich sie von dieser Illusion befreien – die ja augenscheinlich eine wichtige Funktion erfüllte –, ohne dabei die Kinder zu verletzen?

Ich schaute das älteste Kind an, wie um ihm zu bedeuten, daß wir beide hier zusammenarbeiten müßten. Wir müßten seine Mutter von ihrem Problem befreien. Ich senkte den Kopf ein wenig, lehnte mich zurück und stand dann auf. Ich erinnerte mich an einen ähnlichen Fall, an dem Carl Whittaker beteiligt war, ein Familientherapeut an der medizinischen Fakultät der University of Wisconsin. Er benutzte dabei ein Lineal, um eine Illusion zu zerstören. Es war ein radikaler Eingriff. Ich war entschlossen, es ebenso zu machen und eine absurde Illusion mit einer ebenso absurden Maßnahme ad absurdum zu führen. Die Augen aller Anwesenden folgten mir, als ich auf den Spiegel zutrat und mit den Knöcheln so autoritär und theatralisch wie möglich daranklopfte. »Bringen Sie mir ein Lineal!« befahl ich. »In meiner obersten Schreibtischschublade!« Ich blickte zu dem Jungen zurück, nickte und kniff ein Auge zu, wie um zu sagen: »Wir beide, wir werden die Sache schon schaukeln!« Er starrte mich gebannt an, während die Augen seiner beiden Schwestern bewundernd an ihm hingen. Einer der beobachtenden Therapeuten betrat den Raum und überreichte mir ein hölzernes Lineal.

»Bitte, jeder zieht jetzt Schuhe und Socken aus«, befahl ich.

»Auch Sie, Bernard!« Ich klatschte mit dem Lineal an meine Hand, daß es knallte, warf dem Jungen wieder einen Blick zu, schaute nachdenklich auf meine Füße und zog dann entschlossen die Schuhe aus.

Die Kinder machten eifrig mit. Ich flüsterte ihnen zu: »Meine Mutter ist so froh, daß ich keine Socken mit Löchern vorn trage.« Sie grinsten, während die Mutter sich anstrengte, über das Baby gebeugt ihre Schuhe auszuziehen.

In der linken Hand einen Notizblock und Bleistift, in der rechten das Lineal, ließ ich mich auf alle viere nieder. Ich fing mit Bernard an, maß als erster die Zehen an seinem linken Fuß, dann die am rechten und die Zwischenräume zwischen den Zehen. Die Ergebnisse schrieb ich derart gravitätisch auf, als handele es sich um Staatsgeheimnisse. Bei jedem Kind wiederholte ich die Messungen, dann bei Cheryl, bei der kleinen Cathy, schließlich bei mir selbst, wobei ich den Jungen bat, derweil den Notizblock zu halten und meine Resultate aufzuschreiben. Ich nahm den Block wieder an mich, ging zum Stuhl zurück, holte einen Rechner aus der Tasche und tippte Zahlen ein. Endlich schaute ich die Kinder an, holte tief Atem und seufzte. Mit einem Blick auf Bernard und wieder auf die Kinder sagte ich: »Aus diesen Messungen geht ziemlich eindeutig hervor, daß Bernard, mein Kollege, mongoloid ist.«

Der Junge platzte mit einem Lachen heraus, seine Schwestern folgten mit einem lauten Kichern, ich schloß mich ihnen an, Cheryl und Bernard schlossen sich mir an, und so entlud sich die Spannung in einem befreienden Gelächter, das fast 20 Sekunden dauerte.

Cheryl schien trotzdem etwas nervös zu sein. Eine tiefe Einsicht rang sich in ihr empor, und sie sagte: »Wissen Sie, was ich glaube? Ich glaube, ich habe mir das Problem mit dem Baby nur eingebildet. Ich habe mir ein Hirngespinst ausgedacht, weil sie anders war als die drei anderen. Da gibt es etwas, was wahrscheinlich nur mir auffiel oder auffällt: daß Cathy ganz anders aussieht – ich meine, ihre Augen, ihre Haare. Wissen Sie, man konnte sie betrachten und sagen, sie ist ein wunderschönes Baby. Aber dann mußte man sich fragen: Von wem stammt sie eigentlich? Vielleicht konnte man ein bißchen von mir in ihr entdecken, aber von Tom, ihrem Vater, keine Spur, wissen Sie?«

Jetzt kam Sinn in das Ganze. Dieses Kind *war* anders. Da gab es ein Geheimnis, das, wie Cheryl fürchtete, ihr Leben zerstören konnte. Mit ihrer Illusion verbarg sie diese Befürchtungen.

Aber jetzt, wo sie bereit war, ja es sogar eilig zu haben schien, ihrer Angst ins Auge zu sehen, brauchten die Kinder, die wohl nicht so schnell dazu bereit waren, plötzlich Schutz. Daher unterbrach ich die Sitzung und sagte:»Entschuldigen Sie, aber diese jungen Leute haben schon viel zuviel Geduld mit uns gehabt.« Wieder blickte ich den älteren an, meinen Kameraden, und fragte:»Könntet ihr Kinder ein bißchen im Warteraum bleiben, während eure Mutti mit Bernard und mir ein wenig spricht? Wir haben hier noch ein anderes Zimmer mit einem Fernseher, vor dem, glaube ich, im Moment niemand sitzt. Hättet ihr nicht Lust, ein paar Minuten hinzugehen?«
Die Kinder nickten.

Als sie weg waren, nahm Cheryl wieder das Wort:»Sie haben wahrscheinlich längst erraten, daß es Gründe für mein Verhalten gibt. Ich habe die Sache so lange versteckt, daß es fast schon danach aussieht, als hätte ich sie vor mir selbst verstecken müssen, so unmöglich das vielleicht auch klingt. Was ich also tun mußte, war … ich meine, das vierte Kind war so anders, und es war klar – jedenfalls jetzt ist es klar –, daß hier ein Problem vorlag. Also arrangierte ich es so, daß das Baby ein Problem hatte, statt das Problem bei mir zu sehen. Und jetzt weiß ich nicht mehr ein noch aus.«

Sie erzählte mir nun die ziemlich alltägliche Geschichte von einem Ehepaar, das im Lauf der Zeit in die üblichen Ehekonflikte geschlittert war und die ursprüngliche Gemeinsamkeit verloren hatte: zuerst die Anziehung, dann die Zärtlichkeit und schließlich auch die Leidenschaft. Während sie sich noch mit der Frage quälte, ob Tom sich schon anderweitig umtat, begann ein anderer Mann zunehmend ihr Interesse zu erregen. Das Resultat war Catherine. Seit sie wußte, daß sie schwanger war, war auch die Beziehung zu Ende.
»Also erzeugten Ihre Schuldgefühle die Vorstellung in Ihnen, daß etwas mit dem Baby nicht stimmen konnte«, sagte ich.»Wissen Sie, daß diese Fähigkeit, eine Illusion als Schutzwall gegen die Realität aufzubauen, gar nichts Ungewöhnliches ist? So etwas kann unglaublich stark sein.«
»Ich habe es nicht gut gemacht, nicht wahr?« sagte sie.»Wirklich nicht.«
»Das würde ich nicht sagen«, meinte Bernard.»Ich glaube, im entscheidenden Moment haben Sie es ganz gut gemacht.«

»Bernard hat recht«, sagte ich. »Sie haben sich ja gerade selbst aus einer überaus starken Illusion herausgearbeitet. Mit eigener Kraft. Und sind auch nur zu diesem Zweck hierhergekommen.«

Sie lächelte schwach, seufzte und meinte: »Das stimmt, oder? Das ist ein tröstlicher Gedanke. So etwas brauche ich. Ich glaube, als Sie das Baby untersuchten und mir all diese Fragen stellten, da wußte ich schon, daß etwas zu Ende war oder sich auflöste. Aber was soll ich jetzt tun? Ich weiß nicht, was ich tun soll.«

»Halten Sie es für sinnvoll, Ihren Mann zu fragen, ob er noch einmal mit Ihnen hierherkommt?« fragte ich, und fügte hinzu: »Ich selbst glaube, das wäre wirklich nicht schlecht.«

Sie seufzte wieder, halb zustimmend, halb ablehnend.

»Gut«, sagte sie nach einer Pause. »Ich werde mit ihm sprechen. Ja. Aber was soll ich ihm sagen?«

Ich zuckte die Achseln. »Sagen Sie ihm, Sie hätten einen Termin mit mir vereinbart.«

Ich hatte das Gefühl, im Moment war der Schritt, den sie gemacht hatte, groß genug. Sie hatte sich von der Illusion befreit, die den Zweck gehabt hatte, ihr die Last einer unerträglichen Wahrheit abzunehmen. Damit konnten wir uns noch in künftigen Sitzungen beschäftigen, im Beisein ihres Mannes. Das aktuelle Problem, das wir jetzt mit ein wenig Freundlichkeit, Humor und Absurdität gelöst hatten, war diese Illusion gewesen, die sie sich gemacht hatte, um mit der Angst vor den Folgen ihrer Tat fertigzuwerden und sogar das Bewußtsein dieser Tat bei sich auszulöschen.

Für mich bildete sie in dieser Illusion sozusagen die Illegitimität ihres Kindes ab. In gewisser Weise schuf die Einbildung einen Ausgleich zwischen Vergangenheit und Zukunft, ließ ihr die Situation in erträglichem Licht erscheinen und wirkte als eine Art Wächter, der sie vor ihrem eigenen Geheimnis schützte. Hätte sie aber weiter unter dem Schutz dieser Illusion gehandelt, wäre das Chaos in Zukunft nur noch größer geworden. Daher mußte eine absurde Intervention dazu herhalten, die absurde Illusion zu zerstören.

Nachschrift

Cheryl Bakers Illusion stellte eine wunderbare, sehr seltene Gelegenheit dar, ein theoretisch erlerntes Verfahren in der Praxis anzuwenden. Die Situation, in der ich mich befand, war den im Unterricht vorgetragenen Beispielen sehr ähnlich, und so konnte ich die erfreuliche Erfahrung machen, daß das Gelernte tatsächlich auch Hand und Fuß hatte. Die Technik war die Variante eines Vorgehens, mit dem ich seit meiner Praktikantenausbildung experimentiert hatte – seit der Zeit der *Spaghetti-Geschichten* also. Es war die Idee, in die Welt eines anderen Menschen einzutreten und seine Illusionen ad absurdum zu führen, um dann ihren Erzeuger in eine leichter zu bewältigende Wirklichkeit zurückzuholen.

Die Illusion Cheryls war ein Extremfall. Aber sie wußte immerhin, daß sie ein Problem hatte: ein Kind und das damit verbundene Geheimnis, mit dem sie sich auseinandersetzen mußte.

Häufiger ist es, daß die Menschen die Existenz eines Problems überhaupt leugnen oder deutlich sichtbare Schwierigkeiten einfach verdrängen. Diesem Zweck dient dann ihre Illusion. So ist es in den Familien der Alkoholiker oder Drogensüchtigen, wo der Alkoholiker sagt, es gebe überhaupt kein Problem, und diese Illusion unaufhörlich erzeugt und nährt. Doch gleichgültig, ob das Problem in einer identifizierbaren Illusion oder in der Leugnung eines identifizierbaren Problems besteht – ich versuche immer zu verstehen, welche Funktion die Illusion im Kontext der Familienbeziehungen besitzt und welche Folgen bei der Beseitigung der Illusion auftreten könnten.

Cheryl Baker war überzeugt, ihr Baby sei mongoloid, obwohl es gar nicht so war. Ich mußte zuerst herausbekommen, worin der Sinn dieser Illusion bestand, und dann über die möglichen Konsequenzen, wenn sie ihre Illusion besiegte, nachdenken. Die von mir gewählte Technik war ebenso symbolisch und dramatisch wie die Illusion selbst. Sprache und Logik hätten hier nicht weitergeholfen. Denn es waren auch nicht die Mittel, mit denen sie ihre Illusion aufgebaut hatte. Insofern folgte mein Eingriff, der wie eine Eingebung ausgesehen haben mag, einem sehr klaren Schema, das ich erlernt und in langen Praxisjahren vervollkommnet hatte. Im Ernstfall erinnerte ich mich an eine besondere Variante dieses Verfahrens, wie sie ein Kollege seinerzeit praktiziert hatte.

Und als einmal durch unser zwangloses, humorvolles Vorgehen die Einsicht möglich geworden war, daß das mongoloide Baby eine Illusion und illegitim war und daß Cheryl furchtbare Angst vor der Aufdeckung ihres Geheimnisses hatte, konnten wir eine neue Einstellung entwickeln und weitergehen.

Heterophobie

New York, 1990

Viele Menschen, die meine Praxisräume betreten, geben scheinbar ungerührt zu, daß sie im Leben versagt haben: im Beruf, in ihren Beziehungen, im Hinblick auf alle möglichen Erwartungen. Nur ihre Körpersprache und ihr Allgemeinverhalten zeigen dann doch, daß sie mehr oder weniger frustriert, zornig, hilflos oder auch bestürzt sind.

Roger Birney dagegen schien sich dermaßen zu schämen, daß ich selbst fast die Fassung verloren hätte. Ich hatte ihn nur gefragt, was ich die Leute auch sonst bei der ersten Begegnung frage. Ich wollte zunächst fixieren, was ich als das »aktuelle Problem« zu bezeichnen pflege, wobei ich den Betroffenen lediglich bitte, seine Schwierigkeiten zu verbalisieren. Als Antwort hatte er nur den Kopf gesenkt und den Körper etwas nach rechts gedreht. Er seufzte kaum hörbar und schien sich auf eine Stelle kilometertief unter dem Fußboden zu konzentrieren. Vielleicht bildete ich es mir nur ein, aber seine Mundwinkel fielen so tief herab, als ob sie seine eingesunkenen Schultern berühren wollten. Seine Haltung drückte mehr als Traurigkeit und Depression aus: Erniedrigung und Scham.

Fast unhörbar begann er zu sprechen, wie mit beim Zahnarzt betäubten Lippen und Stimmbändern. Zwischen den Sätzen machte er gequälte Pausen. »Ich glaube, das Problem ... ist, ... daß ich zu nichts gut bin ... ich bringe nichts zustande, weder für mich noch für andere... Ich tauge einfach nichts.« Er hob den Blick. Mit tiefen, schwarzen Augen sah er mich traurig an. Mit dem Heben des Kopfes, der ihm jetzt langsam wieder herabfiel, hatte er offenbar schon alle verfügbare Energie verbraucht.

Auch die Informationen kamen nur tröpfchenweise. Aber er begann immerhin, von sich zu erzählen. Ein Mann, unfähig, Beziehungen aufrechtzuerhalten – so beurteilte er sich. Ein 38jähriger, der in allen Beziehungen zu Frauen gescheitert war. Ein Mann, der im Moment mit einer Frau liiert war, bei der er sich schon wieder fremd fühlte. Sie war es gewesen, die ihn veranlaßt hatte, einen Termin mit mir auszumachen.

Der Ausbildung nach war er Rechtsanwaltsgehilfe. Er hatte sich ein Rechtspflegerdiplom an der Abenduniversität erworben, während er tagsüber als Maler und Tapezierer arbeitete. In seiner Branche hatte er dann einen recht bescheidenen Job gefunden, war aber bald, wie er erzählte, gefeuert worden, weil er sich in die 17jährige Tochter eines der reichsten und angesehensten Kunden der Kanzlei verliebt hatte. In einer anderen Kanzlei hielt er es wegen seiner »antiautoritären Gesinnung« nicht aus. Ich versuchte, mir meine Überraschung nicht anmerken zu lassen, daß ein so demütig dreinschauender Mensch antiautoritär sein könnte. Er sagte, er sei mit den Regeln und der Organisation in der Kanzlei nicht zurechtgekommen und habe sich eigensinnig und trotzig gezeigt. Im Augenblick kam mir das paradox vor. Später konnte ich mir gut vorstellen, daß er passiven Widerstand leistete, wie ein Kind, das sich hartnäckig weigert, in der Klasse ein Lied mitzusingen. Roger gestand auch, er sei bei den Angestellten, Sekretärinnen, Gehilfen und Anwälten beider Kanzleien nicht sehr beliebt gewesen, und dieses Gefühl – ob echt oder nur eingebildet – habe dazu geführt, daß er auch eine dritte Stelle gekündigt habe.

In seinen Beziehungen zu Frauen ging es ihm nicht besser als in den Kanzleien. Er erzählte, er habe sich von einer Reihe Freundinnen wieder getrennt und sei sogar zweimal verlobt gewesen. Es waren immer plötzliche, abrupte Rückzüge, für die Partnerinnen absolut überraschend. Dafür schämte er sich dann noch mehr. Er war nachgerade davon überzeugt, ungeheuer selbstbezogen und nichts wert zu sein. Die Einschätzung durch seine jetzige Freundin sei sicher ganz richtig, meinte er, wahrscheinlich noch nicht einmal negativ genug.

Um dieses Selbstbild weiter zu bestätigen – so kam es mir jedenfalls vor –, arbeitete er jetzt ganztags als Überland-Taxifahrer, nicht mehr als Anwaltsgehilfe. Er hielt es für zwecklos, sich zum viertenmal um eine Stelle in einer Anwaltskanzlei zu bewerben. Der Arbeitgeber würde sich nach seinen Leistungen in den früheren Kanzleien erkundigen, und schon wäre es aus. Also verdingte er sich als »höherer

Taxifahrer«, wie er sich ausdrückte, und blieb bei dieser Beschäftigung. Ich konnte dieses negative Urteil über seine beruflichen Fähigkeiten nicht akzeptieren, schwieg aber. In früheren Eheberatungen hatte ich es schon mit einem Lastwagenfahrer, Taxifahrer und Installateur zu tun gehabt, die stolz auf ihren Beruf und ihre Leistungen waren. Besonders der Installateur war von seiner Kraft, Schnelligkeit und Zuverlässigkeit überzeugt. Er war stolz auf seine Zugehörigkeit zu einer bestimmten Abteilung der städtischen Betriebe. Und dem Taxifahrer mußte ich immer wieder das Wort abschneiden, wenn er mich und seine ihm fremd gewordene Frau mit seltsam bizarren Geschichten über seine ungeheuren »Stiche« drangsalierte.

Rogers Schamgefühl konnte aber nicht auf seinem Taxistandplatz gewachsen sein. Also mußte ich mehr darüber in Erfahrung bringen, weshalb er sich so negativ sah. Ich fragte ihn, welche Ausbildung sein Vater gehabt habe, und er antwortete, sein Vater sei im »Sanitärbereich« tätig gewesen. Er verbesserte sich aber schnell und nannte das Ding beim richtigen Namen: »Müllmann«. Seine Mutter habe in Teilzeit als Reinemachefrau gearbeitet, um der Familie den Lebensunterhalt zu sichern. Daß sie überhaupt arbeiten mußte, dafür schämte sich sein Vater in Grund und Boden. Die Geschwister seines Vaters hatten es alle viel weiter gebracht, und der Vater litt schwer unter dem Vergleich mit ihnen. Der eine war Besitzer einer Firma, die Fenster verkaufte, ein anderer Apotheker. Rogers Vater nicht an sein »Scheitern« zu erinnern, war in der Familie der Birneys Gesetz. Immer wieder schärfte die Mutter Roger ein: »Mach deinem Vater nicht noch mehr Sorgen. Er hat schon übergenug davon.«

Als die erste Sitzung ihrem Ende zuging, tappte ich also ziemlich im dunkeln, das ganz zum Schluß noch finsterer wurde. Ich wußte noch nichts von Rogers sexuellen Problemen, auch nicht von jenem Teil seines Lebens, den die Gesellschaft als schmutzig und pervers bezeichnen würde, erst recht nichts von der Angst, die ihm von einer früheren psychiatrischen Diagnose her noch in den Knochen steckte. Diese Diagnose stellte, wie ich später erkannte, die Dinge auf den Kopf und war vollkommen falsch. Ein Psychiater hatte Roger ein Selbstbild aufoktroyiert, das auf einer falschen, menschenverachtenden Hypothese beruhte. Sie war von der offiziellen Wissenschaft aufgestellt und erst später, lange Zeit später, offiziell wieder zurückgenommen worden. Leider waren viele Praktiker immer noch von ihrer Gültigkeit überzeugt, einschließlich des Analytikers, den Roger aufgesucht und dem er in sieben qualvollen Jahren seines Erwachsenenlebens voll vertraut hatte.

Das alles wußte ich vorläufig noch nicht, und deshalb versuchte ich am Schluß der Sitzung, um jeden Preis herauszufinden, was er eigentlich als sein Problem betrachtete. Wußte ich das, konnte ich ihm eine neue Sicht der Dinge offerieren, was ihm vielleicht ermöglichte, sein düsteres Selbstbild zu revidieren. So vorsichtig wie möglich sprach ich davon, daß seine Scham nur eine Identifikation mit seines Vaters Scham sein könnte. Am meisten sei mir bisher aufgefallen, daß er über das von seinem Vater Erreichte auf keinen Fall hinausgehen wolle.»Es hat den Anschein«, sagte ich,»als ob es Ihnen in Ihrer ohnehin ›abstiegsorientierten‹ Familie gelungen wäre, sich noch mehr Schamgefühle aufzubürden als Ihr Vater. Was Sie als Selbstbezogenheit bezeichnen, dürfte eher Selbstnegierung sein. Sie wagen nicht, sich zu nehmen, was Sie wirklich wollen, und verleugnen statt dessen Ihre Bedürfnisse, nur um im Sinne Ihrer Mutter Ihren Vater zu schützen und seine Sorgen nicht noch zu vermehren. Sie wollen nicht ein weiteres Familienmitglied sein, das ihn überrundet und ihm Leid zufügt. Das sieht doch ganz nach Selbstopfer aus, oder?«

Ich drückte mich noch weit vorsichtiger aus als sonst, weil er selbst so überaus vorsichtig war. Aber als ich zu Ende war, stockte mir doch der Atem. Ich erschrak fast über seine Hilflosigkeit.

Er zog die Brauen hoch, senkte sie wieder, hob dann den Kopf. Er schaute mir gerade in die Augen, sog hörbar die Luft ein und seufzte, hielt aber den Kopf aufrecht und die Augen auf mich gerichtet. Er schnaufte unwillkürlich, ein kurzes Schnaufen, das in der Andeutung eines Lächelns endete. Es war ihm offenbar die Einsicht gekommen, daß meine Ausführungen nicht nur bedenkenswert, sondern vielleicht sogar akzeptabel und Balsam für die Seele sein könnten. Im nachhinein wurde mir klar, daß wir an einem entscheidenden Punkt angelangt waren.

Gleich zu Beginn der zweiten Sitzung kam er auf meine optimistischen Unterstellungen zurück. Er sei von dem Gedanken sehr angetan, daß das, was er für Selbstbezogenheit hielt, in Wirklichkeit Selbstnegierung sein könnte. Die ganze Woche hatte er beim Fahren darüber nachgedacht. Er konnte diese Vorstellung nicht wieder loswerden, schaute auch schon ein bißchen selbstbewußter drein, war aber immer noch niedergeschlagen. »Aber das erklärt noch nicht alles, nehme ich an«, sagte er und blickte wieder zu Boden. »Manches ... ich weiß nicht. Manchmal tun die Menschen Dinge und benehmen sich, wie sie sich nicht benehmen sollten ... und dann gibt es ... nun ja, es muß Gründe dafür geben, oder? Sie wissen ja Bescheid.«

Roger scharrte mit den Füßen und rückte auf dem Stuhl hin und her. Er kämpfte schwer, seine Gedanken zu artikulieren, und vermochte es anscheinend doch nicht. Schließlich sprach er noch weiter über Selbstnegierung. »So habe ich mich noch nie gesehen«, sagte er. »Es ist eine ganz neue Perspektive. Ich habe meiner Freundin davon erzählt, und sie sagte: ›Ja, das macht Sinn. Du gehst sogar soweit, unsere Beziehung zu negieren, Sex zu negieren etc.!‹«

»Sex zu negieren?« fragte ich. »In welcher Form?«

»Na ja, sie erregt mich im Moment nicht gerade besonders. Weiß nicht, warum. Vielleicht verbiete ich mir diese Art Vergnügen aus den von Ihnen genannten Gründen.«

»Gut. Aber wenn Sie von ihr im Moment nicht erregt werden, was erregt Sie dann, wenn überhaupt?«

Rogers Scharren und Hin- und Herrücken wurde noch auffälliger. Er räusperte sich, rieb sich das Kinn, fuhr sich durch die Haare und musterte die Decke, soweit es ihm, ohne den Kopf um 360 Grad zu drehen, möglich war. Ich entschloß mich, das Schweigen und die peinliche Situation nicht zu durchbrechen, und sagte nichts Besänftigendes oder Ermunterndes. Endlich erklärte er mir, er habe auch seine Heterosexualität negiert, weil er sich irgendwie bestrafen wollte. Er habe sich vor den Avancen seiner Freundin und sogar seinen eigenen natürlichen Bedürfnissen abgeschottet. Er habe diese Selbstnegierung dadurch praktiziert, daß er sich heimlich in ein Verhalten flüchtete, das, wie er vorsichtig formulierte, nur als homosexuell bezeichnet werden könnte. Hauptsächlich habe er – und jetzt flossen seine Worte schon schneller – Lastwagenfahrern an Autobahnraststätten Oralsex angeboten, oder Fremden in öffentlichen Herrentoiletten oder Homosexuellen, die in dunklen Alleen und Parks umherstrichen. Deshalb habe er sich aber nur noch mehr geschämt. Er schien nun doch etwas lebhafter zu werden, als er seine Begegnungen eine nach der anderen aufzählte.

»Ist das erst in letzter Zeit so, was Ihre Aktivitäten in dieser Hinsicht betrifft?« fragte ich. Mit der Antwort darauf ließ er sich viel Zeit. Aber endlich kam heraus, daß er sieben Jahre in Therapie gewesen war, bis vor zwei Jahren, und daß die homosexuellen Zwischenspiele viele Jahre lang Hauptbestandteil seines »schlechten« Lebenswandels und das Hauptthema der Therapie waren. Ich erwiderte wieder nichts, sondern überließ ihn bewußt der peinlichen Situation. Er wiederholte noch einmal, sein Sexualverhalten sei der Hauptgegenstand seiner siebenjährigen Therapie gewesen, wie wenn er mich bitten wollte, näher auf diesen Punkt einzugehen. »Ich verstand alles, was mir der Therapeut sagte«, meinte er. »Ich verstand die Theorie, die Ursache der Krankheit. Ich verstand alles, aber ich änderte nichts. Ich glaube, es griff bei mir einfach nicht, therapiemäßig.«

Ich schwieg weiter.

Nach etwa einer Minute fuhr er fort: »Mein Therapeut glaubte, ich hätte Angst vor Frauen. Das war vor ungefähr sieben Jahren. Vielleicht habe ich mir dieses Vergnügen tatsächlich verboten.«

Die Sache wurde kompliziert. Ich fragte ihn nach seiner Therapie. Er antwortete, sein Therapeut sei der Meinung gewesen, daß seine homosexuellen Aktivitäten und Anwandlungen nur Symptome emotionaler oder psychologischer Störungen seien. Im Rahmen seiner psychiatrischen Theorien ging der Therapeut davon aus, daß das distanzierte, ja manchmal feindselige Verhalten von Rogers Vater dem Sohn gegenüber eine Reaktion auf Rogers Bindung an seine Mutter gewesen sei. Darauf sollte der Vater eifersüchtig gewesen sein. Rogers Verhalten sei also nur so zu erklären, daß er den klassischen Ödipuskomplex nicht gelöst habe. Wegen seiner Ablehnung durch den Vater habe dann Roger seine Mutter abgelehnt, obwohl er sich erotisch von ihr angezogen fühlte. Diese Anziehung mußte er aber natürlich unterdrücken. Im Bewußtsein blieb dann nur seine Ablehnung von Frauen und sein Wunsch, Männern zu gefallen. So betrachtet, erschien seine Homosexualität als Entwicklungsstörung. Er war zu einem Mann geworden, der an »Heterophobie« litt, wie es der Therapeut nannte.

Da Roger an Schamgefühle schon gewöhnt war, erschien ihm die Diagnose seines Therapeuten recht einleuchtend. Sie ermöglichte es ihm auch, sein »illegitimes« oder »krankes« Sexualverhalten auszuleben. Denn er konnte ja diesen Trieb gar nicht beherrschen, weil er Ausdruck einer »schleichenden Krankheit« war. Also stürzte ihn diese sogenannte Krankheit abwechselnd in Erregung und Scham, Erregung und Scham, für ihn wegen seines familiären Hintergrundes eine besonders starke Gefühlskombination.

Am Ende der zweiten Sitzung mußte ich erst mit meiner gedanklichen und gefühlsmäßigen Empörung gegen den Schaden fertigwerden, der hier angerichtet worden war. Roger Birney und viele andere waren der Identifikation ihrer Therapeuten mit einem psychiatrischen Konstrukt, das längst obsolet geworden war, zum Opfer gefallen. Vor vielen Jahren war der Begriff Heterophobie zur Grundlage einer allgemein akzeptierten psychiatrischen Theorie geworden, die beanspruchte, das Phänomen Homosexualität zu erklären. Die Amerikanische Vereinigung für Psychiatrie definierte Homosexualität offiziell als eine psychische Krankheit, die durch geeignete Behandlung geheilt werden könne. So war Homosexualität fortan mit einem hübschen Etikett versehen und konnte in einer wissenschaftlichen Schublade untergebracht werden. Alle möglichen Instanzen konnten Förderungsmittel für ihre Behandlung bereitstellen. Aber die ganze Theorie wurde nach vielen Jahren widerrufen. 1973 nahm die Vereinigung ihre Definition zurück und stellte statt dessen die Möglichkeit in den Vordergrund, daß Homosexualität biologisch und/oder genetisch bedingt sei. Homosexuelle und Lesbierinnen waren eben so, wie sie waren, und niemand konnte etwas dafür. Doch trotz der Zurücknahme der offiziellen Diagnose hielten viele Analytiker an der Theorie fest – an dem Glauben, müßte man besser sagen –, daß sexuelle Neigungen nur Neigungen, nicht biologische Tatsachen seien.

Zu Beginn unserer dritten Sitzung bat ich Roger, mir seine homosexuellen Bedürfnisse, Phantasien und Erlebnisse, so genau wie möglich und soweit seine Erinnerungen zurückreichten, zu schildern. Zunächst berichtete er von Erfahrungen als Jugendlicher, z. B. gemeinsamer Masturbation mit Freunden, wobei man unter dem Vorwand, für spätere Treffen mit Mädchen üben zu müssen, allerlei Experimente mit Berührungen und Küssen machte.

Bei weiterem Nachdenken erinnerte er sich außerdem, daß er, seit er fünf oder sechs Jahre alt war, lieber die Gesellschaft von Männern als von Frauen gesucht hatte und sich in ihrer Nähe wohlfühlte. Es fiel ihm jetzt auch ein, daß andere Erwachsene und auch Kinder immer zu ihm gesagt hatten, er habe eher die Eigenschaften und Vorlieben eines Mädchens als eines Jungen, obwohl er als Erwachsener nicht im geringsten weibisch war. Er erinnerte sich, von Männern und männlichen Stimmen und Gerüchen stets körperlich angezogen worden zu sein. Er berichtete von einer Szene, einer seiner liebsten Erinnerungen aus der frühen Kindheit, wo ihn sein Vater in eine Badeanstalt und in die Umkleidekabine für Männer mitgenommen hatte. Beim Älterwerden dachte er an diese Szene mit zunehmendem Lustgefühl und schließlich mit einer Art erotischer Erregung zurück. Weiter gestand er, seine Phantasien in der Pubertät hätten sich stets auf die Nähe zu Männern bezogen und später auch eine erotische Komponente erhalten. Er und ein Junge aus der Nachbarschaft hätten sich auf eine regelmäßige sexuelle Beziehung eingelassen und dieses Neuland erkundet, als sie 14 oder 15 waren.

Auf meine Frage nach heterosexuellen Phantasien, Wünschen und Erfahrungen gab er zur Antwort, er müsse sich immer zwingen, an Frauen zu denken, und sich eine erotische Reaktion abpressen. Aber es war ihm dabei gelungen, seine homosexuellen Aktivitäten beizubehalten. Er hatte sie mehr oder weniger in einen dunklen Winkel seines Lebens verbannt, bis man ihm schließlich bescheinigte, er leide an progressiver Entwicklungsstörung. Dabei litt er nicht so sehr unter der Krankheit als solcher, als darunter, daß sie es ihm unmöglich machte, sich in einer normalen Beziehung rücksichtsvoll und liebevoll auszudrücken.

Während er über seine sexuellen Probleme mit Frauen sprach, wurde mir erst bewußt, wie lebhaft und bis ins einzelne gehend, ja geradezu begeistert er von seinen Beziehungen zu Männern gesprochen hatte. Bei den Berichten über die Frauen nahm er wieder das gedemütigte, genierte Verhalten an, das mich bei unserer ersten Begegnung so betroffen gemacht hatte. Vielleicht war es ein etwas grausamer Test, aber ich brachte jetzt das Gespräch auf das Thema Männer, dann wieder auf das Thema Frauen, und noch einmal das gleiche Manöver. Die Verwandlung, die dabei mit ihm vorging, sprang ins Auge. Es war, als ob er jeweils die Farbe wechselte. Ich wunderte mich, daß er das nicht selbst wahrnahm, daß seine Stimme tonlos und seine Gesten matt wurden, sobald die Rede auf Frauen kam. Er war dann wie betäubt, seine Nerven wie abgetötet. Ein völlig anderer Mensch saß vor mir, je nach dem Inhalt unseres Gesprächs. Es war klar: Hier handelte es sich nicht um einen Mann, der seine Heterosexualität verleugnete, sondern – um einen Homosexuellen, der sich dessen nicht bewußt war.

Erzählte Roger von seinem wirklichen Leben, seinem eigentlichen Selbst, war er glücklich, zufrieden und lebhaft. Sprach er aber von seinem falschen Leben, das er so verzweifelt zu führen versuchte, kam er sich gedemütigt und leer vor. Er flüchtete sich in die Geschichten über seine Mann-Frau-Beziehungen genauso, wie er sich in diese Beziehungen selbst geflüchtet haben mußte. Denn er schämte sich seiner wirklichen Veranlagung, praktizierte sie nur heimlich und isolierte sich dadurch. Seine Verwandlungen waren ihm offensichtlich vollkommen unbewußt, weshalb er auch absolut verblüfft war, als ich ihm meine Beobachtungen mitteilte.

Es war ein radikaler Eingriff. Aber mir erschien er auf der Hand liegend und unkompliziert. Mein Problem jedoch, vor dem ich hier als Therapeut stand, war keineswegs unkompliziert. Ich wollte Rogers Illusion, er sei psychisch krank, zerstören.

Ich sagte, seinen Worten könne ich entnehmen, daß der Therapeut, der ihn sieben Jahre lang behandelte, seiner Ausbildung eisern die Treue hielt. »Doch«, so fuhr ich fort, »in anbetracht Ihrer Lebensgeschichte und der aktuellen Auffassung der Wissenschaft über Homosexualität scheinen Sie mir exakt zu der großen Anzahl Männer zu gehören, die biologisch bzw. genetisch so veranlagt sind. Ihre Sexualität hat mit Psychologie nichts zu tun. Sie sind es selbst, das ist alles. Ihr Therapeut klammerte sich, wahrscheinlich aus den edelsten Motiven, an eine alte, sorgfältig durchdachte Theorie der Homosexualität, die sich jedoch inzwischen als irrelevant und irrig herausgestellt hat. Trotzdem glauben viele Therapeuten noch an sie. Sie setzen meiner Meinung nach etwas sehr Gesundes und Natürliches mit etwas sozial Unerwünschtem und Ungesundem gleich. Die Gesellschaft hat Homosexualität zu allen Zeiten geächtet, und wenn Sie bedenken, daß das psychiatrische Establishment als Teil der sozialen Kontrollmechanismen gelten kann, ist verständlich, daß man Homosexualität als psychologisch erklärbar und nachweislich falsche psychische »Einstellung« hinstellen will.

Aber wir wissen heute, daß 10 % der Gesamtbevölkerung homosexuell sind – in jedem Jahr, jedem Jahrzehnt, jedem Jahrhundert.

Ihre Erinnerung an die körperliche Anziehung durch Männer geht bis ins Alter von fünf Jahren zurück, und dabei müssen Sie Ihr Gedächtnis nicht einmal strapazieren. Mit Psychologie hat das also überhaupt nichts zu tun. Sie sind eine statistische Gegebenheit. Wie Sie damit umgehen, ist in der Tat eine mehr psychologische Angelegenheit. Aber an der Tatsache selbst ist nicht zu rütteln. Sie sind schwul. So sind Sie eben, und niemand ist schuld daran.

Machen wir folgendes Experiment: Nehmen Sie einmal an, daß wahr ist, was ich sage, und konstruieren wir auf dieser Grundlage eine psychiatrische Theorie nach Art Ihres Therapeuten. Von meiner Voraussetzung ausgehend würde er folgende Theorie aufstellen: Wenn Sie von Natur aus homosexuell sind, wird sich Ihr erstes erotisches Interesse nicht auf Ihre Mutter, sondern Ihren Vater richten. Das hört sich ein bißchen gewagt an, ich weiß. Aber Tatsache ist, daß Kinder erotische Interessen haben und die Eltern deren erste Objekte sind. Wenn von Natur aus heterosexuelle Jungen sich von ihren Müttern angezogen fühlen, dann fühlen sich von Natur aus homosexuelle Jungen logischerweise von ihren Vätern angezogen. Also könnte das teils feindselige, teils distanzierte Verhalten Ihres Vaters sein Versuch gewesen sein, mit der Andersartigkeit, die er bei Ihnen spürte, fertigzuwerden. Sein Verhalten hatte vielleicht den Zweck, seine Beziehung zu seiner Frau zu schützen. Und es gäbe dann eine Reihe von Gründen, weshalb Sie sich so eng mit Ihrer Mutter verbunden fühlten und sie diese enge Beziehung noch förderte.

Der erste Grund ist vielleicht einfach, daß Ihr Vater Sie in die besondere Obhut Ihrer Mutter geben, daß also beide Eltern Sie schützen wollten. Außerdem könnte Ihre Mutter Schuldgefühle gehabt haben, weil sie ein ›andersartiges‹ Kind geboren hatte, und Befürchtungen, wie es Ihnen als Erwachsenem in einer potentiell feindlichen Umwelt ergehen würde. Vielleicht hat sie Ihre abweichende Veranlagung in sexueller Hinsicht nicht erkannt, aber gewiß hat sie gespürt, daß Sie anders sind. Sie erinnern sich ja, daß sie etwas Derartiges geäußert hat.«

Roger sah mich wie gebannt an. Zumindest im Moment war er, denke ich, bestürzt über die ungeheure Möglichkeit, die sich da vor ihm auftat. Für viele Menschen ist die Vorstellung, sie könnten ihre Homosexualität akzeptieren, eine enorme Erleichterung. Sie haben ja so lange gegen ihre Veranlagung angekämpft, soviel gelesen und gehört über übermächtige Mütter, obskure Komplexe, beschädigte Egos und Libidos und eine Unmenge Erklärungsversuche für diese primitive statistische Tatsache zur Kenntnis genommen. Aber Robert war doch nicht einfach erleichtert, wie ich es erwartet hatte. Er sagte, er fühle sich jetzt ganz durcheinander.»Sie haben alles auf den Kopf gestellt.« Ich meinte, sicher müsse er jetzt erst einmal über alles nachdenken und riet ihm, nach Hause zu gehen und diese Ideen eine Weile auf sich wirken zu lassen. Es erscheint mir immer noch kaum glaublich, daß ihm der Gedanke an Homosexualität bisher nie gekommen sein sollte. Aber er befand sich nach meiner Eröffnung in einem dermaßen seligen Taumel, daß ich doch weiter davon überzeugt bin. Von seiner Überraschung her zu schließen, muß seine Apperzeptionsverweigerung gigantisch gewesen sein.

Zur vierten Sitzung kam ein von Grund auf veränderter Roger. Er blickte mir gerade in die Augen. Zum ersten Mal hatte jemand ihn anerkannt, und ich glaube, er fühlte sich mir dadurch irgendwie verbunden. Er war wieder lebhaft, aber etwas fahrig und nervös. Er zeigte sich sogar imstande, über sich selbst zu spotten, grausam zu spotten. Er sagte, er sei über die Stärke seiner Reaktion selbst überrascht gewesen. Er sprach davon, wie richtig sich das alles für ihn anfühle, obwohl er dazwischen immer wieder einmal auch heftig erschrecke.

»Auf der einen Seite«, erklärte er,»muß ich mir sagen, daß ich ein völlig falsches Leben geführt, ja mein Leben verpfuscht habe. Immerhin habe ich wenigstens gelebt. Auf der anderen Seite weiß ich nicht, wie ich einen neuen Anfang machen soll. Ich bin zwischen dem Gefühl, daß das gut und richtig wäre, und einem Todesschrecken hin- und hergerissen. Ich meine, um nur auf die Einzelheiten einzugehen, wie ich das z. B. meiner Freundin klarmachen soll, überhaupt den anderen Menschen in meinem Leben.›Hallo, Joyce. Hör mir einmal zu. Daß ich in letzter Zeit keinen Sex mit dir haben wollte, liegt daran, daß du eine Frau bist, ja, und ich bin schwul. Ich glaube, so können wir nicht weitermachen. Also tschüß, und sag deinem Bruder einen Extragruß von mir!‹ Mein Gott! Auch wenn ich akzeptiere, was Sie über Homosexualität sagen – und verstandesmäßig leuchtet es mir ein, weil alles zusammenpaßt, obwohl ich immer noch ins Schwimmen gerate und denke, ich bin krank oder gestört –, also wenn ich

auch mit Ihnen einig bin, bin ich doch kein Idiot. Ich weiß, daß der
Rest der mir bekannten Welt nicht wie Sie denkt. Ich komme mir vor
wie ein Schwarzer, der eines Tages in einem rassistischen Land
aufwacht. Was besagt es da schon, daß es sich für mich total richtig
anfühlt? Die meisten Menschen hassen mich ja schon, wenn sie mich
nur sehen. Aber dann habe ich wieder das Gefühl, daß alles ganz
richtig und natürlich ist. Um ehrlich zu sein, ich weiß ums Verrecken
nicht mehr, wer ich bin. Aber das weiß ich, daß mir der Schreck in den
Gliedern sitzt.«

Ich antwortete, ich fände seinen Schrecken und seine Trauer und
seine Wut darüber, daß er viele Jahre seines Lebens mit sozialer
Anpassung und Selbstnegierung verbracht habe, sehr begreiflich.
Viele Lesbierinnen und Homosexuelle paßten sich den negativen
Einstellungen der Gesellschaft zur Homosexualität an, gewiß aus
guten Gründen, zumindest oberflächlich betrachtet. »Homosexualität macht scheinbar keinen Sinn«, sagte ich, »besonders nicht für
jemanden, der nicht selbst homosexuell oder lesbisch ist. Denn wenn
alle Menschen homosexuell wären, wäre die Fortpflanzung der Art
zumindest fraglich. Doch die meisten Menschen sind heterosexuell
und das auf breiter Basis, so daß hier kein Problem entsteht.«

»Also ist es doch abnorm«, sagte er. »Das müssen Sie zugeben.«

»Gut, wenn Normalität etwas Statistisches ist, können Sie wahrscheinlich behaupten, daß es abnorm ist. Aber dann machen Sie den
Fehler, eine bloße Tatsache zu bewerten und zu qualifizieren. 10 %
der Bevölkerung sind … na was denn? Sind sie deshalb schlecht?
Sollten sie sich schämen, daß es sie gibt? Sollte es sie gar nicht geben?
Können sie einfach vom Erdboden verschwinden? Nein. Sie persönlich waren besonders anfällig für Schamgefühle, weil bei Ihnen zu
allem sozialen Druck und dem Vorurteil und der Verdammung durch
die Religion noch die Angewohnheit ihrer Familie hinzukommt, sich
zu schämen. Diese Gewohnheit hat zwar wenig oder nichts mit
Sexualität an sich zu tun, verbindet sich aber nur allzu leicht mit der
Vorstellung, Sexualität sei etwas Schlechtes – so ist es Ihnen ja
ergangen. Und das hat Sie all diese langen Jahre daran gehindert, sich
selbst anzunehmen und zu akzeptieren. Aber wenn Sie sich erst
einmal mit dieser neuen Idee anfreunden, werden Sie entdecken,
daß Sie ein geordnetes, erfülltes Leben führen können, auch mit
einer stabilen Liebesbeziehung, wenn Sie darauf Wert legen.

So etwas konnte Ihnen Ihr Analytiker niemals in Aussicht stellen oder gar garantieren, weil er die Biologie Ihrer Homosexualität nicht akzeptierte. Infolgedessen konnte er sie der Heterosexualität nicht gleichstellen. Daher baute er seine Analyse auf irrigen Voraussetzungen auf und forschte nach den Milieu- und familiären Ursachen für Ihre Homosexualität. Das benutzten Sie aber nur, um das zerstörerische System Ihrer Selbstnegierung aufrechtzuerhalten, wozu Ihnen die entsprechenden Familientraditionen noch Schützenhilfe leisteten.

Und Sie akzeptierten diese Sicht der Dinge so vollständig, daß sie schließlich zur Illusion wurde. Doch diese Illusion, Sie seien krank, rettete Sie in Wirklichkeit, und zwar in mehr als einer Hinsicht. Sie erlaubte Ihnen, den Menschen in Ihrem Leben treu zu bleiben, den Konventionen und Traditionen, die Ihnen wichtig sind, der Gesellschaft als ganzer und auch noch dem medizinischen Establishment. In dieser Illusion gefangen, versagten Sie in Ihren Beziehungen zu Frauen, was Ihnen wiederum ermöglichte, sich auf die Symptome Ihrer sogenannten ›Krankheit‹, die in Wirklichkeit Ihr eigentliches Selbst ist, näher einzulassen. Aber da Sie in dieser Illusion gefangen sind, betrachten Sie dieses Verhalten wieder als Fehler, Sie hören niemals auf, zu versagen und sich zu schämen, und damit entsprechen Sie auch weiter dem vermeintlichen Versagen Ihres Vaters und seiner Scham darüber.

Durch die Aufrechterhaltung der Illusion, psychisch krank zu sein, und dadurch, daß Sie Ihre Scham wie eine Schande verstecken, entsprechen Sie außerdem der Bitte Ihrer Mutter, Ihrem Vater nicht mehr Kummer zu machen, als er schon hat. Sie zeigen Ihre heimliche ›psychische Krankheit‹ nicht und verletzen ihn also auch nicht. Und Sie überrunden ihn im Leben nicht, verletzen ihn also auch dadurch nicht.

Eine Bemerkung zum Schluß: Ich akzeptiere nicht, daß Ihre Homosexualität durch Milieu- und Familienfaktoren entstanden ist. Ich akzeptiere sie nicht als Neigung, sondern als Tatsache. Und daher meine ich, daß Ihre Eltern nichts dafür können. Mit einem Wort: Ich glaube, Sie sollten versuchen, zu Ihrer Homosexualität zu stehen. Sie würden dadurch zu sich selbst stehen.«

In den folgenden Wochen und Monaten schien Roger weniger daran interessiert, zu seiner Sexualität zu stehen, als sie zu erforschen. Ich mußte ihm zureden, etwas langsamer vorzugehen. Es kam jetzt nicht darauf an, alles Versäumte nachzuholen. Es kam auch nicht auf Sex an, sondern auf Liebe.

»Sex ist bisher der wichtigste Faktor in Ihrem Leben gewesen«, sagte ich, »weil Sie sich jahrelang selbst nicht angenommen haben und Sex Ihnen als etwas Verbotenes erschien, dessen Sie sich schämten. Es beginnt jetzt ein Prozeß allmählicher Entwicklung. Sie müssen lernen, zu sich selbst zu stehen. Es wird eine Art Berg- und Talfahrt sein, manchmal qualvoll verwirrend, manchmal so voller Glück, daß Sie das Gefühl haben, vor Freude platzen zu müssen. Sie werden sich mit Ihren eigenen negativen Einstellungen auseinandersetzen müssen, die zunächst dazu geführt haben, daß Sie sich selbst fremd wurden. Dann aber werden Sie, noch während Sie diesen Kampf führen, schmerzlich daran erinnert werden, daß Sie von der Gesellschaft als ganzer abgelehnt werden. Doch wenn Sie Stabilität suchen, werden Sie sie auch finden.

Oft sieht es so aus, als führten die Homosexuellen ein unordentliches Leben – das ist das Stereotyp des Außenbeobachters, also des Heterosexuellen. Aber in Wirklichkeit liegt das nur daran, daß homosexuelle Männer und Frauen keine verbindlichen traditionellen Verhaltensmuster haben, weshalb sie einen individuellen, kreativen, unabhängigen Lebensweg einschlagen müssen. Auch das werden Sie lernen.«

Nachschrift

Es handelt sich hier um einen Fall, der einen schon wütend machen könnte, teils wegen der grausamen Behandlung eines einzelnen Patienten durch eine ganze Berufsgruppe und die Gesellschaft, teils weil man sich doch sagen muß, daß er nur symbolisch für die Unmenge ähnlicher menschenverachtender Behandlungen steht, die sicher dauernd vorkommen.

Generationenlang haben Homosexuelle Medizinern und Psychiatern und sonstigen Repräsentanten der Gesellschaft von ihren Gefühlen berichtet. Diese waren so tief, stark und umfassend, und wie jede andere biologische Eigenschaft so sehr Teil ihres Wesens, daß sie doch überhaupt nur biologische Wurzeln haben *konnten*. Unzählige Homosexuelle haben das wieder und wieder betont und auf die

Absurdität der traditionellen psychologischen Theorien hingewiesen. Diese besagten, daß eine übermächtige Mutter und ein distanzierter Vater die Rahmenbedingungen abgeben, in denen ein Individuum sich sozusagen willkürlich einer Person seines eigenen Geschlechts, die ihn sexuell anzieht, zuwenden kann, während doch eine solche Anziehung eindeutig unwillkürlich erfolgt. Tatsache ist, daß Homosexuelle und Lesbierinnen aus so verschiedenartigen Familien stammen, daß keine Theorie über irgendein Verhalten der Eltern ausreicht, das Phänomen Homosexualität zu erklären. Zudem haben Homosexuelle verschiedentlich überall auf der Erde berichtet, daß diese Anziehung schon in sehr frühen Jahren auftritt. Das permanente Zeugnis so verschiedener Menschen aus allen Ländern der Erde und in jeder Generation legt doch zwingend nahe, daß eine behavioristische Erklärung der sexuellen Neigungen ans Absurde grenzt und selbst pathologieverdächtig ist.

Denken wir daran, daß die Berufsgruppe der Psychiater ebenfalls eine große Familie darstellt, mit den Therapeuten als Gliedern. Wie Familienmitglieder möchten sie ihren Traditionen nicht untreu werden und klammern sich an gewisse Familienkonventionen, auch an solche, von denen wissenschaftlich bewiesen ist, daß sie überholt, unrichtig oder schlicht unmöglich sind. Tragischerweise wird das Leben eines erheblichen Teils der Bevölkerung verpfuscht und verdorben, weil die Angehörigen dieser Psychiaterfamilie den Berufsirrtümern der Vergangenheit nicht abschwören wollen.

Das ist das Thema, das bei homosexuellen Patienten immer wieder auftaucht und sie bis zum Wahnsinn treibt. Ein enormer Prozentsatz ihrer Leiden stammt aus dieser Homophobie der ärztlichen Berufsgruppen und der Gesellschaft. Und das ist ja auch sehr begreiflich. Wenn Ihnen 90 % der Bevölkerung ständig einreden, Sie seien aus freien Stücken ein »Abweichler«, dann werden Sie es schließlich selbst glauben. Bei einem Großteil meiner Fälle habe ich es mit Homophobie zu tun, die bereits internalisiert ist. In vielen Fällen übernehmen Menschen die massive Illusion ihrer Gesellschaft, daß Homosexuelle sich ändern könnten und sollten.

Die speziellen Bedingungen dieses Falles zeigen, daß die restliche Therapie sich großenteils damit beschäftigen mußte, die Minen wegzuräumen, die durch diese internalisierte Homophobie und ihren ständigen Begleiter, die Scham, gelegt worden waren. Die Zukunft

Roger Birneys, wie wahrscheinlich jedes anderen Homosexuellen auch, war vorauszusehen: ein täglicher Kampf um Selbstvertrauen und Selbstwertgefühl, das einer allgegenwärtigen, gigantischen Illusion über die eigentliche Identität der Betroffenen abgerungen werden mußte. Roger war noch nicht soweit, sich mit sich selbst im Einklang fühlen. Doch wenn er soweit war, wollte er, wie er meinte, seinen Eltern unbedingt alles sagen. Er hoffte, daß sie – und dann wir alle – ihn akzeptieren würden, wie er war, und daß er dann die Beziehung zu ihnen reparieren und aktivieren könnte. In der Zwischenzeit würde das Leben für Roger in dem Maße leichter werden, wie er seine Identität fand, Safer Sex praktizierte und in die Homosexuellengemeinschaft integriert wurde, die ihm Trost, Unterstützung, Ermutigung, Bestätigung seiner Ansprüche und ein System zwischenmenschlicher Beziehungen bot, das ihm umgekehrt ermöglichte, in der größeren, heterosexuellen Welt entschiedener und bewußter seinen Mann zu stehen.

Aber wie immer in solchen Fällen würde es ein unnötig langer Weg sein.

Epilog

Oft habe ich darüber nachgedacht, wie ich meine Arbeit am besten darstellen könnte. Ich hatte mich als Psychotherapeut etabliert. Wie sollte ich nun meine Tätigkeit beschreiben? Ich hatte meine ärztliche Zulassung vorgelegt und damit die Erklärung abgegeben, daß ich das so komplexe menschliche Verhalten intensiv studiert und mir die Lizenz erworben hatte, es zu analysieren und dadurch Menschen zu helfen. Wie sollte ich nun meine Bemühungen charakterisieren? »Machte« ich Therapie, wie ein Schreiner einen Schrank macht? »Führte ich Therapie durch«, wie ein Schauspieler seine Rolle spielt oder ein Tänzer seinen Tanz darbietet? »Praktizierte« ich Therapie, wie der Anwalt praktiziert, der von vornherein jegliche Unsicherheit in Rechnung stellt? Ein Beamter dient dem Volk. Ein Arzt heilt die Kranken. Ein Pfarrer hält Gottesdienst für die Gläubigen. Ein Lehrer unterrichtet seine Schüler. Was tut ein Therapeut?

Als ich diese Geschichten für ein Buch zusammenstellte, habe ich mich noch einmal mit ihnen auseinandergesetzt. Das hat mir geholfen, meine Lebensarbeit zu überprüfen und zu definieren. Ich betrachte meine Therapie als eine in ständiger Entwicklung begriffene Kunst. Therapie ist Lebenserfahrung, außergewöhnliche und kraftspendende Lebenserfahrung. Sie berührt sich mit Magie und hat ebensoviel mit Geheimnissen zu tun wie die Tätigkeit eines Forschers. Was mache ich als Therapeut? Ich höre zu, sehe, nehme wahr, spüre, fühle mich ein, erkenne an, respektiere, lehre, begleite, verbinde, riskiere, empfehle, weiche zurück, beobachte, sorge und lerne. Und dann staune ich. So einfach ist das.

Der Therapeut dringt unglaublich tief in die Privatsphäre des Patienten ein, die sich in sehr intensiven Gefühlsausbrüchen bekunden kann. Ich glaube, manchmal noch weiter vorgedrungen zu sein als viele, weil ich mitunter die sakrosankten Regeln der Profession mißachte und mir gestatte, die Gefühle meiner Patienten, die sie so ehrlich äußern, nachzufühlen und mitzufühlen: Zuneigung, Freude, Trauer, Angst, Verwirrung, Unsicherheit, Liebe. Die tiefen seelischen Erlebnisse, die mir in den Sitzungen anvertraut werden, bewegen mich zuinnerst, und ich empfinde es immer als ein Privileg, zuhören und teilnehmen zu dürfen. Es bestätigt mich, wenn ich merke, daß mein Eingriff ins Leben eines Patienten ihm hilft, es ins Kreative und Produktive zu wenden.

Ein merkwürdiger Beruf, ohne Frage, besonders wegen des dauernden Wechsels zwischen Nähe und Ferne: Ich begegne einem Leben, hinterlasse Spuren darin und ziehe mich wieder bis zum nächsten Termin zurück. Und Stunde um Stunde, Sitzung um Sitzung teilen meine Patienten oder Klienten, aus denen manchmal auch Freunde werden, ihre leidenschaftlichsten und intensivsten Momente mit mir, um dann wieder wegzuspazieren und mich sitzenzulassen, als hätte ich mit ihren Befürchtungen, Enttäuschungen und Triumphen nie das geringste zu tun gehabt. Aber natürlich habe ich etwas damit zu tun. Ich glaube nicht, daß sich irgend jemand solchen Dingen entziehen könnte. Und ich glaube ebensowenig, daß jemand überhaupt versuchen sollte, bei soviel gemeinsam erlebter Intimität, Leidenschaft, Enthüllung und Wahrheit unbeteiligt zu bleiben.

Jede Sitzung, jeder Patient rührt etwas in mir an und verändert mich. Ich glaube, jeder Fall, über den ein Therapeut nachdenkt, vermittelt ihm wieder eine andere Perspektive, von der aus er eine

Seite seines eigenen Lebens und seiner eigenen Entwicklung neu sehen lernen kann. Ein aktueller Fall kann sogar plötzliche, sehr unmittelbare Folgen für mich haben oder mich radikal verändern.

In diesem Sinne hat vermutlich die Geschichte, die ich hier *Endstation Aids* genannt habe, die tiefsten und nachhaltigsten Wirkungen auf mein Leben und meine Lebensauffassung gehabt. Sicher, schon mein Entschluß, mich in der Schlacht um die Aidskrankheit zu engagieren, zwang mich, mehr in der aktuellen Gegenwart zu leben. Die Verbreitung und Macht dieser Krankheit zwangen mich, mehr über Mut, Unsicherheit, Liebe und Gelassenheit zu lernen. Aber nach den in *Endstation Aids* geschilderten Erfahrungen änderte sich mein Leben von Grund auf. Bis dahin hatte ich Jahre mit dem Studium, dem Praktikum, mit Lernen und der Ausbildung meiner Fähigkeiten verbracht. Mein Motiv war der übliche Ehrgeiz gewesen, mich persönlich auszuzeichnen, um dann den Ruhm und die Früchte dieser Leistungen zu ernten. Doch diese beiden Männer lehrten mich, daß im Angesicht des Todes ausschließlich die Liebe zählt. Ich habe oft mitanhören müssen, wie Zyniker Liebe als etwas Unlogisches und rein Biochemisches abqualifizierten, als Phänomen, das häufig der positiven Entwicklung eines Menschen nur hinderlich sei. Noch heute habe ich im Ohr, wie ein Zyniker die Liebe auf dem Totenbett verfluchte.

Aber in den Augenblicken, in denen ich mit den in *Endstation Aids* beschriebenen Männern sprach und sie beobachtete, erkannte ich, daß, vom Tod her gesehen, kein irgendwie gearteter Erfolg, keine Erfahrung, kein Besitz oder Status auch nur die geringste substantielle Bedeutung haben. An diesem Punkt zählt nur noch die Antwort auf die Frage: Von wem wird der Sterbende geliebt, und wen liebt er selbst?

Nach Abschluß des Jahres an der Akademie kehrte ich nach New York zurück. Ich organisierte meine Arbeit und mein Leben neu. Ich plante weniger Stunden ein, so daß ich, wenn ich arbeitete, mit Leib und Seele dabei sein konnte. Ich lebte weit mehr gegenwarts- und weit weniger zukunftsbezogen. An das Ausbildungsinstitut ging ich nicht mehr zurück. Es wurde mir klar, daß ich unbedingt jeden einzelnen Augenblick so leben wollte, als gäbe es kein Morgen. Ich lernte allmählich, was die *Flirtations* singen:»Dein einziger Maßstab für Worte und Taten sei die Liebe, die du beim Abschied zurückläßt.«

Daß ich mein Leben auf diese Weise änderte, stärkte auch meinen Entschluß, diese Geschichten zu erzählen und dieses Buch zu schreiben. Meine Auffassung dessen, was »Wandel« ist, änderte sich nach Erfahrungen mit Leuten wie dem Paar in der Geschichte *Die unbefleckte Nicht-Empfängnis* entschieden. Therapie und Leben sind unaufhörlich mit dem Gleichgewicht beschäftigt, das zwischen der Notwendigkeit, sich im Leben wohl und sicher zu fühlen, also treu zu den Lehren der Vergangenheit zu stehen, und der Notwendigkeit, die Dinge zum vermeintlich Besseren zu wenden, hergestellt werden muß. Aber die Folgen einer Änderung sind niemals vorhersagbar, und ich habe längst aufgehört, solche Folgen zu antizipieren. Fälle wie die in den *Spaghetti-Geschichten* geschilderten haben mir dies schon zu Anfang meiner Ausbildung gezeigt, und mit jedem Jahr ging der Anschauungsunterricht mehr in die Breite und Tiefe. Im Fall der *Unbefleckten Nicht-Empfängnis* war ich extrem beunruhigt, als ich ein Jahr später die Nachricht erhielt, das Paar habe einen gewaltigen Schritt zur Änderung seiner Verhältnisse ins Auge gefaßt und realisiert. Ich war ja nahezu hingerissen und voller Bewunderung für die Kraft und Begeisterung, mit der sie die diamantene Härte der Beziehung hergestellt hatten, die sie sich ersehnten. Wahrscheinlich war ich überhaupt der erste Mensch für sie, der ihr so ungewöhnliches und beachtliches Arrangement respektierte und sogar bewunderte. Vielleicht war es gerade diese Bewunderung, die ihnen den Spielraum verschaffte, trotz aller Risiken neue Wege einzuschlagen.

Was mich mit nie endender Bewunderung erfüllt, ist der unglaubliche Erfindungsreichtum des Menschen, wenn es gilt, die Vergangenheit aufzuarbeiten oder ihr treu zu bleiben und gleichzeitig die Zukunft nicht aus dem Auge zu verlieren. Die Art und Weise, wie Menschen ihre Probleme lösen, ist oft weit phantasievoller, als wir uns je träumen lassen könnten, und bietet ein größeres Spektrum an Konsequenzen, als vorhersagbar ist. Deshalb haben viele Geschichten dieses Buches auch kein besonders zufriedenstellendes Ende. Sie enden oft überhaupt nicht, weil die handelnden Personen immer wieder in neue Sackgassen geraten und neu ihre Wahl treffen müssen, um Trägheit und Bewegung zum Ausgleich zu bringen – mit absolut unvorhersagbaren Folgen. Niemals hätte ich voraussagen mögen, daß das Paar in der *Unbefleckten Nicht-Empfängnis* doch ein eigenes Kind zeugen und bekommen würde, erst recht nicht die möglichen Folgen. Natürlich nicht. In Wirklichkeit fürchtete ich die Folgen zunächst. Erst viel später kam mir der Gedanke, daß ein Paar, das genügend Stärke und Phantasie besaß, den Risiken eines Ehevollzugs aus dem Weg zu gehen, wohl auch die Stärke und Phantasie aufbringen würde, die Ehe tatsächlich zu vollziehen. Niemals werde ich wissen, wodurch die Änderung zustandekam. Aber das Rätsel wird niemals aufhören, mich zu reizen und meine Vorstellungskraft zu beschäftigen.

Auch hätte ich niemals vorauszusagen gewagt, daß der Mann in der Titelgeschichte dieses Buches, *Der Patient, der seinen Therapeuten heilte*, mit seiner Freundin Schluß machen würde, obwohl es für mich im nachhinein durchaus Sinn macht. Niemals hätte ich vorauszusagen gewagt, daß das Paar in *Die Mauer aus Pappe* unseren zugegebenermaßen ungewöhnlichen Vorschlag verwirklichen, ein ständiges Ritual daraus machen und regelmäßig einen Priester bitten würde, die Kartons zu segnen. Die von dem Paar in *Travestie* getroffene Entscheidung zu heiraten hätte ich ebenfalls nicht vorauszusagen gewagt, wenngleich ich mir oft sagen mußte: Was könnte rücksichtsvoller und kreativer sein als ein Mann, der sich wie die Zwillingsschwester seiner Frau kleidet, um dieser, übrigens mit außerordentlichem Erfolg, den Schmerz der Trennung von der Schwester zu ersparen?

Da ich ununterbrochen Zeuge der enormen Begabung der Leute geworden bin, sich den verschiedensten Situationen anzupassen, habe ich den tiefsten Respekt vor der Fähigkeit des Menschen, sich Problemen zu stellen und Lösungen zu finden, entwickelt. Gewiß ist dadurch auch meine Bereitschaft gewachsen, die Welt und ihre Bewohner, mich eingeschlossen, zu akzeptieren und zu lieben. Ich bin in meinen Werturteilen viel vorsichtiger geworden, höre eher zu und bin lieber der wohlwollende Beobachter. Ich denke z. B. an die beiden in der Einleitung erwähnten Männer, die durch die gemeinsame Sorge zusammengeführt wurden, die CIA könnte ihre Gespräche durch heimlich in die Gürtelschnallen praktizierte Mikrofone abhören. Früher einmal wäre ich vielleicht über sie schockiert gewesen oder hätte so auf ihre Illusionen reagiert, daß ich eine Wand zwischen uns errichtet hätte. Heute faszinieren sie mich. Ich bewundere ihre Anpassung an die Situation und bin neugierig auf die Geschichte, die zu einem solchen Verhalten führen konnte.

Um Therapie zu praktizieren, durchzuführen oder zu »machen«, muß ich nicht nur die Geheimnisse aufdecken, die mir präsentiert werden, sondern auch das Geheimnis meiner eigenen Gefühle. Um ehrlich und wirklich verständnisvoll zu sein, auf der Basis tiefer Empfindungen, muß ich auch tief in mich hinabsteigen und nach einer realen Erfahrung suchen, die jener ähnelt, die ich untersuchen will. Um mit einem Schmerz mitzufühlen und ihn zu beschreiben, den, sagen wir, ein Patient über einen schweren Verlust empfindet, kann ich mich z. B. lebhaft an meinen eigenen Schmerz und meine Orientierungslosigkeit erinnern, die ich bei meiner Scheidung empfand. Wenn ich selbst bestimmte Erfahrungen gemacht habe, bin ich mit der Entwicklung des Schmerzes, mit dem Weg, den er nimmt, vertraut und kann ihn auch beschreiben. Da ich seine Entwicklung und sein Ende kenne, erschrecke ich nicht über ihn und kann dem Patienten helfen, ihn zu ertragen. Und falls ich über kein ähnliches Erlebnis verfüge, muß ich es mir wenigstens vorstellen und eine emotionale Analogie erzeugen, die mir ein besseres Verständnis der Situation ermöglicht. Manche Fälle sind zum Bestandteil des Webmusters meines Lebens geworden, besonders jene, die universelle Themen anschlagen. Andere sind einzigartig und erfordern eine andere Methode der Selbsterforschung. Sie stellen eine Herausforderung an die eigene Kreativität dar und heben meine eigene Entwicklung in andere Dimensionen.

Methodologisch gesprochen ist mir klar geworden, daß sich meine Therapieformen in zwei große Kategorien einteilen lassen. Bei der einen – Unterbrechung bzw. Eingriff – versuche ich die Barriere oder Illusion des Patienten zu sprengen – ganz buchstäblich im Fall der *Unbefleckten Nicht-Empfängnis*, in *Sündensyndrom* und in *Der Patient, der seinen Therapeuten heilte*, mehr symbolisch in Fällen wie *Hickhack* und *Travestie*. Bei der anderen Kategorie erkenne ich, was die Betreffenden in mehr oder weniger heldenhafter Anstrengung vollbringen und zeige Achtung vor ihrem Problem. Ich weiß nicht, was mich in einem speziellen Fall zur einen oder anderen Methode veranlaßt. Ein Großteil meiner Taktik bei der Ortung eines Problems oder einer Wahrheit scheint mir instinktiv und intuitiv zu sein. Ich weiß nicht im voraus, ob ich in einem bestimmten Augenblick handeln oder abwarten werde. Manchmal stoße ich auf ein so absurdes Problem und Symptom oder eine so bizarre Illusion, daß nur eine gleich absurde oder noch absurdere Handlung sie auflöst und mir den Weg zum eigentlichen Problem bahnt. Mitunter stehe ich auch nur in ehrfürchtigem Staunen vor der Ausgewogenheit einer Lösung, die irrtümlich als Problem angesehen worden war. Werfe ich nachträglich einen Blick auf meine Interventionen, so muß ich feststellen, daß ich die Neigung habe, ein gegebenes Muster zu zerstören, um eine gewisse Verwirrung zu erzeugen, wodurch dann die Akteure aufgefordert sind, noch mehr Phantasie aufzubringen als bisher. Eine konventionellere Therapie als die meine würde dem Patienten wahrscheinlich ein normaleres Verhalten verordnen, während ich keinen Wert mehr auf »normales« Verhalten lege. Mir ist eine Originalität der Patienten lieber, die sich an den bei ihnen beobachteten Verhaltensmustern orientiert. Eine solche Originalität erlaubt es ihnen, ihrer fast immer einzigartigen Vergangenheit treu zu bleiben. Sie müssen keine Konsequenzen auf sich nehmen, die ihnen vielleicht zu schwer sind. Im Endeffekt werden sie gern zu der Einsicht kommen, daß ihre Problemlösungen Ausdruck ihrer Loyalität und Rücksichtnahme sind, nicht Ausdruck neurotischer und psychotischer Zustände.

Ich bin immer darauf aus, Regeln und Konventionen zu erschüttern. Statt dessen bemühe ich mich, kreativ zu denken und neue Muster der Lebensgestaltung zu entwerfen. Das Leben wird dann mehr zu einem Kunstwerk als zum Resultat einer Therapie.

1987, als ich zum ersten Mal ein Resümee meiner Erfahrungen zog und auch den Gedanken faßte, diese Sammlung von Geschichten zusammenzustellen, machte ich mir kurze Aufzeichnungen über die Probleme der Leute, über ihre Versuche, Wandel und Instabilität in den Griff zu bekommen. Ich notierte dabei unter anderem, daß die Leute mit der Definition eines Problems dieses Problem oft schon festschreiben, und daß die Definition oder Wahrnehmung der Wirklichkeit geändert werden muß, wenn das Problem gelöst werden soll. Mit anderen Worten: Ein Wandel ist erst möglich, wenn die Menschen ein neues Gleichgewicht ins Auge fassen.

Zwar bin ich absolut respektlos gegenüber den Regeln der Psychotherapie – aber vor den Problemen meiner Patienten habe ich den größten Respekt. Therapie ist ein Regelkreis, und der Therapeut ist ebenso darin einbezogen wie der Patient. Insofern sind für mich

Privatleben und Beruf untrennbar. Meine eigenen Fragen an das Leben bestimmen die Praxis meiner Therapie. Und noch mehr wird sie durch die Fragen meiner Patienten bestimmt. Wir alle stehen vor den Rätseln und Widersprüchen des Lebens, wir alle trachten unablässig danach, sie zu lösen.

Und manchmal habe ich eben das Talent, das Schlupfloch zu finden, durch das der Leidende im Moment hindurchkriechen kann. Ich glaube, ich bin in meinem Beruf immer gewesen, was man Rabbi, Priester, Magier oder Schamane genannt hat. Das sind außergewöhnliche Rollen, aber meine Person ist selbstverständlich genauso gewöhnlich wie die Patienten, die meine Geschichten bevölkern. Einfacher ausgedrückt: Irgendwie habe ich die Fähigkeit, in einem bestimmten Zeitmoment die Lage anderer Leute richtig einzuschätzen, obwohl ich, wie sie, die Dauer eines ganzen Lebens dazu brauche, meine eigene richtig einzuschätzen.

Daher handeln die Geschichten in »Der Patient, der seinen Therapeuten heilte«, von Änderung, von Transformation, von Vermeidung oder Akzeptieren der Folgen einer Änderung. Sie handeln davon, was passieren kann, wenn plötzlich ein neues Licht auf ein uraltes Problem fällt, oder auch, welche Konflikte entstehen können, wenn der Mensch langsam und unerbittlich älter wird.

Geschichten belehren. Geschichten bauen auf und helfen. Aber manchmal werden wir auch zu einer bestimmten Interpretation einer Geschichte verführt. Während sich dann die Einzelheiten eines Lebens zu einer Lebensgeschichte zusammenfügen, klammern sich die Figuren dieser Geschichte hartnäckig an jene Interpretation, die sie am meisten befriedigt. Dann und wann ruft diese Interpretation ein aktuelles Problem hervor oder schreibt es fest. Ich habe gelernt, und diese Geschichten bestätigen es: Wenn man die Bedeutung und Auffassung einer Geschichte, einer Vergangenheit, eines Familienschicksals ändert, kann daraus das Fundament für eine neue, kreativere Zukunft entstehen.

Weitere Titel aus dem
Irisiana-Programm

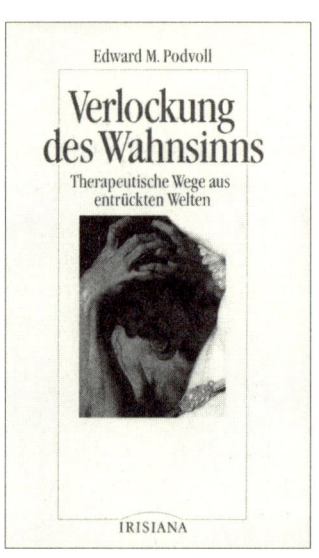

Edward M. Podvoll

Verlockung des Wahnsinns

Therapeutische Wege aus entrückten Welten

420 Seiten mit Abbildungen, Festeinband

Anhand authentischer Berichte von vier psychotisch Erkrankten
analysiert der Verfasser die Vorgänge, die zum Wahnsinn führen,
die Phasen des Wahnsinns selbst und die Prozesse der Heilung. Im
zweiten Teil des Buches erläutert er mit wissenschaftlicher Gründ-
lichkeit seinen Heilansatz der »therapeutischen Wohngemein-
schaft«, in dem alte Heilweisheiten westlicher und östlicher Kultu-
ren sowie mitmenschliche Zuwendung zum Kranken zu einer für
jeden praktizierbaren Methode zusammenfließen.

Robert A. Johnson

Bilder der Seele

Traumarbeit und Aktive Imagination

254 Seiten, Festeinband

Durch die beiden Methoden der Traumarbeit und Aktiven Imagination, die hier vorgestellt werden, können im Unbewußten schlummernde positive Eigenschaften und Anlagen geweckt und verborgene Begabungen bewußt und wirksam gemacht werden. Aufbauend auf der Psychologie C. G. Jungs entwickelt der Autor praktikable, nachvollziehbare Techniken zur Analyse und Deutung von Träumen und Phantasien.

In der heutigen Zeit der Außenorientierung und des »Seelenverlusts« versucht dieses Buch, dem Menschen das schon fast verlorengegangene innere Terrain wieder zurückzugeben und ihm einen selbständigen Standpunkt zu vermitteln.

IRISIANA